알차고 유익한 진로상담 길라잡이

진로, 고민하고 답하다

알차고 유익한 진로상담 길라잡이

진로, 고민하고 답하다

초판인쇄 2017년 12월 4일
초판 2쇄 2019년 1월 11일

지은이 김이준
펴낸이 채종준
기 획 양동훈
편 집 박미화
디자인 김정연
마케팅 송대호

펴낸곳 한국학술정보(주)
주소 경기도 파주시 회동길 230 (문발동)
전화 031 908 3181(대표)
팩스 031 908 3189
홈페이지 http://ebook.kstudy.com
E-mail 출판사업부 publish@kstudy.com
등록 제일산-115호(2000. 6. 19)

ISBN 978-89-268-8145-3 03370

알차고 유익한
진로상담 길라잡이

진로,
고민하고
답하다

커리어전문가 **김이준**

이담
Books

이제는 진로교육이 대세라고 할 만큼 개인적으로나 국가적 차원에서도 관심이 지대하다. 10대 청소년이나 청년 구직자뿐만이 아니라 이직이나 전직을 원하는 경력자는 물론 취업을 원하는 주부 혹은 은퇴를 맞이하고 있는 노년층까지 자신에게 맞는 일이 무엇인지 연령층을 가리지 않고 고민하고 있다. 만일 어린 시절부터 자신이 어떤 사람이고, 추구하는 삶의 모습은 어떠하며, 무슨 일을 하면서 자아실현을 하고 싶은지에 대해 충분한 탐색이 이루어질 수 있다면 성인이 되어 직업을 결정할 때 조금은 더 만족스럽고 행복할 수 있는 일을 선택할 수 있을 것이다.

그러나 아쉽게도 지금의 부모 세대, 즉 30, 40대는 진로교육이라는 단어조차도 낯선 세대이다. 당연히 자녀나 학생들을 위한 진로지도가 어려울 수밖에 없다. 그나마 다행인 것은 최근 몇 년간 진로교육의 중요성이 강조되고 있고, 많은 사람들이 이에 동의하고 있다는 점이다. 각 학교 단위로 진로상담의 중요성이 점차 강조되고 있고, 진로상담 분야를 연구하는 여러 학자들에 의해 새로운 진로지도 및 진로상담의 방법들이 개발·보급되고 있다. 하지만 아직도 진로상담이 대입을 전제로 한 '상급학교의 선택'쯤으로 치부되는 경향이 많은 것 또한 사실이다. 따라서 진로상담, 진로교육이라고 할 때 '진로'라는 말의 의미를 다시 한번 짚어 볼 필요가 있다.

우리가 '진로교육'이라고 할 때는 career education, 즉 커리어(career)라는 단어를 사용한다. 여기서 말하는 커리어는 단순한 직업이나 경력 등으로 번역되는 말이 아니라 전 생애 발달을 전제로 한 '진로'라는 개념을 내포하고 있다. 다시 말해서 '진로교육' 또는 '진로상담'이라고 할 때, 흔히 그 대상을 청소년이나 취업 준비생으로 국한해서 생각하는 경향이 많지만, 실은 저마다의 인생에서 일어나고 있는 모든 사건들이 커리어라고 할 수 있다는 뜻이다. 즉 상급학교의 선택이나 대학에서의 전공 선택뿐만 아니라 어느 회사에 들어가 어떤 일을 하며 언제 은퇴할지에 대한 계획이나 언제 결혼하고 누구와 할지 등과 같은 인생사에 일어나는 모든 일들이 커리어와 관련된 일이다.

요컨대 진학은 진로라고 하는 큰 개념 속에 포함되는 일부분으로 이해해 주면 좋을 듯하다. 진로교육이 진학을 위해 필요한 교육으로 오해하는 데에는 여러 가지 이유가 있겠지만, 진로교육의 개념 자체가 제대로 정립되지 않은 탓도 크므로 이번 기회에 다시 한번 강조해 두려 한다.

우리나라 학생들 대다수가 소위 명문대로 불리는 학교에 들어가면 남보다 좋은 직업을 가질 수 있을 것이라 기대하고, 당연히 그렇게 해야 성공할 수 있고 행복한 삶을 살 수 있을 것으로 생각한다. 부모 역시 이런 생각에는 별다른 이견이 없는 편이다. 따라서 학창 시절엔 성적이 주요 관심사가 될 수밖에 없고 자녀 본인의 의지나 동기보다는 엄마의 정보력이 자녀의 진로 결정에 중요한 역할을 하는 웃지 못할 일들도 생긴다.

불행히도 대한민국의 현실은 열심히 공부하는 학생들에게 공부하는 이유를 묻지 않는다. 성인이 되어도 "당신은 무슨 일을 하고 싶은가?"라는 질문을 던지면 속 시원한 대답을 듣기 힘들다. 직업에 대한 것은 대학 입학 후에 생각해 보겠다거나 아직은 잘 모르겠다는 대답이 대부분이다. 간혹 자신의 꿈을 분명하게 이야기하는 친구들도 있지만, 대개가 의사나 변호사, 교사처럼 소위 많은 이들이 무턱대고 좋아하는 몇몇 직업에 한정된 대답일 뿐 정말 자신이 그 일을 하고 싶은 이유가 있거나 뚜렷한 목적의식이 있는 경우가 드물다. 많은 학생들이 이런 식으로 진로 의사결정을 하고 있고 진로 상담실의 교사들 역시 상급학교에 대한 '결정'을 내리는 것을 진로상담으로 착각하는 경우가 많기 때문에 직업은 대학에 가서 생각해 보라는 조언을 하기 쉽다. 하지만 진로에 대한 고민은 전 생애를 통해 고민해야 할 과제이며 내가 어떤 사람이고 어떻게 살고 싶은가는 청소년기에 깊게 고민해야 하는 발달 과업이라는 것을 명심하여야 한다. 우리가 학창시절 단 1점이라도 더 올리기 위해 공부에 매진했던 시간을 생각해 본다면 앞으로 30년 이상 종사할 직업을 찾는 일에 얼마만큼의 노력과 정성이 기울여져야 하는지 가늠해 볼 수 있을 것이다.

2016년 초 이세돌 9단과 구글 딥마인드의 인공지능 프로그램 알파고(AlphaGo)와의 바둑 대결로 인해 전 국민의 관심은 4차 산업과 미래의 과학기술에 집중되었다. 소설이나 영화 속에만 보던 일들이 아주 가까운 미래로 도래했다는 느낌도 받았다. 우려와 기대가 동시에 쏟아졌고 미래 직업의 변화를 예측하는 기사가 신문 지면을 거의 매일 장식하였다. 과학기술의 발달과 함께 일자리의 변화에 따른 미래 사회의 전망은 진로교육에 지대한 관심을 불러일으키기에 충분하였다.

이러한 시대에 진로교육을 담당하는 교사나 가정에서 자녀를 지도해야 하는 부모는 무엇을 어디서부터 시작해야 할지 너무나 막막할 것이다. 인간과 로봇이 경쟁하게 되는 날이 오면 어떤 직업이 유망할까? 기계가 대체할 수 없는 일은 과연 무엇일까? 인공지능이나 딥러닝 같은 첨단 기술 분야도 좋지만, 안정적인 공무원이나 전문직을 직업으로 삼는 것이 낫지 않을까? 수학이나 과학에 전혀 취미가 없는데 4차 산업을 대비하려면 어떻게 교육해야 할까? 어린 시절부터 코딩교육을 시키는 게 맞을까? 이런저런 생각으로 교사와 학부모는 무척 혼란스럽다.

인간과 기계가 협업하고 인공지능이 수많은 일자리를 대신할 것이라는 암울한 전망 속에서 자신에게 맞는 진로를 설계해 나가기 위해서는 창조적인 진로역량에 대한 요구가 그 어느 때보다 더욱 커질 것이다.

그러므로 진로교육은 간단히 이루어질 수 없는 일이다. 초중고 시절에 양질의 진로교육이 이루어진다면 개인적 차원에서는 자신의 인생에 대한 만족감과 행복감을 느낄 수 있을 테고, 국가적인 차원에서는 실업 문제의 해소나 국가경쟁력 향상에도 도움이 될 것이다.

'어떻게 하면 나에게 잘 맞는 직업을 찾을 수 있을까? 남들처럼 특별히 잘하는 것도 없고 공부도 별반 취미가 없는데…….'라는 하소연을 한 번쯤은 들어 보았을 것이다. 중고등학생뿐 아니라 학부모 혹은 대학생들도 똑같은 고민을 안고 상담실 문을 두드린다. 더구나 자녀를 키우는 부모나 학생들의 진로상담을 해야 하는 교사들의 입장에 서면 더욱 답답해진다. 꿈이 명확한 사람을 만나더라도 그의 환경이나 역량 그리고 학교 성적 등 현실적인 조건에서 자유로울 수 없기 때문이다.

진로 특강을 하다 보면 많은 부모들이 이런 말을 하곤 한다. 자녀가 하고 싶은 것을 말하면 그 길로 밀어주겠다는 것이다. 아이가 하고 싶은 것을 찾으면 잘 도와줄 텐데, 그걸 못 찾으니 기다리는 수밖에 없다는 것이다. 많은 부모들은 자녀들에게 "네가 하고 싶은 일을 찾으면 엄마가 밀어줄게."라고 말하지만 이런 말을 듣는 자녀들은 무력감을 느끼고 만다. 결국 자녀나 부모도 힘들어지기만 하고, 또다시 성적 올리기에만 몰두하기 쉽다.

그렇다면 이런 진로지도에서 우리가 놓치고 있는 점은 무엇일까? 이 책을 읽으면서 이런 궁금증을 해소해 나가길 바란다.

과거 우리 부모 세대는 대학만 나오면 직장에서 서로들 오라고 하던 시대를 살았다. 하지만 지금은 180도 상황이 달라졌다. 이제 더는 대학 졸업장이 우리의 미래를 보장해 주지 못한다. 어린 시절부터 내가 무엇을 하고 살지 진지하게 고민하고 준비해 놓지 않는다면 사회에 진출할 시기가 되었을 때 정말 아무것도 할 수 없는 상황에 놓일 수 있다. 그렇다면 무엇을 어디에서부터 시작해야 할까? 결국 또 하나의 고민이 생긴 셈이다. 어떻게 하면 저마다의 소질과 흥미를 살릴 수 있는 일을 찾을 수 있을까? 어떻게 하면 효과적으로 나의 길을 찾을 수 있을까?

해를 거듭할수록 '진로'는 우리 시대의 하나의 화두가 되었고 그 중요성은 더욱더 높아졌다. 청소년뿐만 아니라 대학생을 비롯하여 직장인, 경력단절 여성과 퇴직을 앞둔 중장년층에 이르기까지 전 세대를 위한 진로교육이 요구되고 진로상담에 대한 갈망 역시 커진다는 것을 체감하였다.

간혹 어떤 학생들은 내게 '자신이 잘할 수 있는 직업을 콕 집어 달라'는 요청을 하기도 한다. 오죽 납납했으면 그런 말을 했을까마는 아쉽게도 나에게 그런 엄청난 재주는 없다. 콕 집어 말해 줄 수 있다면 그것은 커리어코치가 아니라 용한 점쟁이의 소관일 것이다.

그러나 미리 절망할 필요는 없다. 대한민국에 커리어코치라는 단어가 생소할 무렵부터 커리어코치라는 명함으로 많은 이들의 진로설계를 도와주는 일을 하였고, 청소년을 비롯해 대학생들과 학부모, 신입 구직자와 경력자들, 교사와 진로교육 전문가 집단 등 어림잡아도 3만 명 이상의 사람들과 만나 그들의 진로설계에 도움을 췄던 경험을 토대로 이 책을 읽는 독자들이 자신에게 잘 맞는 일을 찾는 데 필요한 실질적인 방법들을 제시할 것이다.

"선생님, 전 제가 무엇을 해야 할지 모르겠어요."

한 번이라도 인생 어디쯤에서 길을 잃고 헤매어 본 사람이라면 이 말에 담긴 절박한 심정을 이해할 수 있을 것이다. 누군가로부터 이런 말을 듣게 된다면 어떤 식으로든 조언해 주거나 도움이 되고 싶을 것이다.

나 역시 한창 진로에 대한 고민이 많았던 20, 30대에 늘 미래에 대한 걱정을 부여잡고 살아왔던 것 같다. 진로란 것이 어차피 일생의 모든 일들과 관련된 것이니 어쩔 수 없는 일이긴 하지만 그 당시엔 정말 너무나 힘이 들었다. 그렇지만 치열하게 고민하고 노력하다 보니 길이 보이기 시작하였고, 결국 내가 원하는 일을 찾을 수 있었다.

　진로 문제는 그냥 대충 몇 시간 생각해서 결정 내릴 사안이 아니라는 것만큼은 분명히 말해 두고 싶다. 자신에게 잘 맞는 일을 찾거나 정말 좋아하는 일을 직업으로 삼기 위해서는 많은 노력을 기울여야만 한다. 자신의 미래와 자신의 행복 그리고 정말 내가 누구인가에 대해 진지하게 고민할 마음이 있는 사람이라면 이 책을 꼭 읽길 바란다.

　몇 년 전 30년 넘게 진로상담을 해 온 미주리대학교 헤프너(P. Paul Heppner) 교수가 국제 워크숍 참석차 한국에 왔던 적이 있다. 총 16시간의 워크숍 말미에 그는 이런 이야기를 했다. "자신에게 잘 맞는 일을 찾아가는 일이란 마치 내가 누구인가를 찾아가는 영적인 여행과 같습니다. 평생 고민해야 할 주제입니다." 헤프너 교수의 한마디의 말에 나는 깊은 위로를 받았다. '정말 자신이 좋아하고 잘할 수 있는 일이 무엇인지 솔직하게 자신에게 물어보라'는 말이나 '내가 어떤 사람인가에 대해 명확한 인식이 필요하다'는 말은 옳은 말이긴 해도 무척이나 어려운 일이다. 자기 자신에 대해서 제대로 안다는 것은 평생을 두고 고민해야 할 주제이기 때문이다.

　그만큼 진로를 결정하는 것은 중요하고 어렵다. 내 길이 무엇인지 찾으려고 고군분투해야 한다. 그냥 남들 사는 대로 대충 살아서는 인생의 주인이 되지 못할 뿐 아니라 삶의 성취감이나 만족도도 떨어진다. 따라서 내 삶의 주인이 되고 싶은 사람, 내 삶의 만족을 원하는 사람은 누구나 진로상담이 필요하고 진로교육이 필요하다.

다시 말해 진로설계란 '내가 누구이고, 어떻게 살고 싶으며, 무엇을 통해 자아를 실현할 것인가'라는 질문에 답을 찾아가는 영적인 과정이라 할 수 있다. 저마다의 잠재력을 기반으로 본인에게 잘 맞는 직업을 찾을 수 있도록 노력하는 것이다.

진로교육 과정에서 '뭘 어떻게 해야 하지?'라고 고민하는 모든 이들을 위해 이 글을 썼다. 필자의 옛 저서인 『꿈에 날개를 달아주는 미래코칭』에서도 다루었던 주제이지만 직업 세계의 변화와 바뀐 제도, 보완된 이론 등으로 인해 일부 내용의 변화가 있었던 만큼 별도의 새 부대에 담기로 하였다. 진로 고민으로 상담이 필요한 사람이라면 자신을 위한 셀프 워크북으로 사용해도 좋고, 누군가를 지도하고 상담해야 하는 사람이라면 참고서나 지도용 교재로 활용해도 좋다. 상담자나 내담자 모두에게 효과적인 진로지도 방법들을 제공하려 노력하였으며 학교나 여러 기관에서 활용할 수 있는 구체적인 기법들을 소개하였다. 부디 이 책이 인생의 길을 찾는 데 도움이 되길 바라는 마음뿐이다.

지금 이 순간 진로 때문에 고민하고 있다면 이 말을 꼭 기억해 주기 바란다. "사람은 자신이 가장 아팠던 것을 가장 잘하게 된다."

나에게도 누구보다 진로 고민이 많았던 시간이 있었고, 앞날에 대한 불안과 두려움으로 매우 힘들었던 시절이 있었다. 하지만 지금은 과거의 나와 같은 많은 이들을 돕고 있으니 아팠던 경험이 약이 된 셈이다. 결국 지난날의 고통이 나를 살게 하고 있는 것이다. 그러니 진로 때문에 힘이 든다면,

내게 덤으로 온 행운이라고 생각하라.

이 책의 마지막 장을 넘길 때까지 여유를 가지고 나 자신을 되돌아보며, 현재의 삶을 점검해 나가길 바란다. 이 책을 다 읽고 난 후 분명한 목표와 새로운 열정이 여러분의 가슴속에서 용솟음친다면 필자로서 무척이나 기쁠 것이다.

언제나 나의 편이 되어 주는 양가 가족들과 힘든 집필 과정 내내 곁에서 묵묵히 지켜봐 준 인생의 동반자인 남편 그리고 사랑하는 아들에게 감사의 마음을 전하고 싶다.

2017년 무더위가 한창인 여름, 하늘나라에 가신 존경하는 아버지께 이 책을 바친다.

2017년 10월

김이준

행복은 무엇인가?
좋아하는 일을 하는 것이다.

– 프로이트(S. Freud)

contents

PART

01

진로는 나를 찾는 여정이다

1
진로교육 소개

▶ 하고 싶은 것도 되고 싶은 것도 없어요.

중학교 3학년인 은석이는 공부가 잘 안 돼서 상담실을 찾아왔다. 학원에 열심히 다니고 있고 친구들과도 별 탈 없이 잘 어울리지만, 왠지 학교생활이 지루하고 책상에만 앉아 있으면 마음이 답답해진다. 학교에서 별다른 말썽을 부리지는 않지만 그렇다고 해서 딱히 공부에 대한 동기나 열정이 있는 것도 아니어서 하루하루가 지루하고 재미없기만 하다. 그래서일까? 학원도 다니고 과외도 하지만 학습 능률은 오르지 않는 것 같다. 은석이 어머니는 은석이가 사춘기라서 그렇다고 생각하고 있지만 내심 불안하다. 외아들이기에 거의 모든 것을 챙기며 돌봐 주시는 어머니는 요즘 말수가 없어진 은석이가 혹시 공부를 게을리할까 봐 걱정된다. 한창 사춘기에 접어든 아들이 자신의 품을 떠나는 것 같아 서운하기도 하다. 이번 기회에 은석이가 마음을 잡을 수 있도록 본인이 잘하는 것을 찾아주고 싶은 마음과 혹시라도 목표가 생긴다면 공부를 좀 더 열심히 하지 않을까 하는 기대감에 진로상담을 요청하였다.

'내 자녀를 위한 진로코칭'이라는 주제로 강의를 하면 가장 많이 듣는 이야기 중의 하나가 이와 같은 사례이다. 학교생활이나 친구 관계에서 별다른 문제를 보이지 않지만 그렇다고 공부를 열심히 하는 것도 아니고 딱히 좋아하는 분야도 없는 상태의 학생들을 많이 만난다.

장래 무엇이 되고 싶은지 생각해 본 적이 없고 왜 공부해야 하는지 이유도 모르기에 공부가 재미없고 의욕도 생기지 않아 무기력한 상태일 때 어떻게 해야 좋을지 묻는 사례가 매우 많다. 목표라도 있으면 좋으련만 장래희망이나 관심이 있는 분야를 물어봐도 시큰둥하니 부모로서는 답답할 노릇이고, 학생 역시 막막할 따름이다. 요즘처럼 취업이 어렵고 직장을 구하기 힘든 사회에서 구체적인 목표라도 있어야 하는데, 장래에 대해 아무런 생각이 없다는 것은 큰 걱정이 아닐 수 없다.

진로에 대해 도움을 주고 싶어도 아이가 목표도 없고, 희망하는 직업도 없고, 장래 꿈조차 모호하기만 하니 부모로서 무턱대고 아무거나 시킬 수도 없어 참 걱정스럽다. 자녀의 장래를 위해서 어떻게 해서든 길을 찾아주고 싶은데 그저 막막하기만 할 뿐이다. 가까운 친인척이나 이웃들의 조언대로 자녀들과 대화를 시도해 보지만 별반 소득이 없다. 왜냐하면 아이들은 학교와 학원을 오가느라 바쁘고 부모도 깊이 있는 대화를 이어 갈 시간을 확보하기 어렵다. 설령 시간이 주어진다고 해도 무슨 말을 어떻게 해야 할지 모르기 때문에 간신히 잡은 대화 시간이 잔소리나 훈계로 끝나게 되면 대화를 하기 전보다 나아질 것이 없다.

학부모들이 말하길, 어느 날 조금 진지한 태도로 사춘기에 접어든 자녀에게 장래 희망이 무엇이냐고 물어봤더니 "몰라! 그런 거 생각해 본 적 없는데?" 하면서 방문을 닫고 들어가 버리더라는 것이다. 또는 "헐~! 그런 걸

왜 물어보는데?"라는 한마디만 던지고 계속해서 보고 있던 TV만 열심히 보더라는 애기도 들었다. 이런 상황에서 부모는 당혹스럽다.

남다른 재능이 있다면 힘닿는 데까지 밀어줄 의향도 있지만 아직까진 그런 면이 있는 것 같지도 않고 그렇다고 특별히 공부를 잘하는 것도 아니니 초조하기만 하다.

요즘 방탄소년단이나 트와이스 같은 아이돌 가수가 되고 싶다거나 유재석 같은 유명 개그맨이 되고 싶다는 아이들이 많다. 그러나 이런 직업은 부모의 입장에서 별반 선호하지 않거니와 안정적으로 보이지 않기 때문에 반대한다. 우리나라 학부모가 자녀의 직업으로 가장 희망하는 직업 1위는 교사이고, 2위는 공무원이다. 연예인이 되고 싶다거나 프로게이머가 되고 싶다는 학생들은 많은데, 이런 직업을 자녀의 직업으로 희망하고 지지해 주는 부모는 거의 만나보지 못했다.

자녀의 장래 희망과 부모가 바라는 직업이 다른 경우 가족 간의 갈등이 커질 수 있다. 우리나라 대다수 학부모들은 본인이 원하지 않는 직업을 자녀가 희망하는 경우 "그것도 좋지만, 그건 네가 대학가고 난 뒤에 취미로 할 수 있는 일이야." 하고 은근슬쩍 말해 두고 공부를 좀 더 열심히 하도록 독려한다. 부모 역시 뚜렷한 대안은 없지만, 어찌 됐든 가수나 개그맨 같은 연예인은 젊은 시절 한때만 반짝할 확률이 높은 직업이므로 자녀들에게 권하지 않는 편이 낫다고 생각하는 눈치이다. 직업은 뭐니 뭐니 해도 안정적인 것이 최고라 여겨 자녀들의 맘을 돌려놓으려고 하는 것이다. 이런 부모들의 태도에 아이들은 건성건성 대답만 하고 대화를 피하기 바쁘다.

물론 사회적으로 인정받고 안정적인 직업을 나쁘다고 할 이유는 없다. 그러나 모든 이들이 교사와 공무원을 꿈꾼다는 것은 이득보다 폐해가 더 많을 듯하다. 임용고시나 공무원 시험 경쟁률이 높다는 것은 둘째 치더라도 모두가 안정적인 직업을 최고의 직업으로 생각하면서 다른 직업은 고려해 보지도 않는다면 성인이 된 후 후회할 가능성이 있다.

교사나 공무원, 의사, 변호사 외에 부모가 알고 있는 직업이 별로 없다 보니 직접 나서서 자녀에게 잘 맞는 직업을 찾아주기도 어렵다. 미래에는 어떤 직업이 유망한지도 잘 모르고, 바로 눈앞에 있는 대학 입학이 당면 과제인 상황에서 먼일까지 신경을 쓸 여력이 없다는 것이 솔직한 심정이리라. 그리고 적어도 대학이라도 가야 꿈도 꿔보는 거지 어중간한 성적 가지고 할 수 있는 일은 거의 없을 것 같이 생각된다. 그러니 공부가 다가 아니란 생각을 하면서도 "일단 공부해라."라는 말밖에는 할 말이 없기에 답답한 것이다.

게다가 요즘처럼 진로교육에서도 조기 교육이 중요한 시기에 누구는 유치원 때부터 커리어 로드맵이다 커리어 포트폴리오다 스펙 관리다 난리 치는 세상에 진로에 대해서 잘 모르고 있다가 중요한 시기를 모두 놓치는 것은 아닌지 걱정이 된다. 학생부종합전형에 발맞춰 조기에 진로를 정하는 것이 중요해졌다는 것은 모두가 공감하는 부분이기에 내심 불안한 것이다. 많은 학부모들이 이런 혼란에 대해 하소연을 한다.

부모는 당연히 자녀의 진로에 대해 고민할 수밖에 없다. 그렇다고 무턱대고 진로탐색을 시작할 수도 없다. 더욱이 검증되지 않은 정보에 휘둘리면 부모와 자녀 모두가 상처만 받고 끝나버리기도 쉽다.

일단 자녀에 대한 고민은 내려놓고 본인의 진로, 즉 자신의 커리어에 대해서 잠시 생각해 보라는 권하고 싶다. 진로란 일련의 과정이고 수많은 시행착오를 포함한다. 또한 진로결정의 주체는 어디까지나 자기 자신이고 본인이 선택해야 하는 문제이기 때문에 그 누구도 다른 사람의 일생을 대신 결정지어 줄 수는 없는 일이다. 교사도 해 줄 수 없고 부모도 해 줄 수 없다. 진로상담사 또한 결정을 내려줄 수는 없는 일이다. 주변 사람들의 도움을 받을 수 있을지는 몰라도 결국 인생의 주인은 자기 자신이 아니겠는가? 만일 "자! 이럴 때는 부모님께서 이렇게 해 주시면 도움이 되겠습니다."라고 단답형으로 답을 주기 시작하면 인생에서 가장 중요한 사안을 부모에게 의존하는 사람으로 만들 뿐이다. 언제까지 엄마 아빠가 옆에 서서 이걸 해라 저걸 해라 하면서 코치해 줄 수 없는 일이다. 결국은 스스로 헤쳐 나가야만 한다.

아직 하고 싶은 것이 없다면 조금 더 기다려 주어야 한다. 여기서 굳이 부모의 역할을 꼽으라면, 아이가 하고 싶은 것이 생길 수 있도록 다양한 체험을 할 수 있는 시간을 허락해 주는 것이다. 여행도 좋고 독서도 좋고 친구와의 대화나 선배와의 만남도 좋다. 봉사활동도 좋고 직업을 가진 아빠 친구와의 만남도 좋다. 친구 아빠의 회사에 놀러 가 보아도 좋고 교회에 나간다면 목사님과 목사라는 직업에 관해 이야기를 나누어 보아도 좋다. 다양한 직업과 관련된 경험들을 조금씩 해 보는 활동이 필요하다. 수학에서도 기본적인 연산을 익혀야 미적분도 할 수 있고 확률 통계도 할 수 있다. 자신에게 잘 맞는 일이 어떤 것인지 찾는 과정 역시 수많은 체험과 경험이 모여서 알게 되는 일련의 과정이라는 것을 다시금 강조하고 싶다.

아무것도 해 본 것이 없는 사람은 아무런 것도 결정할 수가 없다. 경험해 본 것이 없으므로 머릿속으로만 이 생각 저 생각을 해 볼 뿐 현실성도 없고 구체성도 없다. 따라서 어떤 결정을 내리라고 재촉하지 말고 부모가 옆에서 대신해 줄 수 있다는 마음 또한 비워내고 자녀에게 시간을 주어야 한다. 이런 경험들이 모여서 내가 누구인지에 대한 개념을 명확하게 해 줄 것이기 때문이다. 무엇보다 다양한 경험을 할 수 있는 환경을 마련해 주는 것이 가장 중요하다. 그 경험이란 것이 꼭 직업에 관한 체험이 아니어도 좋다. 일례로 얼마 전 나는 내가 누구인가에 대해서 조금 더 명확하게 생각해 보는 기회를 가졌다. 그것은 '긍정심리학으로의 초대'라는 세미나에서의 일이다.

이날의 강의 주제가 너무 좋아서 설레는 마음으로 강의장으로 향하였다. 강사는 고려대학교 심리학과의 고영건 교수였다. 본격적인 강의를 진행하시기 전에 이야기 하나를 들려 주었는데, 그 이야기가 참 인상적이었다.

"오늘 긍정심리학이라는 주제로 강의를 하기 전에 여기 계시는 선생님들께 질문을 하나 드리겠습니다. 알라딘의 요술 램프 이야기는 모두 다 아실 텐데요. 그 이야기에 나오는 지니라는 요정이 어느 날 선생님들께 찾아와서 3가지 소원을 들어주겠노라고 제의합니다. 5분 정도 시간을 드릴 테니 지니에게 빌고 싶은 3가지 소원을 써 보시기 바랍니다."라고 말씀하셨다. 객석에 앉아 있던 나도 종이와 펜을 꺼내서 과연 내가 행복해질 수 있는 조건 3가지는 무엇인가에 대해서 생각해 보았다. 첫 번째 소원은 건강, 두 번째 소원은 일에서의 성취, 세 번째 소원은······.

건강과 일은 자신 있게 적었는데 세 번째는 무엇을 적어야 할지 상당히 고민이 되었다. 어려운 시험 문제도 아닌데 '어 조금 어렵네!'라고 생각하며 메모지에 끄적이고 있었다. 나뿐만 아니라 강의를 듣는 다른 사람들도 모두 머리를 숙이고 고민하는 걸 보니 행복할 수 있는 3가지 소원을 적는다는 것이 생각만큼 쉬운 일은 아니란 것을 알 수 있었다. 교수님은 모두 다 적었나고 미소를 지으며 질문을 던지셨는데, 5분이 지나도록 나는 마지막 소원을 적지 못한 채 주변을 두리번거리고만 있었다. 다행히 여기저기서 생각할 시간을 더 달라고 아우성을 치는 바람에 3분의 시간을 더 얻을 수 있었다. 잠시 더 고민한 나는 첫 번째 자리에 적었던 '건강'을 지우고 그 자리에 '일에서의 보람'이라고 적었다. 성취라는 단어 대신 보람이라고 적어 놓으니 제대로 들어맞는 단어를 찾은 것 같아 기분이 좋아졌다. '성취하지 못하면 어떠랴. 보람과 기쁨이 있으면 그만이지.'라는 생각이 들었기 때문이다. 그리고 두 번째 칸에는 앞에서 지웠던 '건강'을 다시 채워 넣고, '그래, 사람이 건강해야 무슨 일이든 할 수 있어.'라고 생각하며 고개를 주억거렸다. 마지막으로 세 번째 칸을 노려보는데 연필은 여기서 또다시 멈추었다.

1분밖에 남지 않았는데 머리가 하얘지면서 아무것도 생각나지 않았다. 평소엔 그토록 많은 소원과 바람이 있었는데 남아 있는 하나의 칸에 무엇을 적어야 할지 망설여지기만 할 뿐 아무것도 생각나지 않았다. 빈칸으로 두기 뭐해 작은 글씨로 행복한 가정이라고 적어 두고 연필을 내려놓았지만 석연치는 않았다. 왜냐하면 세 번째 소원으로 무엇을 적어야 할지에 대해서 좀 더 고민할 시간이 필요할 듯싶었기 때문이다.

과연 내가 행복해지기 위해서는 무엇이 필요할까? 건강과 일이 있으면 행복하다고 할 수 있을까? 사랑이나 가족, 우정 혹은 돈이 많으면 행복할까? 성공이나 명예, 타인의 인정이나 영향력은?

결국엔 생각이 너무나 복잡해져서 램프의 요정 지니에게 빌고 싶은 3가지 소원을 다 완성하지 못한 채 아쉽게 펜을 내려놓았다. 그때의 기억이 무척 강렬해서 그 이후로 지금까지 나 자신에게 같은 질문을 끊임없이 하고 있다.

"행복하기 위해서는 무엇이 필요한가?"

자, 당신에게 램프의 요정 지니가 찾아와서 3가지 소원을 들어준다고 한다면, 과연 당신은 어떤 소원을 빌 것인가?

어느 날 램프의 요정 지니가 당신을 찾아와서 이렇게 말합니다.

"주인님, 당신이 행복해질 수 있는 조건 3가지를 골라 저에게 말씀하시면 제가 모두 들어드리겠습니다."

여러분에게도 똑같은 질문을 드립니다. 당신이 행복해질 수 있는 조건, 3가지를 말해 보세요.

"당신에게 무엇이 있다면 행복해질 수 있을까요?"

   1.

   2.

   3.

재밌는 것은 이 질문이 어떤 대상을 향하는가에 따라 무척 다양한 답변이 나온다는 점이다. 중고등학생들은 아이돌 그룹 중에 어떤 멤버와 사귀고 싶다거나 요즘 잘나가는 연예인이 내 남자 친구였으면 좋겠다는 이야기를 하곤 깔깔 웃는다. 또 많은 수의 학생들이 시험이 없어졌으면 좋겠다거나 돈 100억이 있으면 좋겠다는 대답을 하면서 즐거워한다. 반면에 학부모들은 1초도 기다리지 않고 남편이 돈 잘 벌고 아이들이 건강하며 공부 잘하는 거라고 대답한다. 그러면 나는 다시 질문한다. '과연 그것만 이루어진다면 정말 행복하시겠습니까?'라고. 그 질문에 학부모들은 수줍게 웃으면서 고개를 살짝 흔들고 생각에 잠기는 듯한 표정을 짓는다. 학생들은 나를 빤히 쳐다본다. 결국 그게 다는 아니라는 뜻이다.

"정말 솔직하게 자기에게 물어보세요. 나는 무엇이 있어야 행복한 사람인가요?"

나의 질문 한마디에 눈시울이 붉어지셨던 어떤 분이 생각난다. 짐작건대 누구도 그분에게 행복해지기 위해서 무엇이 필요한지 묻지 않았을 것이다. 우리에게는 이런 질문이 꼭 필요하다. 특히 한창 꿈을 키우고 미래를 동경할 때 누군가는 그의 꿈과 열정 그리고 행복에 관해 물어보아야 한다. 그 질문을 통해 비로소 자신을 일깨울 수 있다.

청소년, 교사, 직장인, 가정주부 등 대상을 떠나 이 질문을 던지고 이에 답할 수 있는 것이 진정한 의미의 진로교육임을 상기해야 한다. 고등학교 3년 내내 '인서울'이나 아니냐에 목숨을 걸고, "걔 어디 들어갔대?"에 일희일비하는 것이 우리 학교 교육의 현실이다. 그러나 '인생은 성적순'이 아니며 '수능 한방'이 인생 역전의 도구가 아니라는 것, 그리고 내로라하는 대기업에 들어가지 않아도 충분히 행복할 수 있으며 자신의 강점을 잘 알고 자신이 잘할 수 있는 일에 최선을 다하면서 보람과 만족을 느끼는 것이야말로 행복이라고 먼저 포석을 깔아두는 것이다.

인생이란 마라톤에서 승리하기 위해서는 내가 가장 나답게 살 수 있는 일이 무엇인지 고민해 보고, 지금 눈앞의 이해득실이 아니라 긴 안목으로, 어떻게 살아야 할지 미래를 조망해 보는 좋은 질문을 던져야 한다.

진로교육이 누구에게나 필요한 이유는 매 순간 인생의 의미를 검토하면서 자기 자신에게 행복한 삶이란 과연 무엇이며, 행복에 이르는 길에 꼭 필요한 조건은 무엇인지 고민하도록 만들기 때문이다. 이제는 그룹 멤버 모두가 성숙한 여인이 된 소녀시대가 '소원을 말해봐(Genie)'라는 노래를 부른 적이 있다. 나에게는 이 노래가 진로교육을 위한 CM송처럼 들렸다. 아마도 직업병이라고 생각하지만 그래도 어쩌랴.

그래요. 난 널 사랑해. 언제나 믿어.

꿈도 열정도 다 주고 싶어.

난 그대 소원을 이뤄주고 싶은 (싶은) 행운의 여신.

소원을 말해봐. (I'm Genie for you boy)

소원을 말해봐. (I'm Genie for your wish)

소원을 말해봐. (I'm Genie for your dream)

내게만 말해봐. (I'm Genie for your world)

행복해지고 싶다면 진지하게 자기 자신에게 물어야 한다. 그래야 대답이 나오지 않겠는가?

은석이처럼 가시적인 문제는 없지만, 분명한 목표가 없어 걱정인 경우에는 너무 조급해하지 말고 천천히 찾아보겠다는 생각을 하는 것이 좋다. 무엇이든 빨리빨리 어떤 결정을 내리고 맹렬히 달려가기만 해서는 정작 내가 어느 방향으로 가려고 하는지 감도 잡을 수 없어 엉뚱한 방향으로 나아가기 쉽다.

우리는 '빨리빨리' 문화에 익숙해서 진로결정도 빨리 이루어져야 할 과업이라고 생각하지만 진로결정은 빠르다고 해서 무조건 좋은 것이 아니다. 속도보다 중요한 것이 방향이다. 인생은 속도전이 아니지 않은가? 모든 일에는 때가 있는 법이다.

진로결정에는 누군가의 안내가 필요하다. 지금이 바로 진로에 대해서 생각해 볼 시간이라는 점을 일깨워 주고, 자신을 돌아볼 질문을 던져줘야 한다. 초조해하지 말고 자기 자신이 어떤 사람인지 알기 위해서 많은 시간을 투자해 보라고 이야기해 주어야 한다. 독서를 통한 간접 경험도 좋고 여행과 같은 체험활동도 좋다. 어떤 일에 관심이 있는지, 남들보다 좀 더 재능이 있는 영역은 어떤 분야인지 세심한 관찰이 필요하다. 관심을 가지고 유심히 살피면 보이지 않던 것들이 보이기 마련이다. 또한 부모나 학교 선생님 혹은 친한 동료처럼 많은 시간을 함께 보내는 사람이 정확하게 타인의 강점에 대해 파악하고 있는 경우도 많아 주변 사람들에게 물어보는 것도 도움이 된다.

한 가지 염려되는 점은 많은 사람들이 진로선택을 위해서 심리검사에 의존하는 경향이 있다는 것이다. 그들은 검사 결과를 절대적인 것으로 여기고, 그것을 토대로 자신의 진로를 결정한다. 일정 시기에 자기 자신을 좀 더 잘 이해하기 위해 심리검사를 활용하는 것은 도움이 되지만, 여기서 중요한 것은 검사를 했느냐 하지 않았느냐가 아니라 결과를 어떻게 해석하느냐이다. 따라서 심리검사를 활용할 경우에는 반드시 검증된 전문가에게 상담을 받을 것을 권한다. 심리검사는 나 자신에 관한 유용한 정보를 주는 효과적인 도구이지만 잘못 사용하게 되면 오히려 많은 부작용이 있을 수 있다. 편리하고 많은 이점이 있다고 해서 남용해서는 안 되고, 그 결과를 맹신하거나 고정된 진리처럼 받아들일 필요도 없다. 참고사항 정도로 활용하면 좋을 듯하다.

자기이해를 돕는 활동들

자신의 장점 찾기　나 자신의 장점에 대해 생각해 보고, 주위 사람들에게도 물어본 후 이를 바탕으로 자신이 잘할 수 있는 일을 직업선택과 연관 지어 생각해 본다.

내 인생의 10대 뉴스　나에게 일어났던 의미 있는 사건 10가지를 생각해 보고, 그것이 나에게 얼마만큼의 만족도를 준 일이었는지 생각해 본다.

Want-Have List　평소에 원했던 것과 갖고 싶었던 것들의 목록을 만들어 본다. 현재 갖고 있지 못한 것들과 원하는 것들을 찾아보면서 장래 계획과 앞으로의 실천 계획을 세워 볼 수 있다.

커리어 포트폴리오 만들기　포트폴리오란 자신의 실력을 보여 줄 수 있는 작품이나 관련 내용을 집약한 자료집을 일컫는 말이다. 학창 시절 받았던 표창장부터 학교에서 실시했던 진로 심리검사의 결과까지 나 자신의 적성과 능력을 보여 줄 수 있는 자료들을 정리하여 활용한다.

진로일기 쓰기 자신의 예상 수명을 가정해 보고 1년, 3년, 5년, 10년 등 기간마다 예상되는 사회적 지위, 경제적 수준, 받고자 하는 교육 등을 명시하고 목표를 설정하여 그 기간에 해야 할 일을 정리해 본다.

반복적인 일상에 권태롭고 매사에 기쁨이 없으며 아무런 의욕이나 열정도 일지 않을 때 비로소 때가 온 것이다. '나는 정말 어떻게 살고 싶은가?'라는 질문을 던질 때가.

그런 권태와 우울 속에서 비로소 진짜 나 자신이 누구인가를 찾는 숭고한 여행이 시작된다. 현재의 불만족은 앞으로 나아가는 힘이 될 수 있다. 길이 보이지 않는다고 포기하지 말자. 성공한 사람들은 힘든 시간 속에서도 포기하지 않았기 때문에 그 자리에 있다는 것을 기억해 주기 바란다.

상담자를 위한 가이드 1

진로교육은 장래 어떤 일을 하고 싶은가에 대해 명확하게 인식하게끔 도와주는 일이므로 그 어떤 일보다 중요한 사안이다. 진로코치들이나 커리어 관련 컨설팅을 하는 분들이 내담자를 만나 상담이나 코칭을 하는 모습을 보게 되면 진로상담이 쉬운 일이라고 생각하시는 분들도 있고 매우 어렵게 생각하시는 분들도 있다.

쉽게 생각하시는 분들 중에는 진로상담을 일반적인 심리상담에 비해 매우 쉬운 상담이라고 생각하기 때문에 사회 경력이 있다면 누구나 쉽게 접근할 수 있는 분야라고 여겨 별다른 준비 없이도 인생의 경험만 있다면 누구나 할 수 있는 것으로 오해하기 쉽다. 진로상담이 주로 직업에 대한 정보를 제공해 주기 때문에 특별한 전문성이 요구된다기보다는 인생의 선배로서 본인의 경력과 경험을 토대도 이야기해 주는 것만으로도 컨설팅이나 진로상담이 이루어졌다고 믿는 것이다. 다시 말해 상대방을 돕고자 하는 마음만 있으면 누구나 할 수 있다고 생각하기 때문에 커리어 상담이나 컨설팅 분야를 다소 가볍게 생각하고 많은 이들이 준비되지 않은 상태로 진로코칭 분야에 뛰어드는 것이다. 하지만 준비가 미흡한 코칭이나 컨설팅은 상담이란 형태를 흉내 내긴 하지만 그 내용 면에서 수준이 낮기 때문에 상담자와 내담자 간의 이야기들은 그저 수다에 불과한 아마추어적인 대화로 흐르기 쉽다. 더욱 우려되는 것은 컨설턴트 본인의 주관적인 경험에 의존한 조언이 마치 모든 것에 두루 통할 수 있는 진리인 것처럼 전달될 때는 더욱 큰 문제를 초래한다. 한마디로 이렇게 해서는 효과적인 진로교육이 이루어지기 어렵다.

학생이든 성인이든 진로상담을 요청하는 많은 사람들이 상담을 통해 얻으려고 하는 가장 절실한 해답은 자신에게 잘 맞는 일이나 방향을 제시해 주는 것이다. 솔직히 말해서 진로코치나 상담자로 하여금 본인에게 잘 맞는 일을 꼭 집어 알려 주기를 원하는 내담자도 매우 많다. 그러나 진로상담은 내담자에게 확실한 답을 주기가 무척 어렵고, 또 그래서도 안 된다. 누구도 인생의 진로결정을 대신해 줄 수 없고, 결국엔 본인의 선택이 가장 중요하기 때문이다. 그 어떤 결정을 내리더라도 그것은 본인의 결정이어야 하고 코치나 상담자는 조력자일 뿐이라는 사실을 잊지 말아야 한다.

진로상담이 쉽다고 생각하는 것도 문제이지만 진로상담을 너무 어렵게 생각하는 경우도 문제가 될 수 있다. 진로상담이 어렵다고 생각하는 경우에는 진로상담 자체를 지레 포기하게 만든다. 특히 중고등학교 학생들을 대상으로 상담을 할 경우엔 성적이 우수한 학생들 위주로 진로상담이 편중되거나 대단위 심리검사를 실시하여 결과만 배포하는 등 학생들에게 실질적인 도움이 되지 않는 연례행사식의 진로교육이 되기가 쉽다. 진로에 대한 개념을 정립하는 것은 어린 시절부터 꾸준하게 교육할 때 더욱 효과적이라고 생각한다. 따라서 어렵다고 포기하지 말고 계속해서 학생들이나 자녀들의 진로인식을 높일 수 있는 환경을 제공해 주어야 한다. 중고등학교 시절 주위 어른들로부터 "너의 장래 희망은 무엇이니?"라는 질문을 들어 본 기억보다 "일단 열심히 공부해라.", "뭐 할지는 대학 가서 고민해라.", "좋아하는 건 대학 가서 나중에 해라."라는 말을 듣고 자란 경우가 더 많기에 자기 자신의 진로에 대해서 생각하는 것 자체가 너무 어렵다. 이런 친구들이 성인이 된 후 취업에 맞닥뜨려서 어려움을 겪게 되면 대개 '일단 공부를 더 할까?'라는 생각으로 옮겨가는 것을 볼 수 있다. 어린 시절부터 너무 많이 들었던 말, "일단 공부부터 해라."라는 이야기가 남긴 폐해가 아닐 수 없다.

학창 시절에 우수한 성적을 올리는 것은 개인의 성실성을 보여 주는 것이고 학업성취를 위해 기울인 노력에 대해서는 칭찬해 주는 것은 의미 있는 일이지만, 성적보다 더 중요한 것이 진로라는 것을 어린 시절부터 교육해야 한다. 학생들이 아는 직업의 종류가 매우 적을 뿐만 아니라 희망하는 직업들도 대부분의 사람들이 선호하는 17개 정도의 직업에 집중적으로 몰려있다는 현실은 진로교육의 부재를 설명하는 것이라고 할 수 있다. 진로교육이 더욱 분발할 필요가 있다. 도처에 깔린 정보가 미래의 직업 세계를 이야기하고 있는데, 이에 관해 너무 무관심하고 자신을 잘 이해하기 위한 노력도 부족한 형편이다. 올바른 진로교육이 이루어진다면 진로에 대한 올바른 인식 자체가 마련될 수 있을 것이고, 그렇게 된다면 미래를 설계하는 방향도 지금보다는 좀 더 다양해질 수 있을 것으로 기대한다.

"모든 교육은 진로교육이다."라고 진로교육 학자 마알랜드(P. Marland)가 이야기한 바 있듯이 진로교육은 특별한 것이 아니다.

진로교육 관련 용어 정리

'전속력으로 달리는 경주용 마차'라는 뜻을 가진 희랍어인 'career'의 정의는 학자에 따라 다른 의미로 해석되고 있으나 보통 'career'란 개인의 생애 전반(life-span)에 거쳐 추구하는 일의 총체(totality of work)로서 입학, 졸업, 전학, 취업, 직업전환, 결혼, 이혼, 여가 활동 등 연속성으로 진행되는 인생 전반의 모든 활동을 지칭한다(Zunker, 1997).

　　이처럼 진로의 개념은 개인 생애 전반에 걸친 모든 활동을 지칭하는 광범위한 의미로서 상급학교로의 진학, 졸업, 취업, 직장 적응, 직업 전환, 은퇴 준비 등 평생에 걸친 객관적 일(work)을 의미하는 동시에 개인의 주관적인 요소, 즉 일에 대한 열망, 기대, 가치, 요구(needs) 등과 생애 역할(Super, 1990)을 포함하는 총체적 개념으로 사용되고 있다.

진로(career)　　직업이나 일을 포함하는 상위 개념으로, 여기에는 개인이 일생에 걸쳐 갖게 되는 직업뿐만 아니라 일과 관련되는 여러 가지의 활동과 역할들이 포함된다.

진로교육(career education)　　개인이 자신의 적성이나 흥미, 능력 등에 알맞은 일을 자각, 탐색, 준비, 유지 및 개선할 수 있도록 취학 전부터 평생을 학교와 가정, 지역사회의 공동 노력에 의하여 학습하는 경험의 총체이다.

진로계획(career planing)　　진로발달의 과정으로서 개인이 진로의식, 진로선택의 관계에서 얻은 진로에 대한 기초 소양(素養)과 지식을 토대로 적합한 진로를 자신의 능력 · 적성 · 흥미에 비추어 효율적으로 선정할 수 있는 지침을 세우는 것이다. 진로계획은 그것이 수립된 후에도 준비 과정을 거치면서 계속 수정 · 보완되어야 한다.

진로수정(career change) 한 진로에서 다른 진로로 옮겨가는 것을 말한다. 진로수정을 할 때는 새로 선택하는 진로가 종전의 진로와 유사한 점에 있어 그동안 쌓은 경력과 경험, 지식들을 활용할 수 있는지와 새 진로가 개인의 적성 · 흥미 · 태도 · 능력에 부합되면서 발전 가능성이 있는가를 고려하여야 한다.

진로인식(career awareness) 개인의 진로발달 과정에서 일의 진가와 진로선택의 준거를 이해할 수 있으며, 여러 가지 직업에 대한 소양을 갖추는 것이다. 이 단계에서 직업관의 개발, 진로 종류에 대한 이해, 직업과 여가 활동의 관계 이해, 각 진로 추진에 필요한 기초기능 · 학력 · 기술 등에 관한 소양, 자신의 잠정적 능력과 미래 사회인의 역할을 개발하고 사고하며 이해하게 된다.

진로지도(career guidance) 개인의 생애 전반에 걸친 과정(process)에서의 자기이해, 교육 및 훈련의 탐색, 진로계획, 효과적 구직 활동, 직장 적응, 직업 전환, 은퇴 준비의 선택과 방향을 지원하는 모든 의도적 · 체계적 교육활동이며, 학생에서 성인에 이르기까지 생애 단계에 따라 다양성과 유연성을 가지고 개인의 생애 목표에 적합한 진로 개발을 지원하는 총체적 활동을 지칭한다.

진로발달(career development)　　진로발달 · 직업발달(vocational developm
ent) 또는 'occupational development'와 동의어로 사용된다. 이것은 일
의 가치를 발전시키고 직업 정체성(vocational identity)을 구체화하며, 직
업기회를 배우며, 여가 선용을 계획하고, 발전시키는 평생 과정의 의미
를 포함한다.

직업(vocation, occupation)　　생계 또는 생활유지를 위하여 일정 기
간 계속하여 종사하는 일의 종류, 즉 직업생활을 통해 의식주 문제를
해결해 나가며 평생을 이와 더불어 지낸다. 길형석(吉亨奭)은 career 〉
occupation = vocation 〈 job으로 해석하고 있는데, 여기서 career는
occupation보다 그 개념이 포괄적이다.

직업발달(vocational development)　　개인의 직업적 소양 · 가치 · 지
식 · 기술 등의 습득을 통하여 궁극적으로는 직업 적성에 부합되는 행
동과 판단력을 배양하며, 직업적 성숙의 결과를 낳는 과정을 말한다.
직업발달에는 심리적 · 사회적 · 문화적 · 경제적 요인들이 장시간에 걸
쳐 개인에게 미친 영향력이 포함된다. 직업발달은 직업선택의 가능성
예측과 적합한 직업신택의 가능성 개발이라는 2가지 측면에서 분석할
수 있다. 이러한 과정의 반복을 통하여 직업발달의 단계에 도달한다.
일반적으로 직업발달 단계는 소양-인식-탐색-준비-확정으로 구분할
수 있다. 개념적으로는 진로발달과 매우 유사하며 동일어로도 쓰인다.

진로탐색(career exploration)　진로발달의 한 과정으로 학생들이 흥미를 느끼는 직종을 다양하게 조사하고, 진로계획을 수정 · 보완할 수 있도록 현장실습과 견학, 자원 인사(resource personnel)나 산업체 인사와 접촉의 기회를 가지는 단계이다.

직업군(occupational cluster)　산업체별 혹은 동일 계열별 직종을 종(縱)으로 묶어 놓은 것이다. 직업군은 보통 9가지로 분류하나 15가지로 분류하기도 한다.

직무(job)　직업 내에 구체적인 일, 즉 산업체나 기업체 내에서 각자가 담당하고 있는 일의 내용이나 위치를 말한다.

진로상담(career counseling)　진로지도에서 얻을 수 있는 정보를 토대로 하여 1:1의 관계에서 상담에 응하여 진로 배치에 이르도록 도와주는 활동을 말한다. 여기에서는 진로의 인식 · 탐색 · 준비 과정에 필요한 진로계획에 따르는 모든 활동도 포함된다. 진로상담에는 직업선택의 문제와 진학에 관한 문제를 다루는데, 학생의 소질 · 적성 · 흥미 · 태도 · 희망 등에 관해 조사한 자료와 직업 정보를 참고로 해서 진로에 대한 결정, 직업선택, 진학할 학교 선택, 취업 알선, 취직 후의 적응 등을 원만하게 하며, 또 그 진로에 대해서 만족감은 가질 수 있도록 상담한다.

〈상담을 위한 직업 정보 사이트〉

· 워크넷: www.work.go.kr

· 커리어넷: www.career.go.kr

· 서울특별시교육청교육연구정보원: www.serii.re.kr

· 서울진로진학정보센터: www.jinhak.or.kr

· 한국청소년상담복지개발원: www.kyci.or.kr

▶▶ 활동자료 1: 나의 흥미와 적성

※ 내가 잘하는 운동에 체크(∨) 표시를 하고, 다음 물음에 답해 보세요.

달리기		탁구		던지기	
오래 매달리기		야구		등산	
줄넘기		농구		수영	
뜀틀		축구		철봉	
체조		배구		배드민턴	
제자리멀리뛰기		권투		인라인스케이트	
윗몸일으키기		합기도		스키	
매트 운동		태권도		스노보드	

1. 체크 표시한 것 중에서 가장 자신 있는 운동 3가지를 적어 보세요.

2. 목록 외에 내가 잘하는 운동이 있다면 적어 보세요.

※ 내가 잘하는 활동에 체크(∨) 표시를 하고, 다음 물음에 답해 보세요.

말하기		책 읽기		조사하기	
글짓기(소설, 수필, 시)		글씨 쓰기		셈하기	
지도 보기		외우기		그래프 그리기	
도형 그리기		학습/공부		음악 감상	
동식물 관찰		식물 재배		만들기	
물체 실험		악기 연주		용돈기입장 쓰기	
노래 부르기		그리기		연극하기	
무늬 꾸미기		각종 수집		춤추기	
바느질하기		요리		운동경기 관람	
웅변하기		외국어		영화감상	
기계 분해 · 조립		시, 극본 낭독하기		뉴스와 신문 읽기	
미술관, 박물관 가기		조각, 찰흙 제작하기		구슬공예, 도자기 만들기	
규칙적인 생활하기		중요한 것부터 실행하기		솔직하게 말하기	
골고루 먹기		목표 세우기		감정을 폭넓게 표현하기	
추론하기		기획 · 계획하기		타인의 감정에 민감하게 반응하기	
새로운 정보 받아들이기		동호회 활동하기		타인의 감정에 공감하기	
창의적인 생각하기		사교 모임		새로운 환경에 적응하기	
새로운 것 배우기		상상하기		원만한 교우관계	
남을 돕기		사교적이고 적극적		기계 다루기	
인내심		융통성		판매하기	
설득하기		아이들 가르치기		가족과 잘 지내기	
대인관계 잘하기		리더십		저축하기	
친구와 우정 나누기		솔선수범		여행하기	
유머		모험하기		발표하기	

위기를 기회로 바꾸기		실행하기		봉사활동	

1. 체크 표시한 것 중에서 가장 자신 있는 활동 3가지를 적어 보세요.

2. 목록 외에 내가 잘하는 활동이 있다면 적어 보세요.

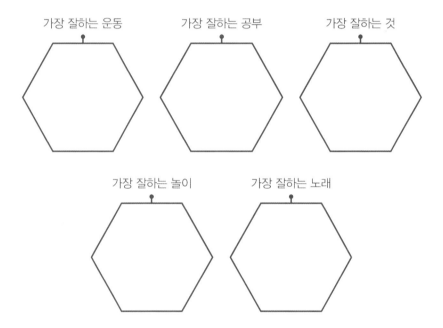

가장 잘하는 운동

가장 잘하는 공부

가장 잘하는 것

가장 잘하는 놀이

가장 잘하는 노래

3. 내가 잘하는 것을 바탕으로 하고 싶고, 잘할 수 있겠다고 생각하는 미래의 소망을 적어 보세요.

　　1) 이름:

　　2) 나의 소망:

〈읽어 보면 좋을 책〉

· 리처드 바크, 『갈매기의 꿈』

· 달라이 라마, 『달라이 라마의 행복론』

· 이민규, 『1%만 바꿔도 인생이 달라진다』

· 마르쿠스 아우렐리우스, 『명상록』

2
진로교육의 목표

▶ 전공이 적성과 맞지 않아요.

범이는 어릴 때부터 수재 소리를 듣는 아이였다. 학업 성적도 우수하였고 생활 태도도 모범적이어서 어릴 때부터 '저 녀석은 S대 갈 녀석'이라는 칭찬을 들으면서 성장하였다. 그래서 당연히 범이의 꿈은 S대였고, S대만 가면 모든 것이 성공적일 것으로 생각하며 정말 열심히 공부하였다. 무슨 전공을 선택해 공부하고, 앞으로 어떻게 살아야 할지에 대한 진지한 고민은 하지 않은 채 무조건 S대 입학만을 꿈꾸던 범이는 수능을 치르고 S대 풍물놀이학과에 진학하게 되었다. 그러나 그토록 꿈꾸던 S대에 들어왔건만 1학기를 마칠 즈음 범이는 진로 고민에 휩싸이고 말았다. 학교에서 배우는 내용은 범이의 관심사가 아니었고 앞으로 어떻게 진로를 개척해 나가야 할지 막막하기만 했으며 자기가 원하는 공부가 무엇인지 알 수 없어졌기 때문이다. 대학에 오면 모든 것이 해결될 줄 알았는데 어떻게 해야 할지 암담하기만 하다.

범이는 S대에 입학했다. 결과로만 보면 자신의 목표를 달성하였으니 후회할 일이 없을 것 같다. 게다가 누구나 선망하는 국내 최고의 대학에 입학하였으니 자부심을 가질 법도 한데 진로 고민에 빠졌다니 선뜻 이해가 되지 않을 수도 있다.

요즘에도 입시 결과가 발표되고 나면 고등학교 정문 위에 서울대 몇 명 합격, 연세대 몇 명 합격, 고려대 몇 명 합격이라고 적힌 현수막이 붙는다. 사례 속 범이는 우수한 성적을 거둬 원하던 대학에 들어갔고, 그 목표를 위해 열심히 노력하였을 것이다. 그런데 범이가 행복하지 않은 것은 왜 그럴까? 그것은 스스로 원하는 바가 무엇인지 분명하게 알지 못했고 그저 성적만을 강조하는 현실에서 장래 직업에 대해서는 조금도 고려하지 않은 채 진학을 했기 때문이다. 결국 원하던 학교에 입학은 했지만, 한 학기도 마치지 않은 상태에서 진로 고민에 휩싸이게 되었다.

대학생들을 대상으로 컨설팅이나 상담을 하게 되면 생각보다 많은 학생들이 범이와 같은 상황에 놓여 있다는 사실에 놀라게 된다. 지난 학기 서울에 있는 모 대학에서 취업 지도를 한 적이 있다. 하루에도 7~8명씩 개인 상담을 하면서 그들이 원하는 것들이 무엇인지 이야기를 나누고 희망하는 곳에 취업할 수 있도록 도와주는 일을 하였다. 상담을 신청한 학생들 대다수가 중고등학생 때 학업에 최선을 다한 학생들이었다. 그리고 남들이 부러워할 만한 명문 학교에 입학하여 좋은 학점을 받으면서 대학을 다니고 있다. 그런데 소수의 학생을 제외한 대부분의 학생들은 앞으로 무슨 일을 하며 살아야 하는지 공부하고 있는 지금의 전공이 자신의 삶에 어떤 의미가 있는지 알지 못했다. 더 안타까운 것은 자신의 전공에 아무런 관심도 없고 흥미도 없이 대학생활을 하고 있는 학생들이었다. 상담실을 방문한 많은 학생들이 눈물을 쏟아내고 돌아간다. "왜 이렇게 막막한가요?", "어디서부터 손을 대야 할지 모르겠어요!", "앞으로 어떻게 해야 되나요?" 이런 말들을 들을 때면 정말이지 그들을 몽땅 모아놓고 초중고에서 실시할 만한 진로교육 프로그램을 다시 하고 싶다는 절박한 심정이 된다.

더욱 안타까운 것은 이런 자기 인식의 부재 속에서 대학교 4학년이 되고 취업을 위해 입사지원서를 쓴다는 점이다. 문제는 이들이 마주하는 사회가 정말 녹록지 않다는 점이다. 내가 어떤 사람인지도 잘 모를 뿐만 아니라 어떤 일이 나와 맞는지도 모르고 왜 그 일을 하려고 하는지도 모른 채 지원서를 쓰면서도 무엇이 문제인지 깨닫지 못하고 스펙 쌓기에만 온 힘을 기울인들 노력의 대가로 얻은 결과가 만족스럽지 않다. 고등학교 때까지 열심히 달려온 그 방식 그대로 대학생활을 보냈는데, 취업의 벽은 높기만 하고 삶은 점점 어렵기만 하다. 스펙보다 더 중요한 것이 있다는 사실을 알지 못하면 취업은 정녕 어려운 일이 되고 만다. 더욱이 구직자의 대다수가 대기업이나 공기업을 희망하고 중견기업이나 중소기업 등은 꺼리는 탓에 인기 있는 근무처의 취업 경쟁률을 가히 상상을 초월한다. 이러한 심각한 취업난에도 불구하고 기업 인사 담당자들은 한숨을 쉬며 일할 사람이 없다고 아우성이다. 정말 아이러니가 아닐 수 없다. 열심히 달려온 학생들에게 취업의 벽은 높기만 한데 현장의 실무자들이 보기엔 모두가 준비가 안 된 구직자일 뿐이라 하니 누구의 이야기를 믿어야 할지 혼란스럽기만 하다.

취업을 하건, 진학을 하건, 이직을 하던 간에 가장 중요한 것은 본인이 무엇을 원하는지 명확히 인식하여야 한다는 점이다. 무슨 일을 하고 싶은지, 왜 그 일이 하고 싶어졌는지, 이 기업에 지원한 이유가 무엇인지, 어떤 동기로 해당 직무에 지원하게 되었는지 등을 알지 못한 채 입사지원서를 쓰니

상투적인 이야기만 가득할 뿐 자기만의 역량이나 지원동기를 구체적으로 기술하기 어렵다.

많은 학생들이 스펙만 높으면 조건이 좋은 회사에 취업할 수 있을 것이라는 장밋빛 환상을 갖고 있다. 특히 저학년일수록 이런 착각에 빠지기 쉬우며 웬만한 스펙만 갖추어진다면 소위 말하는 대기업에 들어가는 것도 그리 어려운 일이 아닐 것으로 생각한다. 그러나 막상 이곳저곳에 입사지원서를 넣어 보지만, 면접을 보러 오라는 곳이 없어 충격을 받게 된다. 학생들은 이런 상황을 서류전형에서 광탈했다고 표현한다. '빛의 속도로 탈락'했다는 뜻이다. 지원한 50여 곳 중 적어도 열 군데 정도는 연락이 올 줄 알았는데, 단 한 군데서도 연락이 오지 않아 지난 시즌 공채에서 광탈했다고 말하면서 답답한 심경을 표한다. 학생들에게 서류전형에서 탈락하는 이유가 무엇인 것 같냐고 물어보면 대개 스펙이 나빠서 탈락한 것 같다고 대답한다. 지방대 학생은 학벌이 문제라서, 수도권 4년제 학생들은 SKY가 아니라서, 여학생은 남학생이 아니어서 탈락한 것 같다고 대답한다. 또 남학생들은 나이 때문에, 토익 점수가 900점대가 아니라서, 비인기학과를 전공해서 떨어진 것 같다고 토로한다.

취업에 실패하면 어쩔 수 없이 또다시 취업 준비에 들어간다. 그러고는 다시 스펙 쌓기에 집중하면서 대학 5, 6학년을 다닌다. 그런데 이런 학생들의 서류를 검토해 보면 스펙은 아무런 문제가 되지 않는 경우가 허다하다. 토익도 대개 900점을 웃도는 고득점이고 해외어학 연수 경험에 100시간이 넘는 봉사활동, 높은 학점을 물론이고 업무 관련 인턴 경험까지 있다. 그야말로 스펙은 무결점인 경우가 더 많았다. 그런데도 서류전형조차 통과하지 못한다. 왜 그럴까? 한마디로 학생들에게는 보이지 않는 가장 중요한 내용이 입사지원서에 빠져 있기 때문이다. 왜 그 회사에 들어가야 하고 왜 이 직무를 선택했는지 분명한 동기가 없다. 그리고 회사에 입사한 후 하고 싶은 일의 내용이 추상적이다. 그저 모든 것이 모호하다. 간혹 학생들은 마스터 이력서라는 것을 써둔다. 회사와 관계없이 어느 곳에 지원해도 문제가 없는 서류지만, 그 입사지원서에는 회사에 대한 깊이 있는 분석이나 이 일을 하고자 하는 목적 같은 구체적인 동기가 없다는 것이 단점이다. 그렇게 해서는 좁은 취업문을 뚫기 어렵다.

취업은 연애와 같다고들 말한다. 누구에게나 써먹을 수 있을 법한 연애편지로 여러 사람에게 구애를 한다면, 여러분은 그 구애에 응해 줄 수 있겠는가? 아마도 거절하는 것이 대부분일 것이다. 취업도 마찬가지다. 우리 회사에 오려고 하는 분명한 동기와 이유가 있고, 입사 후 어떤 일을 하려고 하고 무엇을 준비해 왔으며, 준비된 기량으로 조직 내에서 어떤 분야에 어떻게 기여할지 명확하게 어필하지 않으면 인사 담당자들의 마음을 얻기 어렵다. 설령 어찌어찌해 구직에 성공한다고 해도 직장생활에 적응하기 어려울 수 있다.

취업이나 대학 진학 모두 마찬가지이다. 진학 전에 전공할 학과에 대해, 취업 전에 지원할 직무에 대해서 소상히 파악하고 자신이 정말 잘할 수 있는 일인지 사전에 철저한 조사와 분석을 통해 알아보는 과정이 필요하다. 그래야 조금이라도 현실과 기대 사이의 괴리를 좁힐 수 있다.

물론 대학에 진학한 후에도 진로를 변경하는 것은 불가능하지 않다. 하지만 시간과 비용 측면에서 생각해 보면 대학 진학 전에 체계적인 진로교육이 선행되는 편이 더 유용하다. 직업 세계에 대한 이해가 선행된다면 구직 활동에도 도움이 될 것이다.

고려대학교에서 자퇴했던 한 여학생의 글에서 '꿈을 찾는 것이 꿈인 20 대 취업을 위한 무한 경쟁에 시들어 간다.'라는 대목이 있었다. 잘 알다시피 스펙 5종 세트는 구직에 성공하기 위해 젊은이들이 갖추어야 할 기본 요건을 이르는 말이다. 최근에는 취업 9종 스펙이 나오고 있고, NCS(국가직무능력표준)까지 포함해 10종 스펙을 말할 때도 있다.

　취업을 하려면 꼭 이런 것이 있어야 하는가? 9종 스펙이 없어도 구직에 성공할 수 있다면 얼마나 좋을까? 하지만 많은 이들이 대기업만을 원하는 상황에서 쏟아지는 서류를 검토하기 위해 최소한의 조건으로 9종 스펙 없이는 안 될 것 같은 생각이 든다. 중소기업은 인력난에 허덕이는데 많은 이들은 대기업만 원한다. 지금까지 1만여 명의 대학생들을 만나서 상담을 했지만 중소기업에 입사하겠다고 서류를 들고 온 재학생은 매우 소수였던 것으로 기억한다. 대기업 취업을 희망하는 것은 나쁜 일도 아니고 잘못된 것도 아니다. 다만 왜 그 회사여야 하는지 본인도 그 이유를 모르면서 취업에 성공할 것이라는 기대는 하지 않기를 바랄 뿐이다. '우리 회사가 당신을 뽑아야 하는 이유에 대해서 설명해 보시오.'라는 면접 문제가 나온 적이 있다. 입사를 위해서 이렇게 열심히 준비를 했으니 왜 우리 회사가 귀하를 뽑아야만 하는지 설명할 수 있을 것이라는 기대에서 나온 질문이다. 그런데 결과는 놀라웠다. 이 질문에 많은 이들이 당황해 했고 결국 무수한 탈락자들이 생기고 말았다.

　'왜 우리 회사는 당신을 뽑아야 합니까?'라는 물음은, 결국 '당신은 왜 우리 회사이어야만 합니까?'라는 물음과 같은 말이다. 많은 회사가 구직자에게 질문하는 '왜 우리 회사에 지원했는가?'라는 단골 질문과 같은 말로 표현만 다를 뿐이다. 따라서 구직자에게 뚜렷한 지원동기가 없다면 채용 시험에서 탈락하는 것은 너무도 당연하다.

　광고에서 멋있어 보여서, 대기업이라서, 어릴 때 엄마 따라서 많이 가 봤던 백화점이어서, 직원들의 유니폼이 멋있어서……. 이런 단순하고 모호한 이유로 입사에 성공하려는 것은 지나친 기대라는 것을 명심하길 바란다.

　대학 진학도 크게 다르지 않다. 지금 하는 이 공부가 미래에 어떠한 영향을 미칠지에 대해 한 번도 진지하게 생각해 본 적이 없이 그저 좋은 대학, 인기 있는 학과에 들어가기 위해 주어지는 지식을 그대로 받아들이고 암기하는 것이 고작이라면 지금이라도 늦지 않았으니 노선을 바꿔야 한다. 자신에게 진지하게 질문하고 대답을 찾으려고 노력해야 한다.

　대중 가수 중에 우리에게도 잘 알려진 이적이라는 가수가 있다. 이적의 어머니는 유명한 여성학자인데 아들이 고3이 될 때까지 공부하라는 말을 한 적이 없다고 한다. 다만 "왜 대학에 가려고 하는데?"라는 질문만 줄기차게 했다는 것이다. 그 질문에 제대로 대답하지 못하면 "대학에 가지 마!"라고 오히려 막아섰다는 것이다. 어머니가 하도 "왜 대학을 가려고 하는데?"라고 질문을 하자 처음엔 별반 대수롭지 않게 들었는데, 점차 자기 자신에게 같은 질문을 하게 되더란다. 결국 '내가 왜 대학을 가려고 하지?'라는 질문에 대답을 찾아낸 후 맹렬히 공부하게 되었고, 서울대에 입학하게 되었다는 것이다.

　현재 우리 교육의 문제점은 능력 개발과 지식 전수를 삶과 연계시키지 않은 채 대학 입시만을 위한 교육을 시행하고 있다는 것이다. 하지만 우리는 대학에 가기 위해 인생을 살아가는 것이 아니다. 무조건 대학 진학을 목표로 삼기보다는 먼저 자신의 인생에 있어서 지식이 왜 필요한지, 그리고 행복한 인생을 설계하기 위해서 우리는 어떤 지식을 습득해야 하며 어떠한 능력을 개발해야 할 것인지를 생각해 보는 시간이 주어져야 한다. 점수에 맞춰 대학을 선택하는 것이 아니라 미래에 대한 충분한 성찰이 이루어진 뒤 자신의 재능과 적성에 맞는 대학과 학과를 선택한다면 대학에 와서 후회하는 일이 줄어들 것이고 비로소 지식 전수와 능력 개발에 최선을 다할 수 있을 것이기 때문이다.

'아는 것은 좋아하는 것만 못하고 좋아하는 것은 즐기는 것만 못하다.'라는 말이 있다. 『경제를 깨쳐야 공부도 잘해요』의 저자 김가영 학생은 어린 시절부터 CEO가 되고 싶다는 명확한 꿈이 있었다고 한다. 초등학교 때부터 돈에 남다른 관심과 애정을 가진 점도 눈에 띈다. 물론 가영이의 이런 관심을 지지하고 인정해 준 부모님과 물심양면으로 도와준 선생님이 있었기에 학생 창업이라는 목표를 달성할 수 있었다. 남들보다 빠르게 자신의 진로를 찾을 수 있었던 것은 개인의 열정뿐만 아니라 가영이 주변에서 그녀가 꿈을 향해 나갈 수 있도록 이끌어 주고 밀어준 주변 사람들의 도움이 컸다고 생각한다.

뛰어난 경제관념을 타고난 것과 별개로 투철한 목표의식을 지닌 것은 스스로 동기부여가 잘 되었다는 것은 보여준다. 말 그대로 자기주도적 학습이 잘된 결과이다. 누가 시킨 것도 아닌데 좋아하는 일에 열심히 매달리다 보니 좋은 아이디어가 샘솟게 되고 친구들과 아이디어를 나누고 탐구하다 보니 같은 생각을 가진 사람들이 모여 그 아이디어를 구체화시키게 되었다. 그 과정이 자연스럽게 창업으로 이어진 것은 매우 중요한 진로발달이라고 생각한다. 돈을 벌자는 목표보다는 좋아하는 일을 통해서 그녀가 가진 아이디어를 구체화해 보려는 의도에서 시작된 창업이었다.

가영이의 성공 요소는 우선 좋아하는 분야에 대한 열정, 둘째는 장애물이

나타나도 굴하지 않는 노력과 도전정신, 셋째는 원만한 인간관계, 넷째는 이루고자 하는 바에 대한 구체적인 목표의식, 다섯째는 문제를 해결해가는 창의성, 여섯째는 끈기와 부지런함, 마지막으로 반성과 성찰의 힘이었다. 모두 다 가영이 같이 될 수도 없고 이적처럼 서울대에 갈 필요도 없다. 다만 자신이 하려는 일의 목적과 동기에 대해서 충분히 생각해 보는 것은 꼭 필요한 일이라고 생각한다.

21세기 사회는 창의적인 인재들이 중심이 되는 지식기반의 사회이다. 개인의 역량이 그만큼 중요한 시대인 것이다. 많은 곳에서 리더십과 인간관계 기술 향상을 위한 특강이 열리고 관련 서적들도 불티나게 팔리고 있다. 그만큼 많은 학생들과 직장인들이 개인과 조직의 역량 강화를 위해 노력하고 있다는 방증이다. 개인의 역량 강화를 위해서 선행되어야 할 것은 내가 과연 무엇을 좋아하고 잘할 수 있는가에 대한 냉철한 판단이다. 무조건 열심히 달리기만 해서는 성공하기 어렵다. 무엇보다 내가 어디로 가려고 하는지를 정확하게 아는 것이 먼저이고, 그곳에 도달하기 위해서는 무엇을 해야 하는지 아는 것이 두 번째이며, 그리고 내가 하려는 것이 과연 어떤 의미인지를 제대로 깨닫게 될 때 비로소 성공적인 사회 구성원으로 역할을 수행하면서 개인의 만족도도 충족시킬 수 있다고 본다.

많은 학생들이 가영이처럼 자신의 인생에 대해서 진지한 탐구를 했으면 좋겠다. 자신의 꿈을 향해 열심히 노력하고 달려가되 함께 가는 사람들과 뒤에서 따라오는 사람들을 인식하고 배려할 수 있을 때 진정한 의미에서의 성공이라고 할 수 있다.

상담자를 위한 가이드 2

　범이와 같은 잘못을 하지 않기 위해서는 과연 어떤 것이 선행되어야 할까? 고등학생 시기에는 진로 문제에 대해서 좀 더 진지하게 고민할 필요가 있다. 단순히 재미있어 보여서, 멋있어 보여서가 아니라 자신의 능력이나 가치관, 취업기회 등과 같은 현실적인 요인들을 고려하면서 진학과 취업에 대해 고민하고 의사결정을 내려야 한다.

　아무리 좋은 진로상담도 결국에는 어떤 형태의 '결정'을 하게 되는데 앞서 언급된 자신에 대한 이해와 직업 세계에 대한 정보 등을 가지고 최종적으로 진로를 선택하는 의사결정이 이루어져야 한다. 이러한 의사결정을 합리적으로 잘하느냐 그렇지 않느냐에 따라 자기에게 적합한 진로를 선택할 수도 있고 그렇지 못할 수도 있기 때문이다. 아무리 훌륭한 능력과 정보를 가지고 있어도 이를 적절히 활용해서 최선의 선택을 할 수 있는 의사결정 기술을 갖추고 있지 않으면 올바른 진로결정을 하기 어렵게 된다. 진로의사결정의 유형에 관해서는 하렌(V. H. Harren)이 저널 「Assessment of career decision making」(1984)에서 의사결정의 유형 3가지를 소개하면서 널리 알려졌다. 그가 말한 의사결정의 유형은 합리적 유형, 직관적 유형, 의존적 유형 등으로 총 3가지이다.

　합리적 유형은 자신의 욕구와 환경이 고려되어 다양한 대안을 검토하는 가운데 합리적인 사고 과정을 거쳐 자신에게 맞는 진로를 결정하고 주어진

Harren.V.H.(1984), 「Assessment of career decision making」,
Los Angeles, Western Psychological service.

상황에 대한 현실적 평가를 토대로 예견되는 상황에 관한 정보를 미리 수집한 후 계획적, 논리적 결정 과정에 따라 의사결정을 시도한다. 물론 그 결정에 대한 책임도 스스로 진다. 이들은 결정을 내리기에 앞서 스스로 충분한 준비 시간을 가지며, 체계적으로 결정을 내리기 때문에 한 번 내린 결정이나 결과에 대해서는 쉽게 수용하며 스스로 평가하는 것도 가능하지만 지나치게 신중하여 시기를 놓칠 수 있다는 단점을 갖고 있다.

다음은 직관적 유형으로 이들은 자신의 의식세계 밑에 있는 직관(바람직하다고 느끼는 것)으로 결정을 내리고 자신의 상황에 대해 감정적, 정서적 평가를 하는 경향이 있다. 결정하는 데 시간이 거의 걸리지 않고 자신의 결정에 대한 책임을 스스로 지는 모습을 보여준다. 그러나 미래를 위한 정보 수집이나 논리적 계획 설정에 거의 비중을 두지 않기 때문에 의사결정에 도달하기까지의 과정을 명백하게 진술하지 못하는 경향이 있다. 또한 지나치게 빠른 결정을 하기 때문에 본인의 결정을 후회하는 경우도 다른 유형에 비해 상대적으로 많은 편이다. 그러나 주체적으로 의사결정을 하려는 태도는 강점이다.

마지막은 의존적 유형으로 타인의 기대, 요구 등의 영향에 받아 의사결정을 내리며 타인의 조언을 적극 수용하여 의사결정에 따르는 불안감을 해소하려는 태도를 가진다. 따라서 결정에 대한 만족감이 적고 자신의 결정에 대한 책임 및 의무를 부정하려는 경향이 있다. 하지만 주변 사람들의 입장을 배려하면서 자신의 결정에 도움을 받으려는 유연한 태도를 지니며 좋은 멘토를 만나게 된다면 누구보다 바람직한 의사결정자가 될 수 있다는 장점이 있다. 다만 의사결정의 책임이 자신에게 있다는 사실을 주지할 필요가 있다. 만약 습관적으로 혼자서 의사결정을 할 수 없게 되면 잘못된 결과에 대한 책임까지 타인에게 전가시킬 수 있다.

하렌은 이렇게 사람마다 의사결정의 유형이 다르므로 자신의 의사결정 유형을 인식하고 있는 것이 중요하다고 설명하였다. 어떤 중요한 결정을 내릴 때 자신의 의사결정 유형을 이해하고 있는 것은 큰 도움이 된다. 왜냐하면 충분한 정보를 확보한 이후에도 의사결정 과정을 여러모로 심사숙고해 볼 수 있기 때문이다.

한편 의사결정 유형은 어떤 의사결정의 사안이냐에 따라 개인 내에서도 여러 가지 유형으로 나타나게 된다. 예를 들어 영화를 볼 때는 합리적 유형으로 행동해 미리 예매도 하고 좌석까지 확인하는 사람이라 할지라도 옷을 살 때는 의존적 유형이나 직관적 유형으로 행동할 수 있다. 어떤 유형이 무조건 좋다라고 하기보다는 자신의 의사결정 유형이 어떠한지 인지하여야 하고 3가지 유형의 원활한 소통이 필요하다. 특히 중요한 결정일수록 신중하게 접근해야 한다.

　이런 의사결정 과정을 체계적으로 살피다 보면 학생들의 가치관에 대해서 엿볼 수 있다. 의사결정 과정은 대개 자신이 무엇을 중요하게 생각하는가에 영향을 받기 때문이다. 결국 결정에는 어떤 준거가 있고 그 준거는 사람마다 다르긴 하지만 개인이 가진 가치관에 근거하여 결정을 내리는 경우가 대부분이다. 따라서 자신의 가치관을 점검하는 것은 무엇을 결정하기 전에 반드시 살펴보아야 하는 사항이다. 진로상담의 중요한 목표 중 하나는 학생들에게 일과 직업에 대한 올바른 가치관 및 태도를 갖게 하는 것이다.

　일이라는 것은 생계수단 이상의 의미를 넘어 자아실현의 수단으로 그 중요성이 증대되고 있다. 그러므로 직업에 대한 가치관을 반드시 점검하고 올바른 직업 가치관을 지닐 수 있도록 도와주어야 한다.

　간혹 가치관 수업을 위해서 토론방식을 도입하기도 하는데 학생들에게 '조폭도 직업인가?'라는 주제로 토론을 시켜본 일이 있었다. 그런데 많은 학생들이 '조폭도 직업'이라고 대답하였고, 왜 직업이 될 수 있는지 그 이유에 대해서 많은 의견을 제시하였다. 조폭이 등장하는 영화에서 받은 인상이 매우 강렬하기 때문일 수도 있지만, 조폭 역시 돈을 벌고 자아실현도 하므로 직업이 될 수 있다는 것이다. 그럼 돈을 벌고 자아실현도 하는 모든 일을 직업이라고 할 수 있을까? 결론부터 이야기하면 아직 우리나라에서는 조폭을 직업으로 인정하지 않는다. 우리가 직업이라고 인정하려면, 보통 사회적 기여(공공선에 기여)라는 목적에 부합하여야 하는데 조폭은 그 이름에서도 알 수 있듯이 조직적으로 폭력을 자행하는, 어떤 상황에서도 용납하기 어려운 수단을 통해 자신의 이익을 취하기 때문이다. 이렇게 말하면 학생들은 우리가 알고 있는 건전한 직업들도 때에 따라 나쁜 짓을 많이 한다며 볼 멘소리를 한다. 물론 직업의 종류를 불문하고 사람이나 상황에 따라 일하는 방식이 다르고, 편법이나 불법이 자행될 수도 있다. 그러나 이때 사회에 악영향을 끼치는 좋지 못한 일이 직업이 갖는 자체적 특성인지 알아봐야 한다. 다시 말해 직업의 목적이 무엇인지 생각해 보아야 하는 것이다. 만약 다른 직업에서도 불법이나 폭력이 자행된다면 그것은 그 직업을 가진 어떤 개인이 저지르는 방법상의 문제이다. 기업인이나 정치인 혹은 전문가 집단에서도 불법 행위가 일어나지만 그 직업 자체의 본질적 목적이 불법적인 행위에 있는 것이 아니다.

직업의 가치에서 또 한 가지 중요하게 다루어야 하는 것은 우리 사회에 만연한 직업에 대한 귀천 의식이다. 블루칼라를 천시하는 풍조, 화이트칼라에 대한 지나친 선호 경향 등은 개선해야 할 과제이다. 또한 직업에 대한 고정된 성 역할 개념이나 돈만 많이 벌면 무엇 일을 해도 상관없다는 생각 등도 직업 가치관 교육을 통해 바꿔 주어야 한다. 개인의 가치관을 알아보기 위해서는 워크넷의 직업 가치관 검사를 해도 좋고, 평소 어떤 삶을 소망하는지 이야기를 들어 보는 것도 좋다. 하지만 많은 학생들이 소망하는 '돈을 많이 벌고, 개인 시간이 충분하며, 안정적이고, 다른 이들로부터 존경받고, 재미있는 일'은 그다지 많지 않다. 모든 직업에는 좋은 면도 있고 힘든 면도 있는 법이다. 그러니 미래의 나의 직업을 현실적인 눈으로 찾아보아야 한다는 점을 알려 주자.

마지막으로 한 가지만 너 이야기해 두면 범이의 선택에서 선행되었어야 하는 것은 정보 탐색 및 정보 활용 능력의 함양이다. 고도화된 지식 정보화 시대를 살아갈 청소년들에게 진로 정보를 탐색하고 활용하는 능력을 길러 주는 일은 결코 간단한 문제가 아니다. 정보의 홍수 속에서 어떻게 하면 자신에게 필요한 정보를 신속하게 수집·분석·가공할 것인가는 앞으로의 삶을 위해서, 더 나아가 나는 지금 무엇을 준비해야 하는가에 대한 방향을 설정하기 위해서라도 필수적이다. 진로상담에서는 '정보 제공'이 매우 큰 비중을 차지하기 때문에 교사와 학부모는 학생 스스로가 필요한 정보를 찾아 탐색할 수 있는 능력을 기를 수 있도록 도와주어야 한다.

청소년 진로지도 목표별 효과적인 개입 기법

자기이해를 돕기 위한 기법
· 개인면담: 심층적인 면담을 통해 개인이 가진 여러 가지 특성을 탐색할 수 있다.
· 생애진로탐색: 내담자에 관한 정보를 수집하기 위한 구조화된 면접 방법, 진로탐색, 일상적인 날, 강점과 장애, 요약 등의 4가지 부분으로 구성되어 있다.
· 직업카드 분류: 직업카드를 보면서 선호 직업을 골라보고 자신의 흥미 유형을 살펴볼 수 있다.
· 표준화된 검사: 일반적인 진로 검사(지능검사, 적성검사, 흥미검사 등)

직업 세계의 탐색을 돕기 위한 기법
· 매체 활용: TV, 영화, 잡지, 신문 등을 통해 진로 정보 제공
· 직업인과의 만남
· 견학: 관심 있는 기업이나 학교 등을 방문하여 직업 정보나 교육 정보

를 얻게 하는 방법

- 실습(모의 체험활동): 직접적인 현장 경험
- 컴퓨터 활용: 인터넷 사이트를 통한 정보 제공

합리적인 의사결정 능력 배양을 위한 기법

- 의사결정 유형 검사 활용: 의사결정 유형의 종류를 알아보기 위한 검사(합리형/직관형/의존형)
- 의사결정 일기 쓰기: 일상에서 중요한 결정에 이르기까지의 과정을 자세하게 분석해서 기록하는 방법
- 대차대조표 작성: 사안이 여러 개일 때 사용 가능한 방법, 대안마다 비용과 손실을 생각해 보는 방법
- 합리적인 의사결정 절차 활용: 일반적으로 진행되는 합리적인 의사결정의 절차인 문제 명료화하기, 정보 수집하기, 대안 만들기, 대안 평가하기, 현실성 고려하기, 가치 고려하기, 결정하기, 실천하기 등의 절차를 따르게 하는 것

정보 활용 능력 함양을 위한 기법

- 정보사냥 대회: 찾아야 하는 진로 정보를 과제로 제시하고 이를 인터넷 검색을 통해 찾게 하는 것

일과 직업에 대한 올바른 가치관을 함양시키기 위한 기법

- 직업 가치관 검사
- 우수 직업인 사례 제시

나의 가치관

가치관은 삶에 있어서 방향키와 같은 역할을 하므로 직업을 결정할 때는 물론 행동이나 생각에도 많은 영향을 준다. 행동과 생각은 가치관에 따라 달라지므로 자신이 어떤 가치에 중점을 두는지 아는 것이 중요하다.

가치관이란 개인이 특정 상황에서 선택이나 결정을 내려야 할 때, 어떤 특정한 방향으로 행동하게 하는 원리나 믿음, 또는 신념을 말한다. 따라서 가치관은 우리에게 아름다움과 추함 또는 옳고 그름에 대한 판단을 내리게 할 뿐만 아니라 어떤 방향이나 방식으로 행동하도록 이끄는 역할을 한다. 이러한 가치관은 단시간 내에 형성되는 것이 아니라, 어린 시절부터 그가 접하는 환경과 접촉하는 사람들에 의하여 형성되는 것이다. 특히 동일시 기제가 발달하는 어린 시절의 개인은 부모나 그가 좋아하는 사람들의 행동을 내면화함으로써 그의 가치체계를 형성하는데, 이렇게 형성된 가치관은 일정한 시기가 되면 비교적 정형화된다.

– 김봉환 외(2008), 『학교진로상담』, pp. 246~247.

진로상담 그룹 내에서 가치관을 파악할 때, 가치관 경매 게임을 활용할 수 있다. 경매란 어떤 물건을 사려는 사람이 많을 경우, 사려는 사람들을 경쟁시켜 가장 높은 금액을 부른 사람에게 판매하는 것이다. 마찬가지로 가치관 경매 게임은 여러 가치관을 두고 일정한 값을 매겨 경쟁하는 게임이다. 자세한 내용은 다음 활동자료를 통해 살펴보도록 하자.

▶▷ 활동자료 2: 가치관 경매

1. 내가 가치 있다고 생각하는 2가지를 적어 보세요.

  1) 나는 _____을(를) 가치 있다고 생각한다.

  2) 나는 _____을(를) 가치 있다고 생각한다.

2. 가치관 경매에 참여하세요.

다음 가치관 경매 카드를 가지고 가치관 경매에 참여하고 질문에 답해 보세요. '나의 할당 금액'은 가치관들에 분배한 금액으로 총 100만 원입니다. '나의 최고 입찰액'은 자신이 해당 가치에 할애할 수 있다고 생각하는 최고 금액입니다. '최종 낙찰액'은 경매에서 최종 낙찰받은 사람이 제시한 금액입니다.

> **[가치관 경매 예시]**
>
> A는 카드 목록 중 '안정적인 일', '재미', '선택한 직업에서의 성공' 순으로 중요하다고 생각하고, 이 3가지 가치에 각각 50만 원, 30만 원, 20만 원을 할당했습니다. 그런데 실제 경매가 시작되자 '안정적인 일'에 더 높은 금액을 부르는 사람들이 있었습니다. A는 이 가치를 매우 소중하게 생각하기에 70만 원, 80만 원까지 금액을 높였습니다. 최종적으로 A는 '안정적인 일'을 90만 원에

낙찰받았으며, 수중에는 10만 원만 남게 되었습니다. A는 남은 돈을 가지고 다른 가치관 경매에도 입찰할 수 있습니다만, 사실상 10만 원으로는 어떤 가치관도 낙찰받기 어렵습니다. A는 '안정적인 일'에 그만큼 높은 가치를 부여했기에, 다른 가치를 사지 못하게 된 것입니다.

[가치관 경매 카드]

가치관	나의 할당 금액	나의 최고 입찰액	최종 낙찰액
안정적인 일(안정성)			
원하는 것을 할 수 있는 자유(개인적 자율성)			
나라의 운명을 좌우할 기회(권력)			
친구의 존경과 사랑(사랑, 우정)			
삶에 대한 자신감(자신감)			
행복한 가족관계(가정)			
세상에서 가장 매력 있는 사람으로 인정받음(용모)			
병 없이 오래 사는 것(건강)			
학습(자기계발)			
만족스러운 신앙생활(종교)			
시간적인 여유(여가)			
재미(일의 재미)			
자연보호			
다른 사람 돕기(이타심)			
국제적인 명성과 명예로움(명예)			

인간적인 가치를 포용하는 삶(인간존중)			
부정과 속임이 없는 세상(정직)			
진정한 사랑(사랑)			
여러 사람을 만나기(폭넓은 인간관계)			
선택한 직업에서의 성공			

1) 낙찰받은 가치를 모두 적으세요.

2) 낙찰받고자 했던 가치를 모두 살 수 있었나요? 만약 사지 못했다면 그 이유는 무엇인가요?

3) '가치관 경매' 게임을 통해 느낀 점은 무엇인가요?

3
자기이해의 중요성

▶ 문과로 가야 할까요? 이과로 가야 할까요?

민이는 어릴 때부터 노래 부르기를 좋아했다. 초등학교 시절에는 합창단에서 활동하며 지역 대회에서 상을 받을 정도로 노래에 재능이 있었다. 하지만 중학교에 들어가 여자 직업으로는 '약사'가 최고라는 이야기를 듣게 되면서 마음에 갈등이 생겼다. 주변에 많은 이들이 '노래는 대학 가서 취미로 하면 된다'는 이야기를 하고 성악가는 왠지 성공하기 어려운 직업 같아서 마음의 결정을 내리기 어렵던 차에 부모님과 친척들이 약사를 추천하기에 민이도 약사가 되기로 마음먹었다. 고등학교에 올라간 민이는 약사가 되기 위해 '이과'를 선택해서 열심히 공부하였다. 그런데 수능을 치르고 성적표를 받아든 민이는 큰 고민에 빠졌다. 왜냐하면 약대에 갈 성적은 나오지 않았는데 이과 계열의 학과 중에서는 딱히 가고 싶은 곳이 없었기 때문이다. 민이는 고민 끝에 재수는 하기 싫어 점수에 맞는 모 대학의 시스템공학부에 지원하여 합격하였지만, 1학기를 마치기도 전에 진로 고민에 휩싸이게 되었다. 지금이라도 내가 좋아하는 노래 쪽으로 진로를 다시 잡아야 할까? 아니면 그냥 대학을 다녀야 할까? 그것도 아니면 주변에서 여자 직업으로는 최고라고 하는 '약사'에 재도전해야 할까?

이런 민이의 이야기를 듣고 있으면 정말 어떻게 하는 것이 좋을까 고민하게 된다. 지금 이 책을 읽고 있는 사람들 중에서도 민이와 같은 진로 의사결정 방식에 따라 현재의 전공이 정해지고 더 나아가서는 지금 하고 있는 일이 정해진 사람도 있을 것이다.

20년 전이나 지금이나 누구나 한 번쯤 이런 고민에 휩싸인 적이 있을 것이고 앞으로 어떻게 살아야 하는가에 대한 생각과 고민으로 잠 못 드는 사람도 있을 것이다.

예전 고등학교에서 근무할 당시 고등학교 1학년 학생이 문과, 이과 결정에 대한 조언을 듣고자 상담실을 찾아온 적이 있다. 문과인지 이과인지 결정을 해야 하는데 도통 모르겠다는 것이다. 그 여학생은 아무리 생각해도 본인에게 맞는 선택지가 없다며 한참을 시무룩하게 앉아 있었다. 문과는 뭐고? 이과는 뭐지? 이런 질문에도 그 학생은 잘 대답하지 못했고 대학을 가서 무엇을 전공하는 것이 좋을지에 대해서 부모님이나 친구들과 상의해 본 적이 있느냐는 질문에도 고개를 저을 뿐이었다. 담임선생님께서 계열을 선택하라고 종이를 나눠 주셔서 그냥 대충 이과에 가고 싶다고 썼지만 아무리 생각해도 그건 아닌 것 같은데 어떻게 해야 할지 잘 모르겠다는 것이다. 참으로 고민이 아닐 수 없다. 무엇인가를 선택하라고 외부에서 압박은 들어오는데 본인은 거기에 대한 어떤 지식이나 의견도 없으니 답답할 노릇이 아닌가? 여학생을 나무라고 싶은 생각은 전혀 없었다. 나 역시도 그 학생 나이었을 때에는 아무것도 모르고 문과와 이과 중에서 그냥 막연한 마음만 가지고 계열을 선택했기에 충분히 공감할 수 있는 상황이었다.

상담을 하면서 지금의 이 결정이 중요한 과제이긴 하지만 이번에 내린 결정이 절대로 돌이킬 수 없는 일도 아니거니와 계열을 떠나 대학 전공을 선택할 수 있으니 안심해도 된다는 이야기를 해 주었다. 실제로 많은 학생들이 대학에 들어와서 복수전공, 이중전공, 연계전공, 부전공 등의 이름으로 여러 가지 학문을 공부하고 있는 현실에서 이 아이에게 하나만 선택하라고 강요하는 것이 오히려 더 이상한 일일 수도 있다. 하지만 현재 고민에 싸인 학생에게 어떤 쪽도 다 좋다고 해봐야 더 난감해할 것 같아서 차분히 대화를 이어 가 보았다. "너무 어렵게 생각할 필요도 없지만 그렇다고 단순한 일도 아니니까 차근차근 생각해 보자. 평소 더 알고 싶었던 거나 앞으로 하고 싶은 일에 뒷받침해 줄 수 있다거나 아니면 막연한 호기심이라도 갖고 있는 영역이 있다면 그쪽으로 계열을 정하면 좋을 텐데(꼭 그게 아니어도 상관은 없지만)…… 앞으로 어떤 일을 했으면 좋겠는지 생각해 본 게 있니?"라는 질문에 그 학생은 이렇게 대답했다.

"우선 이과로 가면 제가 제일 싫어하는 암기 과목 공부를 안 해서 좋을 것 같아요. 그리고 취업에도 이과 쪽이 유리하다고 해서 생각 중이에요. 근데 사실은 제가 수학을 잘 못해요. 수학 성적이 안 좋아서 이과로 가는 게 망설여지긴 하는데, 남들이 이과에 가면 대학 가기가 그래도 좀 수월하다고 하더라고요. 또 문과엔 상경 계열 빼놓곤 가고 싶은 과도 없고요. 또 요즘 문과는 진짜 취업이 안 된다고 하니까 가기가 좀 그래요. 그렇다고 이과에 딱히 관심 있는 과가 있는 건 아니에요. 의대나 약대 빼곤 나중에 돈 벌기도 어려울 것 같고요. 그런데 제 성적으로는 의대는 절대 못 가요. 그래서 결정을 못 내리겠어요."

이렇게 쏟아지는 학생의 고민이 생소하고 당황스럽다면 학교 현실을 잘 모를 확률이 높다. 사실 이 학생에겐 조금 미안한 이야기지만 이런 상담 내용은 정말 흔하디흔해서 어떻게 이렇게나 많은 아이들이 죄다 비슷한 생각을 하고 있을까 하는 의구심이 든 적도 있다. 약간 씁쓸하긴 하지만 이런 상담을 하루에도 몇 차례씩 했었던 기억이 난다. 그리고 이런 광경은 상담실에서 매우 흔하게 관찰될 뿐만 아니라 학교에서 진로상담을 하는 교사들도 자주 접하는 사례이다. 이과에 가려는 이유가 단지 싫어하는 과목을 공부하지 않아도 되기 때문이라거나 대입에 유리하기 때문에 지망한다는 것이다. 그런데 솔직한 심정은 이과에 간다고 해도 하고 싶은 것이 없고, 문과에 가자니 대입도 취업도 어려울 것이라는 두려움 때문에 아무것도 결정을 내릴 수가 없다는 것이다. 복잡한 듯 보이는 이 상담은 결과적으로 성적과 대학이라는 족쇄에서 한 발짝도 나아가지 못하고 자신의 진로를 결정하려 하는 아이들의 경우이다(오해하지 말기를 바란다. 진로교육에서 진학 역시 매우 중요한 요소이다. 다만 모든 결정이 한 가지 요소에 의해 결정되어 버리는 것이 아쉽다는 뜻이다).

고등학교 1학년에서 2학년으로 올라가면서 문과냐 이과냐를 선택하는 것은 우리나라 학생들에게 매우 중요한 진로 의사결정이지만, 이렇게 중요한 결정에 관해 정작 학생 본인은 아무런 준비가 되어 있지 않다는 것을 알 수 있는 예화라서 여기에 소개해 보았다. 결정을 할 준비가 전혀 되어 있지 않으니 결정을 내리기 힘든 것은 당연한 일이다. 어떠한 결정을 내리기 위해서는 결정 전 단계인 탐색 단계를 거쳐야 하고 결정을 하고 나서는 결정 후 단계인 적응 단계를 거쳐야 하는데, 결정 전 단계부터 생략되어 있기 때문에 결정이 어려울 수밖에 없다. 이런 상황에서 어려워하는 것은 학생들뿐만이 아니라 교사와 학부모들도 마찬가지이다.

요즘 우리 아이들은 많은 고민을 갖고 있고, 특히 진로 고민이 가장 큰 문제로 자리 잡고 있다. 다음 표는 연도별로 청소년들이 겪고 있는 고민 유형을 정리한 표이다.

청소년의 주요 고민사항

순위	정원식 (1985)	청소년원구원 (1991)	대화의 광장 (1992)	김병숙, 김봉환 (1994)	직능원 (2001)
1	진로	성적	성적	성적	진학/취업
2	성적	진로	진로	진로	학업/성적
3	성격	성격	성격	친구/이성	이성
4	친구	이성	공부방법	건강	성격
5	건강	친구	용모/건강	가정문제	적응

출처: 김봉환 외(2008), 「학교진로상담(2판)」

왜 이와 같은 일이 반복되고 있는 것일까? 아마도 이것은 진로상담에 대한 인식이 너무 낮기 때문이 아닐까 생각한다. 진로상담 시 청소년들이 주로 고민하는 문제들을 살펴보자.

- 문과, 이과 결정을 어떻게 해야 하는가?
- 나에게 가장 알맞은 진로/직업은 어떤 것인가?
- 하고 싶은 일이 없다.
- 하고 싶은 일이 너무 많다.
- 하고 싶은 일이 있지만 부모님이 반대하다.
- 공부가 잘 안 된다. 그러나 성적을 올려야 한다.
- 미래의 꿈은 있는데, 지금 무엇을 준비해야 하는지 모르겠다.

학생들의 고민거리를 볼 때 진로상담은 '상급학교의 선택', 즉 진학상담의 범주를 넘지 못하는 것이 현실이다. 상담실을 찾아와 문과, 이과 중 무엇을 선택할지 고민했던 여학생도 진학이라는 범주 속에서만 진로결정을 바라보고 있기에 무엇을 하면 좋을지 해결책이 나오지 않는 것이다.

상담 사례의 민이 역시 하고 싶었던 것과 주변의 충고 속에서 고민하다가 결국 방향을 잃고 우왕좌왕하게 되었다. 꼭 노래 쪽으로 진로를 결정해야 하는 것은 아니지만 왜 약대에 가려고 하는지 진지한 탐색이 없었기에 지금의 상황이 더 안타까운 것이다. 만약 우수한 성적을 거둬서 바라던 대로 약대에 진학했다면 아무런 문제가 없었을까? 그 점에 대해서도 우리는 충분히 고민해 보아야 할 것이다. '무조건 무슨 직업이 좋다더라'는 말에 이끌려 선택한 일이 자신에게 만족을 줄 수 있을까? 아마도 아무런 보람을 안겨 주지 않을 것이란 것을 쉽게 예상해 볼 수 있다. 그러므로 '이 직업이 여자에게 최고라더라' 하는 유의 이야기에 떠밀려 자신이 무엇을 원하는지 살펴보지도 않고 어떤 결정을 내리지 않길 바랄 뿐이다.

진로에 대한 고민은 전혀 없이 자신에게 이로운 쪽으로 계열을 결정하고, 자신이 앞으로 공부할 전공 역시 그렇게 정하는 학생들이 대학이라는 관문을 유리하게 통과할지도 모를 일이다. 하지만 그렇게 어렵게 들어온 대학에서 전공이 맞지 않아 갈등하고, 또다시 사법고시다 행정고시다 공무원 시험이나 회계사 시험이다 해서 몇 년씩 고시공부에 목을 맨다. 고시를 준비하다 원하는 결과가 나오지 않으면, 그럼 이번엔 '취직이나 해 볼까?' 하는 마음으로 입사지원서를 넣는다. 그런데 100군데 넘게 지원해도 면접을 보러 오라는 곳은 겨우 손에 꼽을 정도일 뿐 대개는 서류 통과부터 어려움에 봉착하게 된다.

그러고는 탄식하듯 묻는다. "선생님? 무엇이 문제인가요? 제 스펙이 그렇게 형편없나요? 토익 점수를 더 올려야 할까요?" 이렇게 묻는 학생들이 부지기수이다. 최근까지 만나왔던 수많은 중고등학생과 대학생 그리고 청년 구직자들은 지금 이야기한 사례와 비슷한 선상에서 왔다 갔다 한다. 고교 때는 1점이라도 더 받아야 한다는 생각에서 한 발짝도 나가지 못하고, 대학에 와서는 스펙 쌓기에만 열을 올리는데 결과는 언제나 기대 이하일 뿐이다. 그렇다면 무엇이 문제인 걸까?

상담실에 찾아온 학생의 경우 어떤 계열을 선택할 것인지 고민하기 전에 자기이해가 선행되어야 하고, 학과에 대한 상세한 정보와 내가 하고 싶은 일이 포함되는 계열에 대해서 사전에 충분히 알아보는 과정이 필요하다. 민이의 경우 약대에 가려는 이유에 대해서 좀 더 진지하게 탐색해 보는 과정이 필요하다. 평생 종사해야 할 일인데 어찌 다른 사람이 '무조건 여자는 약사가 최고다'라는 그 말 한마디에 나의 꿈과 미래를 건단 말인가?

물론 학생들에게 직업보다는 계열 선택이 시급하고 중요한 문제일 것이다. 그러므로 대학의 계열이나 전공에 대해서 부모님이나 커리어 상담자들은 정확히 알고 있어야 한다.

특히 대학 전공을 선택하는 문제는 좀 더 구체적인 정보를 토대로 이루어져야 한다고 강조하고 싶다. 학생들이나 학부모들이 대학 진학을 생각하지 않을 때는 평소에 관심 있는 일이나 재능을 고려해 꿈을 갖고 있다가도 대입 수험생이 되면 무조건 대학 레벨을 우선으로 고민하는 것을 자주 목격하게 된다. 다시 말해 어떤 일을 하고 싶다는 생각, 즉 평소에는 직업 – 학과 – 대학 순으로 생각하다가도 고등학교 3학년만 되면 대학 – 학과 – 직업 순으로 생각의 순서가 바뀌는 것이다. 어느 것이 우선인지 명시된 바는 없지만 가능하면 어떤 일을 하고 싶은지에 대해서 생각해 보고 난 뒤 그 일에 도움이 되는 전공을 선택하고, 그러고 나서 대학을 선택해 보면 어떨까?

물론 정보를 탐색하기 이전에 자신의 적성과 흥미 그리고 성격에 대한 종합적인 이해가 선행되어야 하겠다.

〈계열별 관련학과〉

· 인문 계열: 국어국문학과, 영어영문학과, 심리학과, 역사학과, 철학과, 인류학과, 종교학과 등

· 사회 계열: 사회학과, 행정학과, 무역학과, 유통학과, 관광학과, 광고홍보학과, 언론정보학과, 정치학과 등

· 교육 계열: 교육학과, 유아교육과, 초등교육과, 중등교육과, 특수교육학과 등

· 자연 계열: 물리학과, 생물학과, 수학과, 수산학과, 축산학과, 식품영양학과, 수의학과, 화학과 등

· 공학 계열: 건축학과, 기계공학과, 컴퓨터공학과, 재료공학과, 화학공학과, 조경학과, 토목공학과, 전기공학과, 전자공학과, 광학 및 원자력공학과, 산업공학과 등

· 예체능 계열: 음악과, 회화과, 산업디자인과, 시각디자인과, 체육과, 무용과, 애니메이션학과, 성악과, 작곡가, 기악과, 연극영화과 등

· 의약 계열: 의학과, 치의학과, 간호학과, 방사선과, 임상병리학과, 물리치료학과 등

▶▶ 상담자를 위한 가이드 3

일선 교사들은 입시에 대한 부담감과 과중한 행정 업무 때문에 진로교육 프로그램을 준비할 시간적 여유가 충분치 못하고 학부모들 역시 자녀들을 어디서부터 도와주어야 할지 막막할 때가 많다. 학생들은 주로 진로와 진학에 대한 답답함을 호소하지만 진로상담의 내용이 워낙 방대하고 많은 양의 정보를 찾아보아야 하는 경우가 많기에 교사나 학부모뿐만 아니라 학생 자신도 지레 겁을 먹게 된다. 이 시대의 청소년들과 청년들은 앞으로 무엇을 하며 살아야 할지 어떻게 살아야 할지 고민이 너무 많다. 주로 다음과 같은 문제들을 고민한다.

·장래에 대한 무계획 또는 인생관의 부재: 인생에 대한 준비나 계획 없이 될 대로 되라는 식의 태도를 지니고 있는 상태이거나 삶에 대한 근본적인 회의나 의문, 인생의 꿈이나 목표가 없어 방황하게 된다.
·적성과 소질에 대한 인식의 부족: 진로선택에 있어서 가장 중요하게 고려되어야 할 자기 자신에 대한 인식, 즉 자신의 능력, 적성, 특기, 소질 등에 대해 잘 모른다.
·진로에 대한 정보 부족: 취업이나 진학에 대한 다양하고 구체적인 정보가 부족하여 문제가 발생한다.
·희망과 현실의 괴리: 자신의 현실적인 능력 수준에 부합되지 않는 진로를

희망함으로써 발생하는 문제나 현실적인 여건이 따라주질 않아 고민하는 경우이다.

· 진로에 대한 두려움이나 압박감: 막연한 두려움 또는 절대로 실패해서는 안 된다거나 잘못된 선택을 해서는 안 된다는 생각이 깔려있다.

· 진로선택에 대한 갈등: 여러 가지 대안들을 선택하는 데 있어서 갈등이 생기는 경우로 적절한 정보가 없을 때 주로 많이 나타난다.

· 미래에 대한 막연한 두려움: 가보지 않은 길에 대한 보편적인 두려움을 말한다.

그런데 필요한 정보는 어디서 얻어야 하고, 누구와 상담을 해야 하는지, 무엇부터 시작해야 할지 정말 막막하다. 또래끼리 이야기를 나누거나 부모님과 대화를 시도하기도 하지만 원하는 정보를 얻을 수 없을 때가 더 많다. 진로에 대해 탐색을 하고 싶지만 길을 찾기 어려운 것이 현실이다. 또 어떠한 결정을 내렸다고 해도 그 결정에 확신이 없으면 어려움은 가중된다. 게다가 진로결정 이후에 적응하는 것을 두려워하는 것도 이유가 될 수 있다.

당연한 이야기지만 진로교육의 중심은 학생과 학부모 그리고 교사의 삼각 구도가 균형을 맞출 때만 효과적이라고 할 수 있다. 학생들은 아직 세상 경험이 부족하고 일과 사회에 대한 인식이 부족하다.

따라서 청소년 진로지도는 구체적인 목표를 위해 구조화되어야 한다. 구조화한다는 말은 단계를 따라 체계적으로 진행해야 한다는 뜻이다. 진로교육을 위한 프로그램을 설계할 때도 마찬가지이고, 진로상담을 위한 목표 설정도 이런 단계를 인식하고 이루어져야 한다. 여기서 진로교육의 목표 5가지를 소개하면 다음과 같다.

첫째, 자기이해, 둘째, 직업 세계의 이해, 셋째, 합리적 의사결정, 넷째, 진로에 대한 올바른 가치관, 다섯째, 목표 설정 및 계획이다.

진로탐색을 위해서 가장 먼저 탐색해야 할 대상은 자기 자신에 대한 올바른 이해이다. 자기 인생에서 주인의식을 가지고 책임감 있는 선택을 하기 위해서는 먼저 자신을 충분히 이해해야 한다. 여기에서 올바른 이해란 '보다 정확한 이해', '객관적인 이해'를 의미하는 것으로 일과 직업 세계에 관련된 올바른 자기 인식 능력을 길러주어 적절한 직업을 선택하게끔 도와주어야 한다는 말이다. 좋아하고 잘하는 일을 찾아서 자신과 잘 맞는 일을 하게 되면 개인의 삶도 그만큼 만족스럽기 때문이다. 게다가 지금처럼 과학기술의 발전으로 직업의 종류도 많아지고 전문화 · 다양화되고 있는 추세 속에는 각각의 직업에서 요구되는 능력과 적성, 기능, 역할이 더욱 세분화되기 때문에 자기에게 맞는 일과 직업을 선택하기 위해서는 본인의 능력, 흥미, 적성, 성격, 가치관, 신체적 특성 등에 대하여 올바르게 이해하는 것이 필수적이다.

자기이해를 돕는 기법은 굉장히 많이 있지만 그중 대표적인 것으로 심리검사를 들 수 있다. 특히 심리검사 중에서 진로탐색을 도와주는 검사의 종류로는 진로흥미검사, 진로발달검사, 진로성숙도검사, 직업가치관검사, 적성검사, 성격검사, 지능검사 등이 있다.

진로검사의 기능은 첫째, 개인차를 예상하고 교육적 · 직업적으로 다른 유형의 진로선택을 하는 개인의 성공 가능성을 추론하는 예언 기능, 둘째, 직업적 · 교육적 환경 속에서 사람을 특징짓는 개인의 가치관과 흥미선호도 등과 같은 변인 사이의 유사성과 차이점을 알 수 있게 하는 판별기능, 셋째, 개인의 의사결정, 진로성숙, 태도 및 인지적 변인의 유용성 및 기질에 따른 개인 진로선택의 용이성을 알아볼 수 있게 하는 진단의 기능, 넷째, 진로지도 및 상담의 성과에 대한 평가 기능으로 정리해 볼 수 있다.

단, 진로검사 결과에 대해서 너무 맹신할 필요는 없으며 진로검사를 할 때 다음과 같은 사항을 주의해야 한다. 왜 그 검사가 필요한지, 무엇 때문에 그런 검사를 했는지 검사가 측정하는 내용은 무엇이고 그 한계는 무엇인지 정확히 알려 주어야 하고 오리엔테이션도 실시해야 한다.

진로검사가 꼭 필요한 경우들도 있지만 그렇지 않은 경우도 많으므로 검사가 남용되지 않도록 하는 것도 전문가들이 지켜야 할 윤리라고 할 수 있다. 검사가 오히려 혼돈을 초래하는 경우도 있기 때문이다. 일례로 유치원 교사를 지망하는 학생에게 진로흥미검사를 실시하였더니 검사 결과 추천 직업이 '축산업 종사자'라고 나왔다. 검사 결과에 충격을 받은 이 학생은 울상을 지으면서 상담실을 찾아왔다. "선생님 전 정말 유치원 교사가 되고 싶은데 검사 결과에 따르면 저는 유치원 선생님은 안 된다는 건가요?"라고 하면서 말이다.

이처럼 검사 이후 학생과 상세한 상담을 하지 않고 결과지만을 배포하거나 추천하는 직업만 알려줄 경우 잘못된 방향으로 진로상담이 흘러가게 된다. 진로흥미검사의 결과는 어디까지나 하나의 지표일 뿐이다. 진로는 흥미만 가지고 결정하는 것이 아님을 상기할 필요가 있다. 정말 쉽게 생각한 흥미검사인데 막상 적용하려고 하면 어려운 것도 이런 경우들 때문이다. 따라서 검사를 시행하기 위해서는 충분한 교육을 받아야 하며 검사 활용에 대한 전문성을 확보하여야 한다.

만일 검사 활용에 자신이 없을 경우 검사 없이 충분한 면담으로도 좋은 상담자가 될 수 있으니 너무 큰 부담감은 갖지 않는 편이 좋을 듯하다. 자기

탐색이 중요하다는 점을 기억하고 상대방의 강점이 어디에 있는지 예민하게 파악할 수 있다면 굳이 검사를 하지 않아도 좋은 상담이 이루어질 수 있다. 혹시 심리검사에 익숙하지 않아 해석이 어렵거나 학생이 별다른 설명 없이 자신의 검사 결과를 배부받았다면 겁먹지 말고 다음과 같이 접근해 보기를 바란다.

현장에서 가장 많이 사용되는 청소년 워크넷의 직업흥미검사를 예로 들어 설명하겠다. 워크넷에 실린 직업선호도검사는 가장 손쉽게 자가 채점을 해 볼 수 있는 유용한 도구이다. 이 검사는 홀랜드(J. L. Holland)라는 심리학자가 구분한 흥미 유형에 따라 현실형, 탐구형, 예술형, 사회형, 진취형, 관습형의 6가지 유형 중 점수가 가장 높은 유형으로 자신의 흥미 유형을 결정하게 된다. 개인의 응답을 토대로 어떤 영역에 가장 흥미가 높은지 육각형 모양의 그래프와 함께 결과가 제공되는데 흥미 유형에 대한 해석은 사람마다 다르다.

일반적으로 가장 점수가 높은 유형의 분야가 낮은 분야보다 관심과 흥미가 많다고 해석하면 된다. 따라서 점수가 높게 나온 1순위와 2순위의 유형들을 중심으로 진로를 탐색해 보면서 흥미를 가질 만한 직업 분야에 대한 정보를 수집할 수 있다. 반대로 점수가 가장 낮게 나온 5순위와 6순위의 2가지 유형은 평소에 관심이 없는 분야일 가능성이 많다. 성격 유형과 직업(작업) 환경 유형의 적절한 매칭을 강조하고 있는 홀랜드의 직업선택이론은 직업적 흥미가 바로 성격의 한 측면이라는 가정에 기초한다. 따라서 직업 선택이 성격의 표현이며 어떤 특정 직업의 구성원들은 서로 유사한 성격적 특징과 발달 과정을 갖고 있다고 보았다. 그리고 개인의 직업적 성취, 안정성, 만족도는 그의 성격과 그가 속한 직업(작업) 환경 간의 일치성의 정도에

좌우된다고 하였다. 이러한 입장에서 홀랜드(1985) 이론의 기본 가정과 그에 따른 설명은 다음과 같다.

유형	성격	직업(작업) 환경
현실형	현실적 · 조직적 활동, 신체 · 기계적 능력, 비사교적, 물질적, 실용적, 동조적, 솔직성, 단순성, 경직성, 통찰력 부족 등	사물, 도구, 기계, 동물 등의 질서 정연하고 체계적인 조작: 전기 기술자, 농부, 관제사, 자동차 정비공, 목수, 운전사 등
탐구형	학구적 · 지적 활동, 과학 · 수학적 능력, 분석적, 합리적, 비판적, 독립적, 신중성, 주저함, 세밀함, 호기심 강함 등	물리적, 생물적, 사회 문화적 현상의 관찰과 체계적 탐구: 과학자, 사회과학자, 연구원, 전자 제품 수리공, 프로그래머 등
예술형	비체계적 · 자유로운 활동, 심미적 능력, 표현적, 직관적, 비동조적, 독립적, 독창적, 내성적, 감성적, 비실용적 등	예술, 연기, 저작 등 창조적 직관적 활동과 자유분방함: 음악가, 미술가, 무용가, 배우, 디자이너, 영화감독, 사진사 등
사회형	사람을 다루는 활동, 인간관계 능력, 사교적, 봉사적, 동정적, 임기응변적, 협동적, 친근성, 인내심, 관대함 등	사람들에 대한 교육, 보살핌, 계몽 등 봉사적 활동과 사회적 성취: 사회사업가, 교사, 사서, 성직자, 이발사, 카운슬러 등
진취형	조직적 · 경제적 활동, 설득 · 지도적 능력, 모험적, 지배적, 의욕적, 수다스러움, 활동적, 외향적, 야심적, 자신감 등	개인적 또는 조직의 목표 달성을 위한 적극적 설득적 환경: 사업가, 바이어, 부동산 중개인, 정부관리, 판매원 등
관습형	체계적 · 자료처리 활동, 사무 · 계산 능력, 동조적, 실용적, 순종적, 끈기 있음, 조심성, 정연함, 진지함, 자기 절제 등	자료와 서류의 기록 정리, 계획과 업무 처리 등 체계적 환경: 은행원, 서기, 세무사, 회계 사무원, 비서, 속기사 등

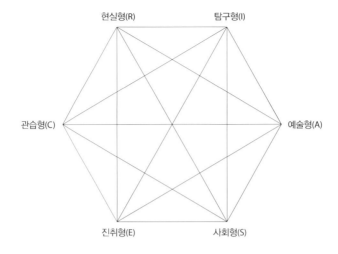

Holland(1985)의 성격 및 직업(작업) 환경형 모형

현실형(R) 탐구형(I)

관습형(C) 예술형(A)

진취형(E) 사회형(S)

  각 성격 유형은 또래 집단, 생물학적 유전, 부모, 사회 계층, 문화적 · 물리적 환경을 포함하는 다양한 사회적, 개인적 요소 간 상호작용의 산물이다. 이러한 상호작용의 경험으로부터 개인은 어떤 독특한 개인적 성향으로 진전하게 되는데, 이것이 성격 유형으로 발전한다는 것이다. 사람들은 자신들과 유사한 성격 유형의 사람들이 많이 모여 일하는 직업(작업) 환경을 찾게 되고, 그 성격 유형을 반영하는 직업(작업) 환경을 만들어 낸다. 또한 사람들은 자신의 기술과 능력을 발휘할 수 있고, 그들의 적성과 가치를 표현할 수 있으며, 자기 성향에 맞는 일과 역할을 맡을 수 있는 직업(작업) 환경을 추구한다. 사람들은 직업(작업)환경을 여러 방법으로, 여러 수준에서, 그리고 장기간에 걸쳐서 추구하며 직업(작업) 환경 내에서 각 성격 유형은 자신의 진로 개발을 통하여 목표 설정, 직업선택 및 직업전환 등을 이루어 간다. 개인의 행동은 성격과 직업(작업) 환경의 상호작용으로 결정된다. 개인의 성

격 유형과 그가 처한 직업(작업) 환경 유형 간의 조화 정도를 보고 진로선택, 진로전환, 진로성취, 직업 만족도 등 여러 가지 결과를 예측할 수 있다.

실제로 홀랜드가 제시한 개인의 성격 및 직업(작업) 환경 유형의 육각형 모형은 진로지도나 직업 적응에 있어서 그 활용 가능성이 크다고 할 수 있다. 하지만 검사 결과에서 제시되는 추천 직업이나 적합 직업은 매우 제한된 직업 목록에서 나온 것으로 한국 직업사전에 소개된 1만 3천여 개의 직업 중 200~300개 정도의 직업만이 검사 결과에 제시되기 때문에 추천된 직업 그 자체에 주목하기보다는 유사한 특성을 갖는 직업들을 살펴볼 수 있도록 지도하는 것이 바람직하다.

심리검사 활용의 유의점

· 교사나 상담자가 정확히 실시하고 해석할 수 있는 검사여야 한다. 검사에 대해 안다는 것은 검사의 개발 과정, 검사 목적, 검사 방법, 결과 해석, 주의사항 등 전반적인 사항을 숙지하고 있어야 함을 의미한다.
· 검사를 실시하는 목적이 분명하여야 한다. 간혹 심심풀이로 심리검사를 해 보는 경우가 있는데 이런 자세로 임한 심리검사는 그 결과에 대해서도 신뢰하기 어렵다. 검사 전 검사 도구를 선택할 때는 목적에 맞는 검사인지 신뢰도와 타당도가 높은 검사인지 신중히 평가해야 한다.
· 검사도 검사 요강에 준하여 실시되어야 한다. 해당 검사를 실시할 수 있는 연령인지, 물리적인 환경은 어떠한지, 시간이나 응답 방법, 채점 방법 등은 어떠한지 사전에 충분히 인지하여야 한다.

- 검사 결과는 반드시 전문가가 제공한다.
- 학생이 검사 결과를 어떻게 받아들이고 이해하고 있는지 알아본다. 검사 결과를 절대적인 것으로 받아들인다거나 단정적으로 받아들이는 태도는 지양해야 한다.
- 학생의 검사 결과를 타인에게 알리지 않아야 한다. 검사 결과 등의 사적 정보는 비밀을 보장해야 할 의무가 있다. 검사결과표를 타인에게 그대로 제시하는 일은 없어야 한다.

다음으로 진로교육 프로그램을 설계할 때 중요하게 다루어야 하는 내용은 직업 세계에 대한 이해를 넓히는 것이다. 건전한 사회인으로 올바른 가치관을 지닌 직업인으로 성장할 수 있도록 지도하여야 함은 물론이며 새로운 직업에 대한 정보 제공과 미래 세계의 변화에 대한 인식을 갖고 있어야 한다. 선진국의 경우 2만 개 내지 3만 개 정도의 직업이 존재하며 조만간 우리나라도 이에 버금가는 종류의 직업들이 존재할 것으로 전망되고 있다. 일부 미래학자들의 예측에 의하면 2050년대가 되면 현존하는 직업의 50% 정도는 없어지고 새로운 직업이 생겨나며, 존속하는 직업에서는 일의 방법이 혁명적으로 바뀔 것으로 내다보고 있다. 이러한 상황에서 일과 직업 세계에 대한 객관적인 정보와 이에 대한 체계적인 탐구 없이 진로 혹은 직업을 선택한다는 것은 무모한 일이다. 많은 상담 사례를 보면 학생들은 일과 직업 세계에 대해서 너무나 모르고 있으며 설령 알고 있다고 해도 단편적인 정보나 피상적인 수준에 머물러 있다. 직업의 종류만 해도 하루가 다르게 세분화 · 다양화되고 있기에 직업 정보에 대해서는 꾸준하게 관심을 기울여야 한다. 쇼콜라티에, 토피어리디자이너, UI/UX 디자이너, 홀로그램

전문가, 캘리그라퍼, 경기장아나운서, 웹프로듀서, 증강현실디자이너, 화재감식전문가, 게임방송해설가, 애드마스터, 두피모발관리사, IT 컨설턴트 등등 불과 10년 전만 해도 우리에게 생소한 직업들이 속속 등장하고 있다. 일례로 불과 10년 전만 해도 네일아티스트라는 직업은 소수의 사람만이 아는 희귀한 직업이었지만 현재는 네일아티스트라는 직업을 모르는 사람이 희귀할 만큼 많은 네일 숍이 도처에 있다.

따라서 직업은 시대의 변화에 발맞춰 생성 및 소멸하고 있으며 수없이 많은 직업이 생겨나고 사라지고 있다는 것을 인지하고 꾸준하게 직업에 대한 지식을 넓혀 가는 것이 필요하다. 이것은 과학기술의 발전, 산업구조의 변화, 고용시장의 변동까지 관련되기에 사회 경제적인 변화를 유념해서 살펴보아야 한다. 아침부터 밤까지 열심히 공부만 한다고 직업적인 성공을 거둘 수 있는 것은 아니다. 부지런하고 근면해도 시대의 흐름을 읽지 못하면 뒤처질 수밖에 없다. 몇 년 전 코닥이라는 세계적인 필름 제조회사의 몰락을 뉴스로 접하였다. 현재 성인들에게는 코닥 필름이 추억을 기록하는 필수품 중 하나였던 때가 있었다. 사진기를 들고 소풍을 갔던 사람이라면 코닥이란 회사가 얼마나 크고 잘나가는 회사였는지 어렴풋이 기억날 것이다. 그런데 왜 코닥이란 회사가 문을 닫아야만 했을까? 바로 디지털카메라가 우리 삶에 미칠 영향을 정확히 내다보지 못했기 때문이다. 필름카메라보다 훨씬 편리하고 경제적인 디지털카메라는 거부할 수 없는 시대의 변화였지만 코닥은 그 사실을 그리 중요하게 생각하지 않았다. 아이러니하게도 디지털카메라를 맨 처음 개발한 곳이 코닥이라는 점에서 코닥의 쇠락이 시사하는 바는 매우 크다. 신기술을 발명해 두고도 그 가치와 의의를 제대로 알아보지 못한 판단 착오가 기업의 운명을 바꾼 것이다. 직업이란 끊임없이 생성

소멸하는 변화무쌍한 존재이므로 직업의 변화에 대해서 꾸준히 관심을 갖고 공부하려는 자세가 요구됨을 잊지 말아야겠다.

그렇다면 세상에 있는 수없이 많은 직업은 어떻게 알 수 있을까? 많은 이들이 이런 질문을 한다. 대답은 간단하다. 공부를 해야 한다. 신문과 뉴스를 자주 접하고 관련 서적도 읽어 보는 노력이 필요하다. 간혹 학부모 강의에 가면 직업 목록을 두고 쪽지시험을 보는 경우가 있다. 내 자녀와 학생들에게 구체적인 진로목표를 세워주고 싶어도 학부모나 교사가 알고 있는 직업이 몇 개 되지 않는다면 과거 본인들이 학창 시절에 흠모했던 직업이나 현재 유망한 직업을 자녀의 장래 직업으로 조언하기 쉽다. 하지만 우리 아이들은 앞으로 20년 이후의 세상에서 살아갈 미래의 인재들이다. 현재 인기 있는 직업보다는 경제 동향이나 인구변화의 추이, 과학기술의 발전 등을 토대로 미래의 직업 변화를 예측해 보아야 한다. 어떤 직업이 있고, 앞으로 어떻게 변화할 것인지 제대로 알지 못하면 적절한 진로목표를 설정하기 어렵기 때문에 직업에 대한 공부는 꼭 필요하다. 워크넷의 직업정보시스템, 직업사전 등의 인터넷 사이트를 활용하면 도움을 받을 수 있다.

직업에 대한 탐구가 이루어졌다면 이번에는 올바른 의사결정 능력을 함양할 수 있도록 의사결정에 대해서 충분히 알아보아야 한다. 사실 코칭이나 컨설팅 같은 일련의 작업들을 좀 더 효율적으로 결정할 수 있게 옆에서 도와주는 것이지 어떤 결정을 대신 내려 주는 것이 아니다. 그러므로 코치나 컨설턴트를 몇 번 만났다고 하여 내담자에게 직업을 안내해 주어서도 안 되고 심리검사 결과를 토대로 일방적으로 특정 분야나 직업을 권해 주는 것도 조심해야만 한다. 이처럼 진로상담에는 많은 주의점이 존재하며 코치나 상담자가 지켜야 할 윤리적인 문제도 있다는 것을 기억해야 한다.

항공공학전문가	의무기록사	정보시스템감리사	장제사	커리어코치
기상연구원	손해사정인	보험계리인	나노공학자	하우스매니저
설계엔지니어	도선사	경영컨설턴트	생명공학자	어병학자
전문컨설턴트	패션디자이너	프로게이머	정보보호컨설턴트	웹방송엔지니어
사회복지사	심리 및 언어치료사	커플매니저	콘티라이터	레크레이션지도자
여행설계사	음악치료사	펀드매니저	전자상거래사	물류관리사
선물거래중개사	은퇴상담사	재취업상담사	호스피스	노인병전문영양사
국제회의기획자	아바타디자이너	코스튬플레이어	모형제작자	완구디자이너
멀티미디어 프로듀서	쇼다이버	리모델링전문가	헤어스타일리스트	투자상담사
쇼핑호스트	PI 컨설턴트	인터넷광고제작자	조향사	생명공학기술자
빅데이터전문가	투어컨덕터	정보검색사	피부미용관리사	동시통역사
리눅스전문가	웹마스터	네트워크보안 전문가	임상심리사	데브옵스엔지니어
스포츠마케팅	이벤트기획자	자동차딜러	놀이치료사	박물관학연구자
캐릭터마케팅	김치연구제조가	애널리스트	변리사	버블아티스트
외환딜러	사이버교육기획가	플로리스트	카지노딜러	웨딩드레스 디자이너
직업상담원	텔레마케터	이미지컨설턴트	광고기획자	브랜드메이커
컴퓨터속기사	컴퓨터오퍼레이터	영화기획자	영상번역작가	해외관광기획자
북디자이너	편집인	일러스트레이터	전문비서	제과제빵사
의류리폼사	생활한복디자이너	식이요법전문가	감정평가사	뉴스클리퍼
미스터리쇼퍼	모빌 DJ	쇼콜라티에	소믈리에	G.O

진로상담의 주체가 내담자라는 사실을 망각하면 상담자는 다음과 같은 난처한 상황에 부닥칠 수 있다. 상담자는 열심히 조사하고 준비해서 내담자를 위한 어떤 대안을 제시해 주었는데, 이미 내담자가 한 번쯤 생각해 본 것일 경우에 상담자의 노력이 헛수고로 끝나 버리게 되어 상담자와 내담자 모두 무력감을 느끼게 된다. 그러니 어떤 결론을 내려주어야겠다는 생각일랑 접어두고 학생 스스로가 자신의 진로에 대해서 고민할 수 있도록 도움을 주길 바란다.

마지막으로 한 가지 더 유의해야 할 점은 단기 목표와 장기 목표를 구분해서 구체적으로 접근해야 한다는 것이다. 진로상담은 무한정 시간을 끌며 진행될 수 없고 대부분 장단기의 일정한 기간을 두고 하나의 결정을 내려야 하므로 상담자나 코치는 매우 큰 부담감을 가질 수 있다.

또한 내담자가 청소년이라면 앞에서 설명한 모든 유의사항 이외에도 청소년이 안고 있는 심리적인 문제뿐만 아니라 청소년기 특유의 발달 문제를 함께 고려해야 한다. 게다가 학교 성적과 같은 학업 요소도 고려해야 한다. 현실을 무시한 진로상담은 결코 효과적이지 못하므로 개인이 처한 환경도 중요한 고려 대상임을 염두에 두어야 한다.

이처럼 복합적인 내용이 여러 층위로 얽혀 있기 때문에 진로상담은 진행하기도 어려울 뿐 아니라 자칫 조언이나 충고로 흐를 위험이 도사리고 있다. 따라서 진로코칭, 진로상담 분야 종사자들이나 그렇게 되길 희망하는 사람들은 본인의 성장을 위해 많은 노력을 기울여야 하겠다.

무조건 이색 직업이나 유망 직업 등의 기사를 오려서 학생들에게 알려주는 것은 위험한 일이 될 수 있다. 스스로의 동기가 결여된 정보 제공은 오히려 내담자의 진지한 탐색 활동을 방해하고 너무 많은 정보 속에서 무력감을 느끼게 될 수 있기 때문이다. 그러므로 진로상담을 시작할 때는 명확한 계획하에 체계적으로 접근해야 하며, 왜 이것이 이 시점에 필요한 작업인지 그 이유가 분명해야만 설득력이 있다.

각 목표를 효과적으로 달성하기 위해 다양한 기법이 활용될 수 있는데, 자기탐색을 돕는 방법에는 종류를 모두 나열하기 어려울 만큼 다양한 기법들이 존재한다. 학교 현장에서는 활용할 수 있는 기자재 수준, 참가자의 수·나이·성별 등을 고려하여 가장 효율적인 기법을 결정하는 것이 좋다.

무조건 '○○ 기법이 최고야'라고 생각할 필요는 없다. 그리고 꼭 이것을 따라야 한다는 원칙 같은 것도 없다. 따라서 어떤 기법을 사용할 것인가 하는 문제는 교사의 창의성이 요구되는 부분이다.

〈진로심리검사를 할 수 있는 온라인 사이트〉
· 워크넷: www.work.go.kr
· 커리어넷: www.career.go.kr
· 어세스타 온라인심리검사센터: www.career4u.net
· 한국가이던스: www.guidance.co.kr
· 상담/심리전문원격교육연수원 카운피아: www.counpia.com

▶▶ 활동자료 3: 홀랜드 흥미검사

※ 이 검사는 시험이 아닙니다. 여러분의 흥미가 어느 쪽에 있는지를 알아보기 위한 검사이므로 편안한 자세로 솔직하게 답하면 됩니다. 다음 질문 항목을 읽고, 해당하는 숫자를 답안지에 써 보세요.

예	보통	아니오
3	2	1

	질문 항목
1	친구들과 노는 것보다는 장난감을 가지고 노는 것이 더 재미있다.
2	과학실험을 좋아한다.
3	종이접기하는 것을 좋아한다.
4	친구들이 모르는 것을 물어보면 잘 가르쳐 줄 수 있다.
5	다른 사람들을 재미있게 해 준다.
6	성격이 꼼꼼한 편이다.
7	만들기 시간이 재미있다.
8	관찰하는 것을 좋아하며 실험 시간이 재미있다.
9	노래를 부르거나 그림 그리기를 좋아한다.
10	버스나 지하철에서 어른에게 양보를 잘한다.
11	수업시간에 발표하는 것을 좋아한다.
12	모르는 곳에 가면 말을 잘하지 못한다.
13	도구나 연장을 잘 만드는 편이다.
14	친구들과 노는 것보다 책을 읽는 것이 더 재미있다.

15	글짓기를 잘하는 편이다.
16	나보다 어려운 사람을 도와주는 것을 좋아한다.
17	놀이터에서 처음 보는 친구에게 말을 건넬 수 있다.
18	무슨 일이든 계획을 세워서 하는 것을 좋아한다.
19	친구들과 함께 운동하는 것을 좋아한다.
20	예술가보다는 과학자를 더 좋아한다.
21	상상력이 풍부하다.
22	나는 친절한 사람으로 알려져 있다.
23	처음 보는 사람과 쉽게 친해진다.
24	지각을 하지 않는다.
25	조립 장난감이나 변신 로봇 등을 좋아한다.
26	공부할 때 집중이 잘 된다.
27	손재주가 있다.
28	아픈 친구를 잘 보살펴 줄 수 있다.
29	소풍이나 학급행사에서 사회 보는 것을 좋아한다.
30	준비물을 잊지 않고 잘 챙긴다.
31	블록을 가지고 자동차나 집을 만들 수 있다.
32	수수께끼나 퍼즐 맞추기를 좋아한다.
33	책을 읽는 것을 좋아한다.
34	봉사시간이 재미있다.
35	사람들과 대화하는 것을 좋아한다.
36	정해진 계획대로 하는 것을 좋아한다.
37	신체적인 활동은 무엇이든 재빠르게 하는 편이다.
38	책을 빨리 읽는 편이다.
39	만화, 낙서 등과 같이 그리는 것이 재미있다.
40	친구를 도와주는 것을 좋아한다.

41	말을 또박또박 잘하는 편이다.
42	사물함 속을 깨끗이 정리할 수 있다.
43	고장 난 제품을 분해하거나 고치는 것을 좋아한다.
44	공부할 때 '왜 그럴까?' 곰곰이 생각한다.
45	새롭고 특별한 것을 좋아한다.
46	내 주위에는 늘 친구들이 많이 있다.
47	게임에서 지면 화가 난다.
48	친구들과의 약속 시간을 지키는 것을 좋아한다.
49	축구, 농구 등과 같은 운동을 잘한다.
50	수학 문제를 잘 푼다.
51	악기를 연주하는 것이 재미있다.
52	다른 친구의 어려움과 아픔에 공감한다.
53	적극적이고 주장이 강한 편이다.
54	컴퓨터로 문서작성을 잘한다.
55	탐험이나 모험을 좋아한다.
56	토론하는 수업이 재미있다.
57	이야기의 뒷부분을 아주 잘 이어 갈 수 있다.
58	친구들은 어려운 일이 있으면 내게 쉽게 도와달라고 한다.
59	모둠 활동에서 우리 모둠원의 역할을 잘 정할 수 있다.
60	책상을 깨끗이 정리할 수 있다.

흥미검사 답안지

별칭(   )

R		I		A		S		E		C	
1		2		3		4		5		6	
7		8		9		10		11		12	
13		14		15		16		17		18	
19		20		21		22		23		24	
25		26		27		28		29		30	
31		32		33		34		35		36	
37		38		39		40		41		42	
43		44		45		46		47		48	
49		50		51		52		53		54	
55		56		57		58		59		60	
계		계		계		계		계		계	

흥미검사 결과

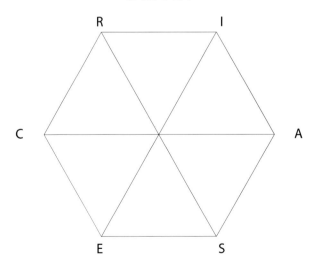

명칭	유형 특성	관련 직업
현실형 realistic type	· 손재주가 있어 만들기를 좋아하고 연장, 기계와 같은 도구를 잘 다룬다. · 활동적이며 몸을 움직이는 것을 좋아한다. · 솔직하고 성실하면서도 때로는 수줍음을 타는 성격이다.	군인, 동물사육사, 소방관, 운동선수, 자동차정비원, 경호원, 기술자, 요리사, 운전기사, 조종사 등
탐구형 investigative type	· 세심히 관찰하는 것을 좋아한다. · 합리적이고 정확하며 창의적으로 새로운 일에 도전하는 것을 좋아한다. · 논리적, 탐구적, 독립적이며 호기심이 많다.	건축가, 곤충학자, 약사, 심리학자, 과학자, 의사, 임상병리사, 교수, 컴퓨터프로그래머, 생물학자 등
예술형 artistic type	· 상상력과 감정이 풍부하여 자신만의 세계에 잘 빠져드는 '상상하기'를 잘한다. · 자신의 옷과 머리를 멋있게 꾸밀 줄 알고 자기만의 독특한 방식으로 표현한다. · 국어, 음악, 미술 분야를 좋아하는 친구가 많다.	마술사, 만화가, 연예인, 제과제빵사, 프로게이머, 무대감독, 사진기자, 쇼핑호스트, 인테리어디자이너, 작가 등
사회형 social type	· 친구와 좋은 관계를 유지하고 협동하는 것을 좋아한다. · 어려운 사람을 보면 무엇을 도와줄까 하는 생각을 하며 봉사하는 것을 좋아한다. · 따뜻하고 이해심이 많은 편이다.	간호사, 간병인, 경찰관, 레크레이션지도사, 교사, 관광가이드, 사회복지사, 카운슬러, 항공기승무원, 유치원교사 등
진취형 enterprising type	· 교실에서 주저함 없이 자기 의견을 발표할 줄 알고 모든 일에 적극적이다. · 앞장서서 친구들을 설득하고, 지도자 성향이 있다. · 사교적이고 모험심이 강한 편이다.	국회의원, 광고기획자, 기자, 동시통역사, 법조인, 영화감독, 사업가, 외교관, 아나운서, 판매원 등
관습형 conventional type	· 자신이 계획한 대로 꾸준히 실천한다. · 공책에 기록하는 등 꼼꼼한 성격이다. · 정직하고 계산하는 활동에 강하다. · 책임감이 강하며 약속을 잘 지키고, 학교 규칙과 질서를 잘 지키는 편이다.	공무원, 공인회계사, 우편집배원, 법무사, 은행원, 사서, 전문비서, 세무사, 환경미화원, 의무기록사 등

4
다중지능이론

▶ 남들보다 잘하는 게 있다면 좋을 텐데, 전 잘하는 게 없어요.

중학교 3학년인 현지는 엄마와 함께 진로상담을 받으러 왔다. 얼마 전 학교에서 진로와 관련된 수업을 듣게 되었는데 선생님께서 앞으로 커서 무슨 일을 하고 싶은지 지금부터 생각해 보라고 하셨다. 이다음에 성공하기 위해서는 자신이 잘하는 것을 파악하고, 그것을 꾸준히 연마할 필요가 있다는 이야기를 듣고 난 뒤 현지는 큰 고민이 생겼다. 수업시간에 선생님이 여러 분야에서 성공한 사람들을 소개해 주셨는데 그분들은 모두 어린 시절부터 자기가 잘하는 것을 찾아서 열심히 노력한 끝에 지금은 뛰어난 업적을 보여준 인물들이었다. 박지성 선수는 초등학교 때부터 차범근 선수를 존경하면서 자연스럽게 그의 꿈도 세계적인 축구선수가 되는 것이었단다. 피겨스케이팅의 김연아 선수, 프로야구의 이승엽 선수, 가수 조용필 아저씨까지 정말 유명한 사람들은 어릴 때부터 자기가 좋아하고 잘하는 일을 찾아서 열심히 노력했기 때문에 현재의 성공을 이룬 것처럼 보였다. 수업이 끝나갈 무렵 선생님께서 종이 한 장씩을 나눠주시며 "자, 이번에는 우리도 한번 작성해 봅시다. 각자 자기가 가장 잘하는 분야나 좋아하는 분야를 적어 보고 발표해 보겠습니다."라고 하셨는데, 자기는 아무리 생각해봐도 남들보다 잘하는 것도 없는 것 같고 좋아하는 것도 없는 것 같아서 쓰기가 너무 힘들었다는 것이다. 좋아하는 것은 강아지랑 노는 것 정도밖에는 생각이 나지 않아 좋아하는 일 칸에 '밍키랑 놀기'라고 적어 두고, 잘하는 것을 적는 칸은 그냥 비워두었다는 것이다. 선생님이 몇몇 학생들을 지목하며 발표를 시키셨는데 반장은 어릴 때부터 배운 바이올린을 잘 켠다고 썼고 좋아하는 일은 남들을 가르치는 일이라고 썼으며, 짝꿍 은진이는 운동을 잘한다고 썼고 좋아하는 일은 다른 사람의 이야기를 듣는 것이라고 썼다. 그렇지만 현지는 수업이 끝날 때까지 잘하는 것이 전혀 떠오르지 않아 힘들었다는 것이다. 친구들은 다들 잘하는 게 있는데 자신만 잘하는 게 없는 것 같아 답답하고 창피했다고 말했다. 앞으로 무엇을 해야 할지 막막하고 어른이 돼서 어떻게 살아갈지 걱정이 된다는 것이다. 현지 어머니도 답답하긴 마찬가지로 옆집 아이는 쇼트트랙 선수로 어릴 때부터 꾸준히 운동을 해왔고, 그 아이 어머니는 아들을 국가대표로 키우겠다는 각오를 하고 있어 진로가 확실한 것 같아 부럽다는 것이다. 현지 사촌들은 공부를 잘해서 특목고 준비를 하고 있는데, 현지는 성격이 좋고 친구들과도 잘 지내서 엄마가 보기에도 천진난만하고 착하긴 한데 특별히 잘하는 게 없어서 큰일이라고 느꼈다는 것이다. 공부라도 잘하면 좋을 텐데 현재로써는 공부 체질도 아닌 것 같고 그렇다고 운동을 잘하는 것도 아니고 얼굴이 예쁜 것도 아니고 특기가 있는 것도 아니라서 뭘 시켜야 할지 고민이라는 이야기였다. 현지와 현지 어머니는 장래에 관해 이야기하면서 너무 풀이 죽어 있었고 꼭 무엇인가 잘못된 것인 양 조바심을 냈다.

공부도 본인이 좋아하는 과목이나 잘하는 분야부터 시작하면 좋은 성과가 나오는데, 이는 일이나 생활에서도 마찬가지일 것이다. 그런데 좋아하는 것도 잘하는 것도 없는 경우엔 어찌해야 할지 난감하다. 진로교육을 하다 보면 학생들에게 잘하는 것을 찾아보라고 요구하게 된다. 그런데 학생들은 이 대목에서 유난히 힘들어한다. "잘하는 것은 고사하고 좋아하는 일도 없는데요?"라고 말하며 뚱한 표정을 짓는 아이들을 마주하면 교사는 답답해진다. 잘하는 것도 좋아하는 것도 없는 아이들이 대놓고 다른 공부를 하거나 낙서를 하고 딴짓을 하는 것을 보면 화도 나고 의욕도 없어진다. 또한 기대와는 너무 다른 아이들의 대답에 그저 당혹스러울 때도 잦다. 별 뾰족한 방법이 없으니 일단 공부라도 잘하면 나중에 알아서들 살겠지 하고 체념하게 된다.

학교에 다닐 때는 성적이 우수한 아이들이 교사의 귀여움도 받고 진학도 잘한다는 통념대로 공부를 강조하게 될 수도 있다. 그렇다면 상담실에 들른 현지는 성적을 더 올리라는 이야기를 들어야 할까? 아마도 우리나라 많은 부모들이 다음과 같은 생각을 할 것이다. 이제 와서 특기 적성을 길러 예체능을 할 수도 없는 일이고, 그렇다고 연예인을 하기엔 외모나 재능이 딸리고, 집안에 돈이라도 많으면 팍팍 밀어주기라도 할 텐데 그도 저도 아니니 일단 적당한 곳에서 직장생활을 하거나 공무원이 되면 좋겠다고 생각한다.

'남들보다 뛰어난 부분이 없는 우리 아이는 뭘 하고 살아야 하나?'라는 고민을 안고 있는 학부모들에게 뉴스에 나오는 엄친아 엄친딸들은 마치 딴 세상에서 온 우주괴물로 여겨지는 것도 사실이다. 도대체 어떻게 해서 어린 시절부터 그렇게 많은 이력과 화려한 스펙을 갖추게 됐는지 놀라울 따름이다. 그런 재능이랑 몇몇 소수에게나 부여된 특권이 아닐까 하는 생각에 하늘을 원망해 보기도 한다. 재능을 보이는 영역 하나만 잘하면 된다고 하지만 그게 어디 쉬운 일인가? 나에게도 그런 특별함이 있다면 그들처럼 잘할 수 있었겠지만, 불행히도 나에겐 그런 특별한 능력은 애초에 없으니 세상이 참 불공평하다는 생각도 든다.

눈만 뜨면 뉴스에선 엄친아들이 넘쳐나는데 재능 많은 저 아이들은 어떻게 해서 그토록 뛰어난 일들을 해내는지 궁금할 때가 많다. 많은 부모님들의 한숨이 여기서 튀어나온다. 옆집 아들 철이는 공부도 잘하고 운동도 잘하는데 우리 아들은 매일 게임만 하니 눈에 불이 켜질 노릇이다. 게임만 하는 아이를 어디다 갖다 버릴 수도 없고 게임만 해서 먹고살 수는 없는 노릇인데 집에만 들어오면 컴퓨터로 직행하는 우리 아이를 어쩌란 말인가?

어머니들에게서 많이 듣는 고민에 순위를 매긴다면 학업 고민, 성적 고민 다음으로 이런 유의 고민이 가장 많았던 것 같다. 어쩌면 학업이나 성적에 고민이 있기에 잘하는 것이 하나라도 있으면 좋겠다는 생각이 연이어 들었을지도 모르겠다. 공부는 별반 신통치 않으니 다른 것이라도 빼어나게 잘하면 그걸 시켜보련만 이도 저도 아니니 자식 얼굴만 보면 잔소리에 매일 싸우게만 되니 한숨만 늘어간다. 이런 고민을 해결하기 위해서는 잘하는 것에 대한 기준을 조금 바꿀 필요가 있다고 생각한다.

먼저 잘하는 것에 대한 우리의 눈높이가 지나치게 높은 것은 아닌가 되짚어 볼 필요가 있다. 방송에서 나오는 아이들은 소수의 영재들인데, 그 아이들을 비교 기준으로 삼는 경우가 많기 때문이다. 영재라는 타이틀이 붙어 있는데도 그 재능이 소수의 사람에게 부여된 특별한 재능이란 것을 잘 인지하지 못한다. 우리의 눈높이가 영재들에게 맞춰져 있으면 아이가 잘하는 것들은 거의 눈에 들어오지 않을 수 있다. 스케이트를 타려면 김연아 정도는 되어야 하고, 수영을 하려면 박태환 정도는 해야 하고, 피아노를 치려면 조성진 정도는 해야 되며, 공부를 하려면 공부의 신 정도는 돼야 한다. 웬만큼 해서는 잘한다는 생각도 갖지 않는 것이 우리 자녀들에 대한 평가이다. 그러니 당연히 아이가 가진 잠재력이 보이지 않게 된다.

과거의 지능검사는 주로 개인이 가진 언어능력과 수리능력에 초점을 맞추고 있었다. 이것은 비네(Binet)라고 하는 학자가 만든 지능검사가 주로 이러한 영역을 측정하게끔 만들어졌기 때문이다. 그러나 정말 지능이란 것이 언어능력이나 수리능력, 공간능력만 높으면 되는 것인가에 대해서 다시 한번 생각해 볼 필요가 있다. 물론 학교 교육현장에서는 이러한 능력을 많이 요구하고 능력이 높은 아이들의 학습성취도가 좋을 수 있다.

하지만 이 기준으로 본다면 박태환 선수의 지능은 그냥 평범한 수준일 수도 있다. 뛰어난 신체 운동능력이 있지만, 그런 능력을 지능검사에서 측정하지 않는다면 평범한 사람으로 평가될 수 있기 때문이다. 이런 문제의식에서 등장한 개념이 바로 다중지능이론이다.

아마도 한 번쯤은 이 지능이론의 이름을 들어 보았을 것이다. 하지만 왜 이것이 의미가 있는지 어떤 프레임으로 아이의 재능을 보아야 하는지 연결해서 생각하는 교사나 학부모들은 매우 소수에 불과하다는 생각이 든다.

잘하는 것이 없다는 아이들을 만나보면 상당히 다양한 영역에 뛰어난 재능을 보이는 아이들이 많다. 강아지 밍키와 놀기를 좋아하는 현지를 다중지능이론으로 설명하면 자연지능과 자기성찰지능 그리고 언어지능이 매우 높은 아이이다. 학교에서 특출한 모습을 보여 주지 않는다고 해서 잘하는 것도 없고, 다른 아이들과 비교해서 뒤처지는 고민덩어리가 아니라 동물을 돌보고 자연을 사랑하는 마음과 자신의 마음을 깊이 있게 성찰할 수 있는 능력이 있는 아이라는 관점에서 현지를 새롭게 바라볼 수 있다.

　다중지능이론은 하버드대학교의 가드너(H. Gardner) 교수가 우리 인간은 언어지능과 논리수학지능만을 가지고 있는 것이 아니라 그 외에 음악지능, 공간지능, 신체운동지능, 인간친화지능, 자기성찰지능, 자연지능 등을 가지고 있다고 주장한 이론으로서 그간 꾸준하게 연구되어 오다가 최근에 멀티미디어 매체가 교육에 접목되기 시작하면서 다중지능이론의 정당성에 대한 연구가 활발하게 진행되고 있다.

　과거 전통적 입장에서 인간의 지능은 단일한 측면을 가지며 선천적으로 정해지기 때문에 변화가 불가능한 영역으로 생각하였다. 그러나 최근 지능의 개념은 학업 성적 이외에도 창의성, 사회적 지능, 예술적 재능 등 다양한 영역으로 확장되고 있으며 현실에서의 실질적인 수행과 관련되는 특성을 갖고 있다고 이해되고 있다. 가드너에 의해 제안된 다중지능이론은 인간의 지능을 8개 영역(언어지능, 논리수학지능, 음악지능, 공간지능, 신체운동지능, 인간친화지능, 자기성찰지능, 자연지능)으로 구분하고, 체계성을 가지고 있다고 설명하였다. 최근 들어 8개의 영역에 실존지능이 추가되어 총 9개의 영역으로 확장되었다.

　가드너는 기존의 이론을 넘어서 새로운 개념으로 지능을 정의하였는데 첫 번째, 실생활에서 직면하는 문제를 해결하는 능력과 두 번째, 새로운 문제 해결 방법을 생성해 내는 능력, 세 번째, 자신의 문화권 내에서 가치 있는 서비스를 제공하거나 무언가를 만드는 능력 등이 포함된다고 하였다.

　다중지능이론의 기본 원리는 다음과 같다. 첫째, 지능은 단일화된 혹은 복합적인 능력으로써의 구성 여부와 상관없이 각각의 독립적인 지능 영역 체계로 구성된다. 둘째, 이 지능 영역들은 독립적이다. 셋째, 독립적인 지능 영역은 실제 상황에서 상호작용한다. 이러한 논의는 인간의 뇌에 대한 깊이 있는 연구에서 도출되었다.

이와 같은 다중지능이론은 지능에 대한 사람들의 인식을 변화시켰으며 기존의 고정화된 지능 개념에서 유동적인 지능 개념으로 변화할 수 있도록 독려하였다. 구체적으로 그 변화 양상을 살펴보면, 첫째, 지능은 개발될 수 있다는 것, 둘째, 지능은 수에 의해 양화가 불가능하며 수행 능력이나 문제 해결 과정을 통해 가늠해 볼 수 있다는 것, 셋째, 지능은 다양한 방법으로 증명된다는 것, 넷째, 지능은 맥락적 실제 상황에서 측정된다는 점, 마지막으로 지능은 인간의 가능성이나 학생의 다양한 성취 방법을 이해하는 데 사용된다는 점 등이다.

다중지능이론은 표준화된 IQ 등의 지능검사 점수로 인간을 규정하기보다는 인간의 '현명함'을 신뢰함으로써 인간의 잠재력이나 가능성을 인정하였다. 따라서 인간의 지능은 학문적 차원에서 성공이나 실패 여부에 국한되는 것이 아니라 일상생활 속에서 문제 해결을 수행하는 능력으로 이해되어야 한다는 것을 주장한다.

가드너가 정의한 지능의 영역을 좀 더 자세히 살펴보면 다중지능에는 9가지의 영역이 있는데 언어지능, 논리수학지능, 음악지능, 공간지능, 신체운동지능, 인간친화지능, 자기성찰지능, 자연지능, 실존지능이 바로 그것이다. 이러한 9가지 영역은 각각 독립성과 동등성을 보유하고 있지만 실제 상황에서는 조합된 상태로 작용한다. 예를 들면 '인간친화지능'과 '자기성찰지능'은 다른 지능 영역과 밀접한 관계를 가지며 다른 영역과 상호작용할 때 시너지 효과를 유발한다.

가드너의 9가지 지능 영역

언어지능　언어에 대한 감수성, 말하거나 쓰는 어휘를 창조하거나 인식하는 능력, 언어를 통해 의사소통과 이해를 증진하는 능력

논리수학지능　추상적 관계를 응용하거나 판단하는 능력, 수와 논리적 사고를 사용하는 능력

음악지능　소리의 특성을 인식하고 이해하는 능력, 소리로부터 의미를 창조하거나 의사소통하는 능력

공간지능　3차원 정보를 파악하는 능력, 기억으로부터 이미지를 재창조하는 능력

신체운동지능　문제 해결 및 작품 활동을 위해 몸을 사용하는 능력, 몸의 일부나 전체를 통제하는 능력

인간친화지능　타인에 대한 감정 · 신뢰감 · 분위기 · 의도에 대한 감수성, 타인과 함께 효과적으로 작업하기 위해 서로의 기분을 이해하는 능력, 자신의 목표를 추구하는 데 있어 대인관계 기법을 활용하는 능력

자기성찰지능　정신적으로 성숙된 자신의 모습을 성취해가는 능력, 실행 가능한 행동에 대한 의사결정을 위해 모델을 묘사하는 능력, 자신

의 감정·분위기·의도에 의해 행동을 예견하거나 기대하는 능력

자연지능　자연 세계를 이해하거나 효과적으로 활동하는 능력, 환경의 특성을 구별·분류·사용하는 능력, 일반적인 분류나 형상화 능력

실존지능　인간 존재의 이유나 참 행복의 의미, 삶의 근원적 가치를 추구하는 능력

　앞에서 살펴보았던 다중지능이론을 종합하여 그 핵심적인 특징을 살펴보면 첫째, 현실 세계에 기초해 지능을 정의한 점, 둘째, 지능을 융통성 있는 관점에서 해석한 점, 셋째, 각 지능 영역은 보편적인 성향을 띤다는 점, 넷째, 지능은 교육이 가능하다는 점, 다섯째, 개발되거나 변화되며 개인마다 프로파일의 고유성을 인정한 점, 여섯째, 각 지능 영역은 하부 능력이나 특성을 가지고 있다는 점, 마지막으로 지능은 고립되지 않고 조합된 상태로 작업한다는 점으로 요약해 볼 수 있다. 다시 말해 지능은 생물학적 요소와 환경 요소 간의 지속적인 상호작용에 의해 교육할 수 있으므로 변화 및 성장이 가능하다는 것이다.

　이러한 다중지능이론은 우리의 교육계 전반에 걸쳐 많은 영향을 미쳤다. 특히 우리 교육과정에 수행평가가 도입된 배경이 되었으며 학생들의 다양한 잠재력을 개발하려는 창제활동에 이러한 개념들이 뒷받침되었다고 할 수 있다.

　현지의 어머니는 다중지능이론을 접하고 현지에게 잘 맞는 직업의 영역에 대해 살펴보고 난 뒤 한결 안심하였다. 잘하는 것이 많은 아이에게 공연

한 걱정과 비난을 일삼아 미안한 마음이 든다는 말로 상담을 마무리하면서 어머니 역시 어린 시절 동물을 좋아하고 일기 쓰는 것을 좋아했다고 말했다. "저도 자연지능과 자기성찰지능이 높네요."라는 이야기를 하시고 상담실을 떠났다.

학부모들을 대상으로 강의를 할 때면 다중지능이론에 대한 내용은 거의 매번 잊지 않고 소개하는 편이다. 물론 이 이론을 정확히 이해하기 위해서는 지능검사의 배경이나 지능에 대한 정의부터 다루어야 하는 매우 방대한 내용이긴 하지만 그래도 이해하기 쉬운 선에서 최대한 자세히 설명해 드리려고 애쓴다. 이 이론에 대해 알고 나면 자녀들의 잠재력에 대해서 새로운 관점을 가질 수 있기 때문이다.

9개의 지능이 있다는 생각만 해도 우리 아이가 잘하는 것이 많아 보이기 시작한다. 스스로도 잘할 수 있다는 믿음이 있을 때, 그 분야에 자신 있게 도전해 볼 수 있을 것이다.

강점지능별 효과적인 학습 형태와 활용법

강점지능	주요 학습 형태	효과적인 학습 활용법
언어지능	읽기, 쓰기, 말하기, 듣기	이야기 꾸미기, 단어놀이, 토론하기, 외국어 말하기, 번역하기, 연설하기
논리수학지능	측정하기, 비판적으로 생각하기, 개념화하기	분류하기, 계산하기, 평가하기, 추리하기, 통계자료 이용하기, 가설 세우기, 분석하기, 퍼즐, 숫자게임, 수수께끼
인간친화지능	가르치기, 협력하기, 상호작용하기	봉사하기, 의사소통하기, 감정이입하기, 가르치기, 상담하기, 모집하기, 광고하기, 타인 평가하기, 협동하기
자기성찰지능	개인 생활과 관련짓기, 결정하고 선택하기	혼자 학습하기, 목표 설정하기, 결정 실행하기, 계획 세우기, 조직하기, 자기이해 하기, 미래계획 세우기
공간지능	보기, 그리기, 색칠하기, 마인드맵, 시각화하기	설계하기, 지도 그리기, 사진 찍기, 장식하기, 상상하기, 묘사하기, 그래프 그리기, 표 만들기, 마인드맵 작성하기
음악지능	노래하기, 랩 만들기, 듣기	노래 부르기, 악기 연주하기, 녹음하기, 작곡하기, 편곡하기, 개사하기, 음 구별하기, 음악 감상하기, 랩 만들기
신체운동지능	몸동작으로 나타내기, 춤으로 표현하기, 연극 꾸미기	물건 나르기, 균형 잡기, 걷기, 달리기, 흉내 내기, 노래 부르기, 종이접기, 만들기, 연기하기, 춤추기
자연지능	관찰하기, 동식물 키우기, 여행하기	견학하기, 기록문 쓰기, 자연보호하기, 관찰하기, 관찰일지 쓰기, 사물 분류하기, 수집하기

출처: 다중지능연구소(2006), 『강점지능 살리면 뜯어말려도 공부한다』

실존지능은 기존 8개의 지능에 추가된 지능으로서 최근 들어 그 중요성이 강조되고 있다. 실존지능은 삶의 목적과 가치를 탐구하며 삶과 죽음과 같은 영적인 주제에 대해 반성적으로 생각할 수 있는 능력이다. 이를 위해서는 모범이 되는 사람들의 책을 읽거나 타인의 삶에 관심 갖기, 실존적 존재에 대해 사유하기, 세상의 현상에 대해 질문하기, 나누고 봉사하기, 성찰하기 등의 활동을 꾸준히 하는 것이 도움이 된다. 폭넓은 공동체의 행복과 복지에 대한 책임감을 갖고 스스로의 가치에 따라 이 사회에 기여한다는 것은 미래의 리더에게 요구되는 자질이라고 할 수 있다.

〈수행 능력과 분야 적합도를 알아볼 수 있는 온라인 검사〉
·특정 영역의 수행 능력을 알아보기 위한 검사
－ 청소년용: 워크넷 〉 직업심리검사 〉 청소년적성검사
　 커리어넷 〉 진로심리검사 〉 중고등학교용 직업적성검사
－ 성인용: 워크넷 〉 직업심리검사 〉 성인용 직업적성검사 / 창업적성검사
·분야별 적합도를 알아보기 위한 검사
－ 성인용: 워크넷 〉 직업심리검사 〉 영업직무 기본역량검사 / IT직무 기본
　 역량검사
　 커리어넷 〉 진로심리검사 〉 이공계전공적합도검사

▶▶ 활동자료 4: 다중지능검사

※ 다음 질문들을 읽고 자신과 가장 비슷한 항목에 체크(∨) 표시를 해 보세요. 채점표와 채점 방식을 참조하여 지능 점수를 매겨 보세요.

	질문 항목	전혀 그렇지 않다	별로 그렇지 않다	보통 이다	대체로 그렇다	매우 그렇다
1	취미 생활로 악기 연주나 음악을 감상하는 것을 즐긴다.					
2	운동경기를 보며 운동선수들의 장단점을 잘 집어낸다.					
3	어떤 일이든 실험하고 검증하는 것을 좋아한다.					
4	손으로 물건을 만들고, 그림을 그리는 것을 좋아한다.					
5	다른 사람보다 어휘력이 풍부한 편이다.					
6	친구나 가족들의 고민을 들어 주거나 해결해 주는 것을 좋아한다.					
7	나 자신을 되돌아보고, 앞으로의 생활을 계획하는 것을 좋아한다.					
8	자동차에 관심이 많고, 각각의 공통점과 차이점을 잘 알고 있다.					
9	악보를 보면 그 곡의 멜로디를 어느 정도 알 수 있다.					
10	평소에 몸을 움직이며 활동하는 것을 좋아한다.					
11	학교 다닐 때 수학이나 과학 과목을 좋아했다.					

12	어림짐작으로도 길이나 넓이를 비교적 정확히 알아맞힌다.					
13	글이나 문서를 읽을 때 문법적으로 어색한 문장이나 단어를 잘 찾아낸다.					
14	직장 내 성희롱이 왜 발생하고 어떻게 해결하면 좋은지 알고 있다.					
15	나의 건강 상태나 기분, 컨디션을 정확히 파악할 수 있다.					
16	옷이나 가방을 보면 어떤 브랜드인지 바로 알아맞힐 수 있다.					
17	다른 사람의 연주나 노래를 들으면 어떤 점이 부족한지 알 수 있다.					
18	어떤 운동이라도 한두 번 해 보면 잘할 수 있다.					
19	다른 사람의 말 속에서 비논리적인 점을 잘 찾아낸다.					
20	다른 사람의 그림을 보고 평가를 잘할 수 있다.					
21	나의 어렸을 때 꿈은 작가나 아나운서였다.					
22	다른 사람들로부터 다정다감하다는 소리를 자주 듣는다.					
23	내 생각이나 감정을 상황에 맞게 잘 통제하고 조절한다.					
24	동물이나 식물에 관하여 많은 정보를 알고 있다.					
25	다른 사람과 노래할 때 화음을 잘 넣는다.					
26	운동을 잘한다는 말을 자주 듣는다.					
27	회사에서 발생하는 문제를 해결할 방법과 절차에 대해 잘 알고 있다.					
28	방이나 사무실을 꾸밀 때 어떤 재료를 사용해야 하고 어떻게 배치해야 할지를 잘 안다.					

29	글을 조리 있고 설득력 있게 쓴다는 말을 자주 듣는다.					
30	직장 동료나 상사의 기분을 잘 파악하고 적절하게 대처한다.					
31	평소에 내 능력이나 재능을 계발하기 위해 노력하고 있다.					
32	동물이나 식물을 좋아하고 잘 돌본다.					
33	악기를 연주할 때 곡의 음정, 리듬, 빠르기, 분위기를 정확하게 표현한다.					
34	뜨개질이나 조각, 조립과 같이 섬세한 손놀림이 필요한 활동을 잘할 수 있다.					
35	물건의 가격이나 은행 이자 등을 잘 계산한다.					
36	다른 사람으로부터 그림이나 만들기를 잘한다고 칭찬받은 적이 있다.					
37	책이나 신문의 사설을 읽을 때 그 내용을 잘 이해한다.					
38	가족이나 직장 동료, 상사 등 누구와도 잘 지내는 편이다.					
39	내 일정을 다이어리에 정리하는 등 규칙적인 생활을 위해 노력한다.					
40	나는 현재 동식물과 관련된 직업에 종사하고 있다.					
41	어떤 악기라도 연주법을 비교적 쉽게 배운다.					
42	개그맨이나 탤런트, 주변 사람들의 행동을 잘 흉내 낼 수 있다.					
43	어떤 것을 암기할 때 무작정 외우기보다는 논리적으로 이해하여 암기하곤 한다.					
44	새로운 지식을 습득할 때 그림이나 개념 지도를 그려 가며 외운다.					
45	학교 다닐 때 국어 시간이나 글쓰기 시간을 좋아했다.					

46	내가 속한 집단에서 내가 해야 할 일을 잘 찾아서 수행한다.					
47	어떤 일에 실패했을 때 그 원인을 철저히 분석해서 다음에는 그런 일이 생기지 않도록 노력한다.					
48	동식물이나 특정 사물이 갖는 특징을 분석하는 것을 좋아한다.					
49	어떤 곡의 빈칸을 채워 보라고 하면 박자와 곡의 전체 분위기에 맞게 채울 수 있다.					
50	연기나 춤으로 내가 전하고자 하는 것을 잘 표현할 수 있다.					
51	어떤 문제가 생기면 성급하게 결론을 내리기보다는 여러 가지로 그 원인을 밝히려고 한다.					
52	고장 난 기계나 물건을 잘 고친다.					
53	다른 사람이 하는 말의 핵심을 잘 파악한다.					
54	다른 사람들 앞에서 프레젠테이션이나 연설을 잘한다.					
55	앞으로 어떻게 성공해야 할지에 대해 뚜렷한 신념을 가지고 있다.					
56	환경 문제를 해결할 방법들을 많이 알고 있다.					

채점표								채점 방식
A	B	C	D	E	F	G	H	
1	2	3	4	5	6	7	8	
9	10	11	12	13	14	15	16	· 전혀 그렇지 않다(1점), 별로 그렇지 않다(2점), 보통이다(3점), 대체로 그렇다(4점), 매우 그렇다(5점)
								· 표의 세로 항목별로 점수를 합산합니다.
17	18	19	20	21	22	23	24	· 세로 항목별 점수를 다음 공식에 넣어 각 지능 점수를 측정합니다(100점 만점).
								(총점−7)÷7X25 = 각 지능의 점수
25	26	27	28	29	30	31	32	
								· 각 세로 항목에 해당하는 지능은 다음과 같습니다.
33	34	35	36	37	38	39	40	A: 음악지능
								B: 신체운동지능
41	42	43	44	45	46	47	48	C: 논리수학지능
								D: 공간지능
49	50	51	52	53	54	55	56	E: 언어지능
								F: 인간친화지능
세로 항목별 총계								G: 자기성찰지능
								H: 자연지능

※ 검사 결과를 공유하고 질문에 답해 보세요.

1. 같은 모둠에 있는 친구들은 어떤 지능 유형에 강점을 보이는지 순위를 매겨 보세요.

	친구 이름 ( )	친구 이름 ( )	친구 이름 ( )	친구 이름 ( )	친구 이름 ( )	친구 이름 ( )
A: 음악지능						
B: 신체운동지능						
C: 논리수학지능						
D: 공간지능						
E: 언어지능						
F: 인간친화지능						
G: 자기성찰지능						
H: 자연지능						

2. 활동 후 느낀 점을 나누어 보세요.

3. 나의 강점지능

4. 나의 약점지능

5. 나의 강점지능과 관련된 직업은 무엇일까요?

02

진로코칭에는
전문성이 필요하다

5
중학교에서의 진로지도

▶ 매일매일 꿈이 변해요.

고등학교 1학년인 학영이는 요즘 고민이 있다. 하고 싶은 직업이 2가지인데 그중에 무엇을 해야 할지 결정을 하기 힘들기 때문이다. 첫 번째 꿈은 훌륭한 요리사가 되어 멋진 호텔에 들어가는 것이다. 이연복 셰프 같은 요리사가 되면 맛있는 음식을 만들어서 많은 사람에게 대접할 수 있고 유명해지면 방송에도 나올 수 있을 것 같다. 얼마 전 〈냉장고를 부탁해〉라는 TV 프로그램을 보고 '셰프'라는 직업에 완전히 반해 버렸다. 최고의 맛을 위해 매 순간 긴장해야 하는 일은 조금 힘들어 보였지만 조리장 모자를 쓰고 요리를 하는 모습은 정말 멋져 보였다. 그런데 부모님께 요리사가 되고 싶다는 말씀을 드렸더니 부모님은 전혀 동의할 생각도 않으시고 쓸데없는 생각 말고 공부나 열심히 하라고 하신다. 사실 중학교 3학년까지 학영이의 꿈은 프로게이머였는데 그 이유인즉 좋아하는 게임만 실컷 할 수 있는 데다가 돈도 벌 수 있어 그보다 더 좋은 직업은 없을 것 같았기 때문이다. 문제는 초등학교 시절 학영이의 꿈이 축구선수였다는 점이다. 2010년 당시 남아공 월드컵이 열리고 있었고 매일매일 아버지와 축구경기를 보았는데 월드컵에 쏟아진 관심이나 응원 열기가 정말 멋지다고 생각되었다. 학영이도 박지성처럼 돈도 많이 벌고 멋진 축구선수가 되고 싶다는 생각에 부모님을 졸라 축구교실에 다녔지만 6개월 만에 그만두었다. 안정환 선수처럼 승리 골을 넣고 반지 세리머니 같은 멋진 골 세리머니를 보여 주어야겠다고 결심했었지만 정작 축구교실에 가니 달리기만 죽어라 하고 공도 제대로 만져볼 수 없었기 때문에 금방 시시해졌다. 축구선수에서 프로게이머가 되겠다고 하다가 갑자기 요리사가 되고 싶다는 이야기를 했기 때문인지 부모님은 학영이의 꿈을 별반 중요하게 생각하지 않으시는 것 같다. 그런데 진짜 고민은 학영이에게 요리 말고 또 다른 관심사가 생기고 나서부터이다. 얼마 전 TV 오디션 프로그램에서 미국에서 기타 하나만 달랑 매고 온 청년이 치열한 경쟁을 거쳐 프로 가수로 데뷔하는 것을 보고 나서부터 가수가 되고 싶다는 생각도 들었기 때문이다. 가수가 되고 싶다는 생각을 하면서 실용음악학원에 가서 보컬과 악기 등 기본적인 음악 공부를 하고 싶어졌다. 오디션에 나가려면 노래와 춤을 배우러 학원에 다녀야 하는데, 그러면 요리사의 꿈은 포기해야 할 것 같다는 생각이 든다. 문제는 가수와 요리사 중에 뭐가 더 멋질지 아직 잘 모르겠다는 것이다.

학영이도 이연복 같은 셰프가 되거나 샘 김 같은 가수가 되고 싶은데 부모님께서 도와주실 생각을 하지 않으니 어떻게 해야 좋을지 모르겠다.

학영이의 사례는 일반적인 중고등학교 학생들 사례를 가장 잘 대표한다고 생각된다. 무엇인가 정한 듯 보이지만 끊임없이 변하는 생각 때문에 굉장히 마음이 복잡하다. 마음만 답답하고 갈피를 잡기 어렵다. 성공 가능성이 높은 쪽을 선택하고 싶지만 이것을 하자니 저게 아깝고 저것을 하자니 이게 아까워서 마음의 결정을 내리기가 힘들다. 저 사람을 보면 저게 좋아 보이고 이 사람을 보면 또 이게 좋아 보인다. 하고 싶은 것은 너무 많은데 내가 잘할 수 있는 일은 무엇인지 모르겠고 답답하다. 한마디로 너무 많은 대안 속에서 결정을 못해 힘든 상태라고 할까? 간혹 꿈이 없는 것보다는 꿈이 여러 개라도 있는 게 좋은 거 아니냐는 질문을 받곤 한다. 대답은 'Yes'일 수도 있고 'No'일 수도 있다. 무엇이 더 좋다거나 나쁘다거나 한마디로 단정할 수 없는 것이 미래를 위한 꿈, 즉 진로설계인 듯하다.

한번은 어느 초등학교 학생들 앞에서 강의를 한 적이 있는데, 5학년 남학생의 장래 희망이 공무원이라고 발표하는 것을 듣게 되었다(공무원이 나쁜 직업도 아니고, 그 학생이 공무원이 되어서는 안 된다는 이야기를 하려는 것이 아니니 오해하지 말길 바란다).

그 아이가 하도 분명하게 공무원이 되겠다고 해서 공무원이 무슨 일을 하는 사람인 줄 아느냐고 물어보았다. 그러자 그 아이는 고개를 갸우뚱하더니 잘 모른다고 대답하였다. 그래서 재차 어떤 일을 하는지도 잘 모르는데 어떻게 공무원을 장래에 희망하는 직업으로 가졌는지 질문하였다. 그러자 엄마가 공무원이 안정적인 직업이라고 해서 자기도 그게 좋을 것 같다는 생각이 들었다는 것이다. 그 아이는 공무원이란 직업을 결정했다는 사실에 굉장히 뿌듯해하는 것처럼 보였고, 또래 아이들이 희망하는 축구선수나 선생님 혹은 의사나 유치원 선생님 등과 같은 일반적인 직업이 아닌 특별한 직업을 희망하고 있다는 데 자부심을 느끼는 것처럼 보였다. 하지만 과연 이 시기에 이렇게 구체적인 목표가 도움이 될까? 이 학생이 초등학교 시절부터 공무원이란 꿈을 갖고 중학교, 고등학교, 대학교를 거쳐 지속적으로 공무원이라는 직업을 꿈꾸게 될까? 만일 그렇다면 이런 학생들이 더 부자연스러운 것은 아닌지 생각해 보아야 한다. 물론 조용필도 중학교 때부터 가수가 되겠다는 결심을 하고, 박지성도 초등학교 때부터 차범근 선수를 존경하는 꼬마 축구선수였다는 것은 잘 알려진 사실이다. 어느 시기에 자신의 꿈을 공고히 하느냐는 개인이 가진 진로발달 수준에 따라 달라지는 문제이다. 학영이의 사례도 진로발달이론을 이해한다면 그리 심각한 상담 사례도 아니라는 생각이 든다. 많은 부모들이 아이들의 꿈이 하루에도 열두 번 조석으로 변하는 것을 두고 매우 심란하게 생각하는 경향이 있다. 어느 날 한 학부모가 강의가 끝난 후 면담을 요청하여 잠시 대화를 나눈 적이 있었다. 본인 아이가 매일 꿈이 바뀐다는 것이다. 어제까지 검사를 꿈꾸던 아이가 오늘 아침 갑자기 개그맨이 된다고 해서 굉장히 실망하고 화가 났다는 것이다. 어떻게 해서든 아이의 꿈을 다시 검사가 되는 쪽으로 돌려놓고 싶은데 뜻대로 되지 않아서 상담을 요청한다는 말이었다. 이 학부모에게 아이들에게는 진로발달 단계라는 것이 있다는 사실을 알려드리자 굉장히 안도하는 눈치였다.

　그럼 여기에서 진로발달이론에 대해서 간단히 살펴보도록 하자.

　우리가 발달심리학에서 여러 가지 이론을 배우게 되지만 진로발달에도 발달 단계가 있다는 것을 기억해 주었으면 좋겠다. 우선 발달이론을 살펴보기 전에 진로교육에 있어서 이론의 역할은 무엇인지부터 알아보자. 자카리아는 이론의 역할을 다음처럼 정리한다(J. Zaccria, 1970, p.3.).

- 복잡한 문제를 단순화시켜 준다.
- 문제에 대한 접근 방법을 시사해 준다.
- 예측하지 못한 사항이나 관계를 발견하게 해 준다.
- 가장 핵심적인 사항에 주의를 집중시켜 준다.
- 새로운 연구방법을 시사해 준다.
- 일반화시킬 수 있는 원리를 도출해 준다.
- 타인의 행동과 이에 대한 의미를 파악할 수 있게 해 준다.

개인이 직업적으로 어떻게 발달할 수 있는가를 이해하는 이론적 기초는 상담자에게 문제를 해결하고 난관을 피하며 효율적으로 발전시키도록 돕는 지침이 된다. 진로발달이론은 비교적 새로운 학문 분야이지만 그럼에도 불구하고 생산적이고 창조적인 연구와 이론들이 급격하게 증가하고 있다. 그 이유는 이론이 실제 활동을 위한 기본 방향을 제시해 주고 있기 때문이다.

진로발달이론 학자 중에서 수퍼(D. Super)는 직업선택이론에서 직업선택발달이 인생의 전 생애에 걸쳐서 발달 · 변화한다고 주장하였다. 그는 먼저 개인의 능력, 흥미, 인성 등의 차이에 따라 각기 적합한 직업 환경이 있다고 보고, 직업선택을 직업 선호, 생활 장면, 자아개념 등에 의해 변화하는 연속적인 과정으로 파악하였다. 그의 진로발달이론의 핵심은 진로의식의 발달 과정이 바로 개인의 자아개념의 발달과 그것의 실현이라고 보았다는 데 있다. 그리고 이러한 발달 과정은 개인의 변인과 사회적 요인 간의 타협과 종합의 연속이라고 주장하였다. 즉 자아개념은 타고난 능력, 신체적 특징, 다양한 역할 수행의 기회, 역할 수행의 결과에 대한 주위의 반응 등의 상호작용의 산물이라는 것이다.

수퍼의 진로발달 5단계

성장기(14세 이전) 가정과 학교에서 주변 인물들과의 동일시를 통해서 자아개념을 발달시켜 나가고, 초기에는 욕구와 환상이 지배적이다가 점차 흥미와 능력을 중요시하게 되며, 환상기(4~10세), 흥미기(11~12세), 능력기(13~14세) 등의 하위 단계를 거쳐서 성장한다.

· 환상기: 자신의 막연한 환상이 진로를 선택하는 요인이 된다.

· 흥미기: 자신의 흥미와 취향이 진로를 선택하는 요인이 된다.

· 능력기: 자신의 능력을 고려하여 진로를 선택하려 한다.

탐색기(15~24세) 학교생활, 여가 활동, 시간제 일을 통한 역할 수행과 자신에게 적합한 직업을 탐색하고 잠정적으로 선택하며, 자신의 여러 특성들을 이해하게 되고, 점차 현실적 요인을 중요시하게 된다. 잠정기(15~17세), 전환기(18~21세), 시행기(22~24세) 등의 하위 단계를 거친다.

· 잠정기: 진로선택에서 자신의 욕구, 흥미, 능력, 자아개념 및 성격 등을 고려하며, 토론이나 경험을 통해서 잠정적으로 직업선택을 시도한다.

· 전환기: 취업에 필요한 교육과 훈련을 받으며, 보다 현실적인 요인을 고려하고 일반적 자아개념이 직업적 자아개념으로 전환된다.

· 시행기: 개인은 어떤 직업을 갖게 되고 그 직업의 적합성 여부를 시험하기 시작한다.

확립기(25~44세) 초기에는 시행기와 오버랩되면서 이어지는 경우가 많으며, 적합한 분야를 찾아서 정착함으로써 안정을 이루게 된다. 정착을 위한 시행 및 안정기(25~30세)와 진보기(31~44세)를 겪는다.

• 시행 및 안정기: 자기가 선택한 일과 직업이 적합한가를 따져보고, 맞지 않을 경우 한두 차례의 변화를 거쳐서 안정된 직업을 찾게 된다.

• 진보기: 선택한 직업에 안착하고 만족감, 소속감, 지위 등을 갖게 된다.

유지기(45~64세)　직업 세계에서 확고한 위치를 확보하여 그 직업 또는 지위를 유지하거나 계속 발전시켜 나가며, 생활의 안정을 이룬다.

쇠퇴기(65세 이후)　신체적, 정신적 능력이 쇠퇴함에 따라 직업 활동으로서의 정상적인 과정은 끝나게 된다. 하지만 이 단계에서는 개인차가 크며 새로운 역할이나 활동을 찾아서 시작하기도 한다.

성장기 중에서도 환상기 단계에 있는 어린이들에게 커서 무엇이 되고 싶으냐고 물으면 아이들은 '파워레인저', '인어공주' 등 다분히 환상적인 대답을 하게 된다. 그러나 11~12세가 되면 자신의 관심 또는 흥미를 탐색하게 되고, 13~14세가 되면 자신의 능력에 대한 개념을 인식하게 된다. 15~16세가 되면 자신의 가치 등을 평가하게 되면서 임시적 단계에 접어들게 된다. 여기서 임시적이라는 것은 잠정적인 결론에 이른다는 뜻이다. 능력기 단계에 접어든 중학생 때는 자신의 흥미와 적성 그리고 능력을 파악하고 직업의 세계에 대한 탐색이 매우 중요한 시기이다. 어린 시절 갖고 있던 환상적인 자아 이미지에서 벗어나 점차 현실적인 정보에 눈을 뜨게 되는 시기이기 때문이다. 따라서 이 시기에는 자기 자신에 대한 인식을 높일 수 있는 프로그램이 제공되어야 하고 직업의 세계에 대한 다양한 정보가 주어져야 한다. 수퍼는 이러한 단계 전체를 '평생 순환 과정(maxicycle)'으로 보고 개인은 평생에 걸쳐 다양한 역할 변화까지도 동시에 고려할 필요가 있다는 점을 주장하였다.

다시 말해 청소년기의 진로과제는 '탐색'과 '준비'의 시기라고 할 수 있다. 진로발달이론에 의하면 청소년기는 진로인식과 탐색 단계에 해당하고 성장기(흥미기, 능력기)와 탐색기의 모든 단계에 해당된다. 그러므로 초등학생이 조석으로 꿈이 변한다는 것은 어찌 보면 무척 자연스러운 일이다. 오히려 이 시기에 꿈이 어느 것 하나로 너무 일찍 결정되는 것을 경계해야 할 필요가 있다.

이 시기의 진로 발달과업은 자기이해를 토대로 충분한 진로탐색을 실시하면서 진로목표를 설정하고 구체적인 준비 활동에 들어가는 예비 단계라고 요약할 수 있다.

진로발달 단계

학교급별 분류

1. 진로인식 단계(초등학교 고학년생)
- 일의 고마움, 일의 세계, 자신의 소질, 장래 희망 등에 관심을 갖게 됨
- 직업인에 대한 존경심 갖게 됨

2. 진로탐색 단계(중학생)
- 자신의 능력, 적성에 대한 이해, 산업 및 직업 분류, 미래의 잠정적인 직업계획, 진학과 직업 준비, 바람직한 직업의 선정조건 등을 이해하고 탐색

3. 진로준비 단계(고등학생)
- 잠정적으로 선택한 직업군을 통하여 취업에 필요한 능력 배양

출처: 한국교육개발원(1985), 김충기(2000)

따라서 초·중학교 시기에서의 진로교육은 다음과 같은 내용에 중점을 두고 설계되어야 한다. 중학생 시기는 아동기에서 성인기로 이행되는 과도기 속에 놓여있고, 대개가 앞으로 어떤 직업을 가지고 살아가야 할지 잘 알 수 없는 시기로 자기 자신에게 무엇이 적합한지 몰라 고민하게 된다. 게다가 어떻게 원하는 것에 도달할 수 있는지 구체적인 방법을 모르는 경우가 많다. 이런 학생들에게는 자기를 잘 이해할 수 있는 기법을 적용하여 자신에 대해 탐색할 수 있는 시간을 주어야 하며, 직업에 대해서 탐색할 기회도 주어야 한다. 또한 자신의 능력이나 흥미를 고려하여 선택의 폭을 좁혀 나갈 수 있도록 지도하여야 한다. 이 시기의 진로지도의 목표 및 내용으로 다루어 주어야 할 부분은 진로정체감 부분이다. 진로지도는 청소년기의 특징

중 특히 자아정체감의 발달과업을 달성할 수 있도록 구성되어야 한다. 수퍼는 자기개념이론을 제시하였는데, 이는 사람들이 일반적으로 '나는 어떤 사람인가'라는 자기개념에 맞는 직업을 선택하게 된다는 것이다. 따라서 중학생 시기에는 전반적인 자기개념과 결부된 일에 관해 아이디어를 발전시키는 단계라고 할 수 있다.

자아정체감

자아정체감이란 자신의 위치나 능력 또는 역할과 책임 등에 대한 의식이며 확신이라고 할 수 있다. 이 시기의 청소년들은 자신에 대한 이런 의문에 해답을 찾으려고 애쓰지만 쉽게 답을 찾을 수 없으므로 고민이나 갈등, 방황을 하게 된다. 바로 이런 고민, 갈등, 방황이 길어지면 자아정체감이 혼미 상태에 빠지게 된다. 진로발달은 개인이 일을 하면서 분화와 통합을 통해서 직업적 정체감을 형성하는 과정이며, 직업적 흥미에 있어서 개인의 정체감을 형성해 나가는 지속적인 과정이 된다.

마샤(J. Marcia)의 정체감 유형

정체감 단계	내용
정체감 혼미	자신이 어떤 사람인지 검토한 경험이 없거나 적극적으로 관여하지 않는 상태로 아직 뚜렷한 직업관이나 종교관, 정치관이 없는 단계
정체감 폐쇄	스스로 하기보다는 부모나 동료의 조력을 통해 의사결정 및 역할 수행을 하는 단계

정체감 유예*	자신의 역할에 대해 탐색만 하고 어떤 특정한 역할에 관여하지 않은 상태에서 다양한 가치, 흥미, 사상, 직업을 탐색하는 단계
정체감 성취	여러 방면의 탐색을 거친 후 그 역할에 관여하고 몰입하는 단계

* 에릭슨(E. Erikson)의 심리사회적 유예기간(psychological moratorium): 어려운 결정을 하기 전에 먼 여행, 두문불출, 입대 또는 휴학 등의 시험적 시도를 허용하는 유예기간을 말한다. 그러나 이 기간에 관여 대상이 너무 많고 실험적 시도의 변화가 너무 빈번할 때 역할 확산의 위기를 경험하게 되고 심각한 정체감 혼미에 빠지기도 한다(정체감 위기).

중학생 시기에는 흥미, 능력, 가치 등 내적이고 고유한 자신의 특성들을 보다 중요한 기준으로 삼아 직업선택의 범위를 축소시킨다고 할 수 있다. 탐색 시기에는 자기 자신의 흥미와 능력에 대한 객관적인 평가와 주관적인 자각이 맞물려 어떤 일을 도전할지 포기할지를 막연하게 결정하는 단계이므로 진로선택에 있어서 막연한 기대감과 근거 없는 좌절감이 공존하는 시기이기도 하다. 따라서 탐색의 시기에는 어떤 일을 능히 해낼 능력이 있다는 자기효능감과 어떤 시도에 대한 긍정적인 기대를 갖게 하는 교육이 병행되어야 한다.

좀 더 자세히 말하면 자기 자신과 직업 세계에 대해 풍부한 탐색을 할 수 있도록 격려하고 자기 자신에 대한 긍정적인 이미지 확보와 일과 직업의 세계에 대한 건전한 생각을 가질 수 있도록 정보를 제공하여야 한다.

이를 위해서 어려운 환경 속에서 성공한 인물이나 자신의 한계를 극복하고 해당 분야에서 성공한 직업인 등의 이야기를 소개하여, 진로 포부 수준을 높이고 실제로 직업을 갖기 위해서 어떤 준비 행동이 요구되는지에 대해 고려하도록 지도하여야 한다. 만일 실제 진로교육 프로그램을 설계해야 한다면 중학교 '진로와 직업' 교과서를 기본으로 하여 진로 프로그램을 설계해 볼 수 있다.

　중학생은 아동기에서 청년기로의 전환기에 있으며 정신적, 육체적으로 급성장을 이루는 시기이므로 미래에 대한 불안감을 가지게 된다. 특히 이때는 사춘기에 접어들며 경험의 폭이 커지고 세상을 보는 시야가 넓어지면서 자신에 대한 나름의 탐색이 시작되는 시기라고 할 수 있다.

　탐색기에 놓인 아이들에게 장래 무엇이 될 것인가를 생각해 보고 어떤 결정을 내리게 하는 것은 어려운 요구일 수 있다. 이 시기의 진로계획은 결정적인 것은 아니지만 고등학교 및 대학교 진학을 결정하는 기초가 된다는 점에서 충분한 탐색 과정과 진로 정보가 제공되어야 하는 시기라고 할 수 있다. 그러므로 이러한 변화의 시기에 놓여있는 청소년들에게는 자기 자신에 대한 충분한 탐색의 기회가 제공되어야 하고 직업 세계에 대한 올바른 가치관 교육이 필요하다.

　중학교에서 진로상담을 할 때 학생들에게 확실한 선택과 구체적인 의사결정을 요구하는 경향이 있다. 특히 중학교 3학년 학생들은 고등학교에 진학할 것인지, 인문계와 특성화고 중 어디로 갈 것인지, 특목고나 자율고로 진학할 것인지 등 진로에 관해 어떤 결정을 내려야만 한다. 즉 향후 어떤 분야에서 어떤 직업을 가질 것인가에 비추어 합리적인 의사결정을 내려야 한다는 뜻이다. 따라서 이러한 결정에 도움이 되는 관련 정보(적성, 흥미, 능력 등)를 수집하고, 의사결정을 하는 방법과 절차도 알고 있어야 한다. 만일 의사결정에 문제가 있는 경우라면 그것은 주로 자신에 대한 정리가 미흡하거나 진로 의사결정에 대한 준비 부족과 연결되어 있을 것이다. 다시 말해 자기가 어떤 직업을 원하는지 어떤 직업을 가질 만한 능력이 있는지 잘 모르거나 직업에 대한 정보가 부족하다거나 하는 등의 문제와 관련되어 있을 가능성이 크다. 이런 내담자의 경우에는 자기탐색과 직업 정보 제공이 우선 되어야 할 것이다.

상담자를 위한 가이드 5

많은 학생들이 진로를 결정하지 못한 상태로 상담실을 방문한다. 먼저 청소년기에는 진로탐색 과정 자체가 주요한 과업이므로 진로 미결정이 그리 큰 문제는 아니라고 생각하는 편이 좋다. 다만 어느 정도 자기 인식이 진행되고 직업 세계에 대해서 현실적인 정보를 토대로 탐색할 수 있도록 가이드해 주는 것이 필요하다. 진로 미결정에 대한 상담과 지도를 원하는 학생이 찾아왔을 때는 다음과 같은 부분을 고려해 보는 것이 요구된다.

- 미결정과 무결정을 구별하기 위한 진단이 필요하다. 즉 발달 과정상 일시적 미결정 상황인지 만성적 무결정 상황인지의 구별이 중요하다. 전자의 경우에는 자기탐색이나 자기발견, 의사결정을 위한 준비가 덜 된 것인지, 직업에 대한 정보가 부족하거나 잘못된 정보를 가지고 있는지를 진단해 보아야 한다.
- 적성검사, 지능검사, 흥미검사, 성격검사, 진로성숙도검사 등을 활용하여 진단적인 상담을 하는 것이 도움이 된다.
- 단순히 검사 결과만을 제시하는 것보다는 직업 정보를 함께 제시하고 논의하는 방식으로 상담을 해야 한다.
- 이런 과정을 통해 자신의 능력, 직업적 취향, 가치관, 성격 등을 이해할 수 있고 자신의 속성이 어떤 직업에서 전망이 있는지 검토해 볼 수 있다.

만일 만성적 무결정에 대한 진로상담과 지도가 필요할 때에는 다음과 같은 내용을 살펴보아야 한다.

- 만성적으로 우유부단한 경우에는 각종 검사를 통해 자기에 대한 정보를 수집하고, 다양한 직업 정보를 가지고 있으며 의사결정 과정을 연습했다 하더라도 진로 의사결정을 하지 못해 어려움을 겪는다. 이런 학생에게는 진로상담과 심리상담을 겸해야 한다.
- 심리적 요인으로는 불안, 우울, 불확실감, 낮은 동기, 만성적 미룸, 자아개념 발달의 지연 혹은 자아정체감의 부족 등을 고려해 볼 수 있다.
- 사회적 요인으로는 타인의 이목과 평가에 대한 지나친 민감성, 낮은 자존감, 열등감, 가족의 기대와 본인 능력 간의 차이, 가족과의 갈등, 부모나 사회에 대한 수동공격성 등을 고려해 볼 수 있다.

진로결정에 어려움을 겪는 아이들 중에는 진로행동과 관련된 인지적 요인들로부터 영향을 받기도 한다. 자기효능감은 진로행동에 영향을 미치는 인지적 요인 중에서 대표적인 것으로 자기효능감이 낮을 경우 진로선택에 어려움을 겪을 수도 있다.

자기효능감이란 '나는 이것을 할 수 있다' 혹은 '할 수 있을 것 같다'라는 예상이나 기대의 인지적 · 정의적 상태를 말한다. 진로, 직업상담과 관련이 깊은 자기효능감으로는 학업적 자기효능감, 직업적 자기효능감이 있다. 학업적 자기효능감이란 '나는 미적분을 할 수 있다', '나는 현대시 작품을 이해할 수 있다' 혹은 더 구체적으로 '나는 이 문제를 풀 수 있을 것이다'와 같은 예상과 기대감이다. 직업적 자기효능감의 예로는 '나는 의사가 될 만한 능력이 있다', '나는 조각가와 같이 공예 능력을 필요로 하는 일을 잘할 수 있다'와 같은 예상, 자기이해 혹은 기대이다.

그러므로 이러한 자기효능감을 높여 줄 기회를 많이 제공해 줘야 한다. 요즈음 아이들은 꿈이 없다. 자세히 들여다보면 꿈이 없지는 않는데 '나 같은 게 무슨 꿈이냐'는 생각이 깔려 있다. 공부를 잘해야 꿈도 있는 것이라고 생각하는 듯하다. 한국고용정보원의 진로교육실태보고서(2008)에서는 장래 희망이 '없다'고 답한 학생이 중학생 34.4%, 고등학생 32.3%로 나타났다. 장래 희망(직업)을 아직 찾지 못해서'라는 응답이 전체의 32.2%로 가장 높게 나타났고, '무엇을 잘할 수 있나 몰라서'가 23.1%, '어떤 일을 좋아하는지 몰라서'가 17.9% 등으로 나타났다. 이러한 결과는 자신에 대한 이해, 즉 자신의 적성(잘할 수 있는 것)과 흥미(좋아하는 것) 등에 대한 이해 부족으로 장래 희망(직업)을 결정하지 못한 학생들이 전체의 41%로 매우 많다는 것을 보여 주고 있다.

누군가 의식적으로 청소년들에게 할 수 있다는 꿈을 심어 주지 않으면 그들은 뭘 하려고도 하지 않고 자신을 내버려 두며 자포자기하기 쉽다. 이 시대를 살아가는 청소년들에게 꿈은 기득권층 사람들이나 가질 수 있는 사치품 정도로 인식되고 있다.

꿈에도 탐색이 필요하고 동기가 필요한데 낮은 자기효능감은 탐색 과정에서 걸림돌이 된다. 노력해도 좋은 결과를 기대하기 어렵기 때문에 시도조차 하지 않을 가능성이 크기 때문이다.

그렇다면 자기효능감은 어떻게 높일 수 있을까? 자기효능감을 높이기 위해서는 성공 경험이 필요하다. 성공 경험이라 함은 일의 규모와 상관없이 어떤 과제를 성공해 보는 것이다. 처음에는 큰 목표가 아닌 것이 도움이 된다. 대수롭지 않은 일일지라도 뭔가를 해냈다는 성취감이 다음 도전을 이어갈 수 있는 용기를 주기 때문에 '공부도 못하는 내가 무슨 꿈을 갖는단 말인가?'라고 생각하는 사람일수록 작은 목표를 설정해 시도해 보아야 한다. 그런 작은 성공의 경험들이 모여 자신감이 생기면 '나는 이것을 잘해낼 수 있어'라는 사실을 믿을 수 있게 되고 새로운 일을 시도해 볼 수 있게 된다. 이와 같은 내용은 특히 학습과정에서 부딪히는 어려움을 극복하는 데 큰 도움이 된다. 공부를 하다 보면 자주 어려운 고비를 맞이하게 된다. 노력한 만큼 결과가 나오지 않거나 공부에 열중하기로 마음먹어도 작심삼일로 끝나는 경우가 허다하기 때문이다. 자기 자신과의 싸움에서 이길 수 있어야 계속해서 노력할 수 있는데 '과연 될까?'라고 자기를 믿지 못하니 결과가 그다지 좋지 않고, 몇 번 노력해 보지 않고 금세 '아! 나는 해도 안 되는구나.', '내가 그러면 그렇지. 별수 없지 뭐.'라고 생각하기 쉽다. 일정 기간 꾸준히 노력했음에도 불구하고 기대한 결과가 나오지 않을 때 포기하지 않고 계속 노력하는 사람들이야말로 자신감이 있는 이들이다. 현재 벌어지고 있는 상황은 똑같더라도 내면에서 일어나는 생각은 사람마다 다르게 진행된다. 자신감이 있는 사람들은 이번에는 실패했지만 다음번에는 반드시 해낼 수 있다고 생각하고 지속적으로 시도한다. 연일 실패가 이어진다 하더라도 별반 좌절하지 않고 다른 방법은 없을까 궁리하면서 계속해서 도전할 수 있는 내면적인 힘을 갖고 있다. 이들은 다른 일에서 성공했던 자기 자신을 믿고 있으며 그런 신념 속에서 새로운 일에 도전한다. 몇 차례 실패에도 해낼 수 있을 것으로 믿기 때문에 열심히 노력하고, 결국 원하는 성과를 얻어낼 확률이 높아지게 된다. 반면에 자신감이 없고 자기효능감이 낮은 이들은 한두 번 실패하게 되면 이 일을 해낼 수 없을 것으로 생각하거나 계속 노력한다고 해도 결과는 달라지지 않을 거라고 비관적으로 생각하는 경향이 있다. 결국 이러한 부정적 생각에 둘러싸여 학업에 대해 의욕을 잃게 될 때 우리는 이런 현상을 '학습된 무기력'이라고 부른다.

자신감을 가진 이들과 학습된 무기력 상태의 이들은 어떤 목표를 세울 때라든가 새로운 과제를 수행할 때 큰 차이를 보인다. 학습된 무기력과 관련한 실험을 잠시 살펴보면 다음과 같다.

미국의 심리학자 셀리그먼(M. Seligman, 1972)은 방에 칸막이를 설치하고 한쪽 바닥에 전기선을 설치하였다. 그런 다음 개를 방에 집어넣고 바닥에 전류를 흐르게 하였다. 개는 당연히 전기가 흐르지 않는 곳으로 피했고 이를 반복하자 전기충격이 올 때마다 옆방으로 몸을 피했다. 개가 이 실험에 완전히 익숙해졌을 때 셀리그먼은 전기가 흐르는 방에 개를 묶어 두고 전류를 흘려보냈다. 처음에 개는 도망치려고 몸부림을 쳤지만 곧 풀려날 수 없음을 깨닫고 고통에 그대로 몸을 맡겼다. 실험은 여기서 끝나지 않았다. 셀리그먼은 전기를 흘려보낸 후 바로 개를 풀어 주었다. 도망칠 수 있는 환경을 제공한 것이다. 그러나 무력감에 익숙해진 개는 충분히 달아날 수 있음에도 달아나지 않았다. 셀리그먼의 실험은 반복되는 실패의 경험이 얼마나 자신감을 잃게 하는지를 보여 준다. 자신감을 잃으면 이 실험의 개처럼 충분한 능력이 있어도 그것을 발휘할 수 없게 된다. 많은 아이들이 공부를 어려워하고 성적이 나쁘면 '나 같은 게 무슨…….'이라고 생각하게 되는 것도 성공보다 실패 경험이 많기 때문이다. 이런 아이들에게는 가장 먼저 자신감을 찾을 수 있게 성공을 경험하도록 도와주어야 한다. 성공의 단맛을 맛보면 자신감이 생겨 좀 더 어려운 과제에도 도전할 수 있게 된다. 그리고 성공을 통해 자신감을 얻으려면 성공의 기쁨을 느끼는 것도 중요하다. 따라서 주변 어른이나 부모에게는 자녀의 성공 경험에 칭찬해 주고 격려해 주는 태도가 요구된다.

또 한 가지 중요한 요인이 있는데 바로 '결과 기대'라고 하는 것이다. 이는 어떤 수행을 한 후 성과를 기대할 수 있는가에 대한 판단이나 예상을 지칭한다. 어떤 일을 해냈을 때 그에 부응하는 결과가 올 것이라고 기대하는 것이다. 예를 들어 이번에 성적이 5점 오르면 '엄마가 야구 글러브를 사줄 것이다'라고 기대를 하게 되면 좀 더 열심히 공부할 확률이 높아진다. 그 결과가 매력적이고, 내가 원하는 것일수록 더 열심히 노력하게 되는 것은 당연한 일이다. 지금까지 소개한 2가지 개념, 즉 자기효능감과 결과 기대는 진로, 직업상담에서 특히 의사결정과 깊은 관련이 있다. 직업에 대한 정보와 자신에 대한 정보만으로는 의사결정에 이르지 못한다. 요컨대 내 능력을 보아 이런 직업은 내가 도달할 수 있겠다는 판단이 서야 하며, 이런 직업은 내 능력으로 충분히 해낼 수 있고 기대하는 보람도 얻을 수 있다는 예상이 있어야 의사결정에 이를 수 있는 것이다.

1) 중학교 진로지도의 목표와 고려해야 할 점

앞에서도 논의한 것처럼 중학교 시기에는 자신의 능력을 중심으로 직업을 선택해 보는 시기이다. 아동기 시절의 환상이나 욕구에서 벗어나 사회참여와 현실 검증이 점차로 증가함에 따라 자신의 능력을 우선적으로 고려하게 된다. 이 시기에는 직업에 대한 지식과 진로결정 기술을 확립하도록 하는 것이 요구되며 특히 자신과 일의 세계에 대한 기초 개념과 기술의 개발 그리고 진로 의사결정 기술, 진로결정과 관련된 다른 요인들에 대한 지식을 습득하도록 도와주어야 한다. 덧붙여 직업 관련 지식을 심화하고 일의 역할을 평가하며, 자기개념의 명료화, 긍정적인 사회적 행동의 표현, 기본적인 경제 욕구의 이해를 도모하도록 하는 것이 중요하다.

(1) 중학교 진로지도 목표

① 자기이해: 자신의 적성과 능력을 이해한다.

② 직업의 개인적·사회적 역할 인식: 직업의 사회적 역할을 이해함으로써 개인이 직업을 통해 사회에 공헌할 수 있음을 인식한다.

③ 직업탐색과 자기 진로의 잠정적 선택: 다양한 직업에 관한 지식을 갖고 자신의 진로를 잠정적으로 계획한다.

(2) 중학교 진로지도 시 고려해야 할 점

① 중학교 단위에서는 자신의 특성을 탐색하는 데 있어 더욱 광범위한 기회가 주어져야 한다.

② 중학생들의 진로성숙, 흥미, 가치관, 태도에 있어서 개인차를 포괄하고 좀 더 다양하게 반영할 수 있도록 참신하고 새로운 방법이 요구된다.

③ 중학생들은 언어적이고 추상적인 행동을 할 수 있지만 구체적이고 직접적인 경험을 하도록 하는 것이 탐색에 도움이 된다.

④ 중학생의 중요한 발달과업은 개인의 정체감 확립이다. 따라서 진로지도 프로그램은 학생들이 자신들의 감정, 욕구, 바람 등을 이해하고 이를 교육적, 직업적 선택에 비추어 볼 기회가 제공되어야 하며, 직업 세계에 대한 기초적인 탐색이 이루어지도록 해야 한다.

2) 중학교 진로교육과 진로상담

중학교에서 진로상담을 하다 보면 주로 다음과 같은 문제들을 만난다.

· 자신에 대한 정보 부족: "내가 좋아하는 것이 무엇인지 모르겠어요."
· 일의 세계에 대한 정보 부족: "프로게이머가 되려면 어떻게 해야 하나요?"
· 정보를 얻는 방법에 대한 정보 부족: "마이스터고에 대한 자료는 어디 있죠?"
· 의사결정 과정에 관한 지식의 부족: "부모님이 정해 준 대로 따라야 하나요?"

- 황매향(2005), '청소년 커리어코치' 과정 강의자료

(1) 자기이해

진로 고민에 휩싸였을 때는 다음과 같은 내용을 염두에 두고 해결책을 찾아 나가야 한다. 먼저 나 자신이 누구인지, 내가 하고 싶은 일은 무엇인지, 내가 잘할 수 있는 일은 무엇인지에 대하여 생각해 보아야 한다. 이와 같은 이해를 바탕으로 진로를 결정해야 시행착오 및 시간적·물질적 낭비를 줄일 수 있다. 자기이해의 영역은 인지적, 정의적, 신체적 영역 등 매우 광범위하다. 자기 자신을 이해하기 위해서 스스로를 평가하는 방법도 있고, 또는 제삼자가 평가하는 방법도 있다. 이 밖에 표준화된 검사 도구를 이용할 수도 있다.

· 능력과 적성: 일반 지능검사, 진로적성검사, 학교 성적
· 흥미: STRONG 흥미검사, 홀랜드 흥미검사, 직업선호도 검사
· 성격: MBTI 성격검사, 캘리포니아 성격검사, JTCI(청소년 기질 성격검사)

- 욕구와 가치: 포부 혹은 욕구를 느끼는 분야나 활동이 무엇인지 그리고 그것을 어느 정도 수준까지 이루기를 원하는지를 이해하는 것이 필요하다. 욕구, 포부, 가치를 이해하기 위해서는 주로 면담 기법이 사용된다.
- 진로성숙: 진로에 관한 의식, 태도, 가치, 지식, 능력 그리고 진로선택이나 결정 등이 단계적으로 발달해 간다는 미국의 진로발달이론에 근거하고 있다. 진로성숙도 측정 도구는 수퍼의 이론을 기초로 만든 CMI(진로성숙도)인데, CMI에는 태도 척도와 능력 척도가 있다.

(2) 직업탐색 및 선택

자신에 대한 이해가 높아졌다면 이번에는 직업에 대해서도 조사해 보아야 한다. 직업이란 생계 유지, 개성의 발휘 및 자아의 실현, 사회적 역할 분담 등을 목적으로 지속적으로 행하는 노동 또는 일이라고 할 수 있는데, 학생들은 먼저 직업 세계를 이해하는 과정이 필요하다. 좀 더 자세히 말하면 직업 세계의 전반적인 특성, 변화 등 직업 세계에 관한 폭넓은 이해는 물론 자신이 관심 있는 직업에 대해서는 다음 사항에 관하여 구체적으로 이해하는 것이 필요하다.

어떤 직업이 있고 그 직업이 어떤 일을 하는 직업인지, 특정 직업을 갖기 위해서 요구되는 능력이나 자격은 무엇인지, 그런 능력과 자격을 얻기 위해서 갈 수 있는 교육기관은 어떤 곳이 있는지, 그런 교육기관에 들어가기 위해서는 어떻게 해야 하는지 등에 관한 정보는 진로상담에서 개인의 내적인 정보만큼 중요하다.

- 직업명: 직업명은 무엇이며 그 직업은 어느 직업군에 속하며, 그와 유사

한 직업명은 무엇인가?

· **업무의 내용:** 그 직업에 종사하는 사람이 수행하는 일은 어떤 일로 구성되며 그중에서 주된 일은 무엇인가?

· **필요한 자격:** 그 직업에 필요한 학력과 전공은 무엇인가? 그 직업에서 필요한 직업훈련이나 자격증에는 어떤 것이 있는가? 그 직업에서 요구하는 경력은 무엇인가?

· **필요로 하는 자질:** 그 직업에서 어떠한 적성, 흥미, 성격, 가치관, 신체적 조건, 기타 여건 등을 요구하는가?

· **직업의 특성:** 임금 및 복지제도는 어떠한가? 안정성이 있는가? 근무시간은 어떠한가? 근무처 및 근무환경은 어떠한가? 전망은 어떠한가?

직업에 관한 정보는 그 직업에 종사하고 있는 사람과의 면담, 그 직업의 실제적인 경험, 그 직업현장의 견학, 직업과 관련된 서적, 직업전문가, 직업안정 및 취업 관련 기관을 이용하여 수집할 수 있다.

우리 인생에서 중요한 3가지 선택은 가치관의 선택, 배우자의 선택, 직업의 선택이라고 한다. 이처럼 직업의 선택은 우리 인생에서 가장 중요한 선택 중의 하나이다. 직업이 선택되면 우리 삶의 청사진이 거의 완성된 것과 같다. 즉 내가 일할 내용, 만나야 할 사람, 거주지역, 경제적 보수, 자아실현의 내용과 정도, 사회적 역할 등이 직업의 선택과 함께 어느 정도 결정되게 된다. 따라서 직업선택은 매우 중요하다.

그렇다면 이렇게 중요한 직업선택 시 고려해야 할 사항은 무엇인가? 올바른 직업선택을 위해서는 무엇보다도 다음 2가지 사항이 고려되어야 한다.

- 나는 어떤 직업 분야에서 나의 능력을 최대한 발휘할 수 있는가?

우리 얼굴이 제각기 다르듯이 사람은 누구나 각기 다른 특성을 가지고 있다. 특히 인간은 완벽한 존재가 아니기에 누구나 장단점이 있게 마련이다. 따라서 자신의 장점을 극대화할 수 있고 자신의 단점을 극소화할 수 있는 직업이 무엇인지 면밀히 검토하고 숙고해야 한다.

- 나는 어떤 직업 분야에서 가장 큰 만족과 행복을 느낄 수 있는가?

사람들이 추구하는 다양한 가치를 모두 만족시켜 줄 수 있는 직업은 존재하지 않으므로 자신에게 만족과 행복을 줄 수 있는 직업을 선택하는 것이 중요하다. 따라서 나에게 만족과 행복을 주는 요인은 무엇인지를 파악하고 그러한 요인을 충족시켜 줄 수 있는 직업을 선택하는 것이 무엇보다도 중요하다.

마지막으로 진로선택 시 유념해야 할 내용이 있다.

첫째, 장점만 가지고 있거나 단점만 가지고 있는 직업은 없다는 것이다. 어떤 직업이든지 장단점이 모두 있기 마련으로 절대적으로 좋거나 절대적으로 나쁜 직업은 없다. 그뿐만 아니라 각 개인이 어떻게 생각하느냐에 따라 직업의 특성은 장점이 될 수도 있고 단점이 될 수도 있다. 예를 들어 어떤 사람은 우유 배달을 할 때 아침 일찍 일어나야 하는 것을 큰 단점으로 꼽을 수 있다. 반대로 '우유를 배달시켜 먹는 사람보다 우유를 배달하는 사람이 더 건강하다'라는 말처럼 우유 배달은 아침 일찍 일어나 운동을 겸해할 수 있는 일이므로 어떤 사람은 아침 일찍 일어나는 것이 큰 장점이라 여길 수도 있다. 따라서 직업의 좋고 나쁨은 개개인에 따라 다른 상대적인 개념이지 절대적인 개념이 아니라는 것이다.

둘째, 나의 상황은 변화할 수 있다는 것이다. 나의 소질·적성·능력·여건 등은 언제든지 변할 수 있다. 예를 들어 지금은 학업성취도가 낮지만 노력 여하에 따라 앞으로 급격히 높아질 수 있다. 또한 현재는 가정 형편상 진학이 불가능하지만 내년이면 상황이 달라질 수도 있다. 따라서 지금의 단편적인 상황만을 수동적으로 받아들이기보다는 현재 나에 관한 정확한 판단뿐만 아니라 미래의 변화 및 발달 가능성을 고려하여 '현재의 나', '미래의 나', '내가 바라는 이상적인 나'가 함께 고려되어야 한다.

셋째, 직업의 세계는 계속 변화한다는 것이다. 과학과 기술의 급격한 발달로 현재 번성하고 있는 직업이 얼마 후 없어질 수도 있고 현재 비중이 덜한 분야가 앞으로 크게 번성할 수도 있다. 미국의 경우 1970년대에 3,500종의 직업이 없어지고 2,100종의 새로운 직종이 생겼다고 한다. 중학교에 재학하고 있는 학생들이 취업하는 시기는 개인에 따라 다르겠지만 군복무 기간과 기타 교육 기간을 산정하면 적지 않은 시간이 소요된 이후일 것이다. 미래의 직업 세계는 현재와는 많이 달라질 것이 분명하다. 2030년이 되면 미국 내 일자리의 38%가 새로운 직업으로 대체되고 20억 개의 일자리가 없어질 것이라는 예측도 있다. 따라서 직업선택 시 단순히 현재의 사회적 인기에 큰 비중을 두기보다는 자신에게 적합한 직업을 선택함은 물론 직업 세계의 변화 추이를 예의 주시하며 이에 대응해 직업을 선택하는 것이 필요하다.

▶▶ 활동자료 5: 직업탐색

※ 미래의 직업선택에 관해 다음 질문에 답해 보세요.

1. 자신이 생각하는 미래 사회의 유망 직업의 종류와 그 이유를 2가지씩 쓰세요.

　　1) 유망 직업:

　　　　이유 ①

　　　　이유 ②

　　2) 유망 직업:

　　　　이유 ①

　　　　이유 ②

　　3) 유망 직업

　　　　이유 ①

　　　　이유 ②

2. 자신의 희망 직업을 적고 그 직업이 가지는 긍정적인 면(보람)과 부정적인 면(어려움)
　 을 3가지씩 적어 봅시다.

　　1) 희망 직업:

　　2) 긍정적인 면　　①

　　　　　　　　　　②

　　　　　　　　　　③

3) 부정적인 면   ①

                 ②

                 ③

3. 지금까지는 없는 직업이지만 앞으로 새롭게 등장할 직업에는 어떤 것들이 있을까요?

4. 희망 직업이 요구하는 인성(성격), 능력, 가치관은 무엇입니까?

   1) 인성(성격):

   2) 능력:

   3) 가치관:

5. 여러분의 희망 직업을 선택하기를 원하는 후배가 있다면 그에게 하고 싶은 조언은?

6
고등학교에서의 진로지도

▶ 선생님, 저는 백댄서가 되고 싶어요.

겨울방학이 지나면 고등학생이 되는 경민이는 춤에 푹 빠져 있다. 중학교 3학년 가을, 학교 축제 때 전교생 앞에서 댄스를 선보인 뒤로 경민이에게는 '팝핀경민'이라는 별명이 생겼다. 팝핀은 관절을 꺾어 가면서 추는 춤으로 상당한 고난도의 춤이다. 공부가 안될 때마다 재미 삼아 동영상을 보고 익혀 둔 솜씨가 학교 축제 때 공연을 할 정도가 된 것이다. 공부도 잘하고 춤도 잘 추는 경민이는 학교에서 유명인이나 다름없다. 중학교 3년 내내 학급 반장이었고 전교 학생회장이자 성적도 최상위권에 속하는 경민이는 그야말로 친구들의 우상이요, 부러움의 대상이었다. 우연히 유튜브 동영상을 따라 해 본 것이 경민이 춤 인생의 시작이었다. 심심할 때마다 조금씩 연습했던 춤이 이제는 친구들이 부러워할 만한 재능이 되었다. 경민이는 3학년 때 진로탐색 동아리에 참가하여 거의 1년이란 기간 동안 자신의 흥미, 적성, 성격을 비롯하여 미래의 직업 세계를 탐색하였다. 성실하게 진로 의사결정 과정을 거쳐 진로목표 설정의 단계까지 다양한 진로 프로그램을 통해 자신의 꿈을 구체화해왔다. 막연하게나마 춤추기에 남다른 재능이 있다고 생각은 했었지만 그 당시만 해도 경민이의 꿈은 언제나 외교관 내지는 유엔(UN)에서 일하고 싶다는 쪽이었는데 3학년 겨울방학을 앞두고 진로계획에 큰 변화가 일어난 것이다. 중학교 마지막 학기가 거의 끝나갈 무렵 경민이는 나에게 한 통의 메일을 보내왔다. "안녕하세요. 선생님, 잘 지내셨어요? 고등학교 진학을 앞두고 너무 고민이 돼서 메일을 드려요. 얼마 전 부모님과 진로 이야기를 나눌 시간이 있었는데 그때 저는 인문계로 진학을 하지 않겠다고 말씀드렸어요. 근데 그게 잘 한 일인지 모르겠어요. 사실 제 꿈이 조금 변했어요. 예전에 선생님께 외교관이 되고 싶다고 그랬는데 지금은 마음이 바뀌었어요. 솔직히 말씀드리면 백댄서가 되고 싶어요. 그래서 인문계 고등학교에 진학하지 않고 특성화고에 진학하려고 하는데 선생님 생각은 어떠신가요? 전 춤을 출 때 제일 행복하고 기분이 좋아요. 그리고 재능도 있다고 생각하고요. 춤을 배워서 나중에 유명한 안무가가 되도 좋을 것 같아요. 그래서 인문계 진학이 별반 의미 없는 일 같아졌어요. 선생님께도 제가 춤추는 모습 보여드리고 싶어요. 지난번 학교 축제 때 친구가 찍은 제 모습인데 선생님께 살짝 보여드릴게요. 첨부 파일에 동영상 있으니 한번 봐 주세요." 경민이는 내가 진로상담을 처음 시작하던 해에 만난 학생이었다. 누구보다 성실하게 진로탐색 동아리에 참여했던 학생으로 장래 희망에 대해서 많은 이야기들을 나누었던 터라 경민이의 고민에 놀랐고 한편으론 궁금증이 일었다. 놀라웠던 이유는 다소 고지식하기만 하던 녀석이 전교생 앞에서 춤을 출 정도로 춤에 푹 빠지게 되면서 한층 더 멋있어졌다는 것과 그로써 새로운 자신을 발견하였다는 사실이었고, 궁금한 점은 백댄서를 직업으로 삼겠다고 생각한 결정적인 계기, 열정의 정도, 그 결정이 합리적인 의사결정의 과정을 통한 결론인가에 하는 것들이었다. 경민이가 나에게 이메일을 보냈다는 것은 무엇인가 조언이 필요하다는 뜻이었고, 또한 진지한 자세로 '자기탐색'을 하겠다는 선언이라 여겨졌다. 기특한 녀석이라는 생각이 들었다. 혼자서 끙끙 앓지 않고 누군가에게 자신의 생각을 솔직하게 이야기할 수 있다는 것이 대견하게 여겨졌고, 경민이의 결정이 어떤 방향으로 내려지더라도 이 과정 자체가 많은 도움이 되리라는 확신 같은 것이 있었다. 내가 판단하기에 경민이가 춤을 좋아하고 즐거워한다는 것은 사실이지만 지금 당장 춤이냐 아니냐를 결정해야만 하는 이유는 없어 보였다. 하지만 경민이의 소망과 열정, 동기가 사라지게 하고 싶진 않았다. 하고 싶다고 다 할 수 있는 것도 아니고 좋아한다고 모두 직업으로 가질 필요도 없다. 과연 경민이를 도와주기 위해서는 어떤 과정이 필요할까?

좋아하고 또 잘하는 일을 하면서 살 수 있다면 그건 정말 축복받은 인생이 아닐까? 많은 이들이 지금 하고 있는 일을 좋아하긴 하지만 잘하는 일이 아니라서 힘들어 하기도 하고, 잘하는 일이긴 한데 좋아하지 않는 일이라서 고민하기도 한다. 잘하는 일이지만 좋아하지 않는 일을 하는 사람은 흥미와 열정이 없는 일을 하는 데서 오는 매너리즘을 경계해야 될 것이고 좋아하긴 해도 잘하는 일이 아닐 경우에는 자신의 능력을 믿지 못하는 데서 오는 불안감이 스트레스가 될 것이다. 하물며 좋아하지도 않고 잘하지도 않는 일을 하고 있는 경우라면 더 심각한 고민거리가 된다. 아마도 그런 경우엔 언젠가는 이 일을 접고 다른 일을 해 보고 싶다는 막연한 기대감을 품고 있을 가능성이 높다. 직장에서 성취감이나 기쁨을 찾지 못하기 때문에 취미 생활에 전념한다거나 다른 여가 생활에 몰두하면서 마음 한편에선 '이렇게 살아야 하나?'라며 괴로워할지도 모를 일이다. 그러므로 사회에 진출하기 전인 학창 시절에 자신에게 어떤 일에 잘 맞고 어떤 일에 흥미가 있는지 충분히 탐색하는 시간을 가져야 한다. 그래야 직업을 선택해야 하는 시기가 왔을 때 어느 정도 확신을 가질 수 있으며 지금까지 하던 일을 그만두고 새로운 일에 도전할지를 결정할 수 있기 때문이다. 요즘에는 '진로와 직업'이라는 교과목도 있고 각 학교에 진로를 담당하는 교사들도 있다 보니 예전보다는 훨씬 나아진 상황이다. 그런 시간을 통해 자신의 흥미와 적성을 알아가는 기회를 얻기가 과거에 비해서는 수월해졌다. 그러나 흥미와 적성과 관련된 진로교육을 통해 개별 학생들이 자신에 대해 충분히 이해할 수 있도록 하는 것은 그리 쉬운 일이 아니다.

진로교육 강사로 첫발을 내디딜 당시 흥미나 적성과 관련된 수업을 하면서 학생들에게 좋아하는 일을 써 보게 한 적이 있다. 물론 흥미와 관련된 내용을 다루는 수업이었고 흥미의 중요성에 대해서 누구보다 열심히 설명했던 것으로 기억한다. 이렇게 열심히 설명했으니 아이들도 자신의 흥미에 대해서 진지하게 생각해 보겠지 하고 내심 기대했던 나는 학생들이 적어 낸 종이를 보고 크게 실망했었다. 자신이 좋아하는 일을 적는 칸에 대부분 게임하기, TV 보기, 수다 떨기, 잠 자기라고 적혀 있었기 때문이다. 이런 반응에 굉장히 당황한 나는 아이들이 장난으로 그런 글을 썼다고 생각했고, 진로교육을 받을 준비도 되어 있지 않는 학생들 앞에서 아무리 떠들어봐야 별수 없는 일이라고 생각하면서 학생들을 평가 절하했던 생각이 난다. 그런데 지금 와서 다시 생각해 보면 아이들에게 좋아하는 일이 무엇인지 생각해 볼 여유와 시간이 있었는지 궁금하다. 그런 시간도 기회도 없었던 아이들에게 무엇을 좋아하는지 물어봤던 내가 오히려 잘못이라는 생각을 하기까지는 꽤 오랜 시간이 걸렸다. 성인들과 상담을 해도 그들 역시 본인이 뭘 좋아하는지 모르는 경우가 대다수이다. 그러므로 학생들에게 흥미에 대해 천천히 가르쳐 줄 필요가 있다.

한편 게임을 가장 좋아하고 잘한다고 써 낸 아이가 추후에 프로게이머가 되겠다고 하면 올바른 진로선택인가? 아닌가? 아니라면 이 학생을 어떻게 지도하는 것이 좋을까? 좋아하는 일을 하라, 잘하는 일을 하라고 했는데 게임을 직업으로 하겠다는 학생을 보면 뭔가 '아니다'라는 생각이 들기도 한다. 중고등학교에서 진로교육을 담당해 본 적이 있다면 이런 경험이 한두 번쯤은 있을 것이다. 좋아하고 잘하는 일을 찾으라고 해 놓고 정작 아이들이 그렇게 적어 내면 '이게 다는 아닌데…….'라는 생각이 드니 진로교육을 하는 교사의 입장도 정리가 필요한 부분이다. 어떤 학생은 본인이 친구들과 이야기하는 걸 무척 좋아하기 때문에 상담심리사가 되겠다고 한다면 네가 이야기하는 걸 좋아하고 친구들과 이야기도 잘하니 상담사가 아주 잘 맞겠다고 말해 주어야 하는지 아니면 상담자는 이야기 하는 것을 좋아한다고 되는 게 아니라고 해야 할지 혼란스럽다. 그럼 여기서 다시 처음으로 돌아가 보자. 누구나 꼭 좋아하는 일을 하면서 살아야 할까? 아니면 꼭 잘하는 일을 하면서 살아야 할까? 누구는 잘하진 않지만 좋아하는 일을 하면서 살기도 하고, 누구는 좋아하지 않지만 잘하는 일을 하면서 산다. 또한 많은 이들은 잘하지도 좋아하지도 않는 일을 하며 살아간다. 그러니 지나치게 흥미만 강조할 필요도 없고 좋아한다고 모두 그것을 직업으로 가져야 할 이유도 없는 것이다.

지나치게 흥미만을 강조하다 보면 오히려 부자연스러운 진로상담이 되기 쉬울 수 있다. 흥미라는 것도 진로상담 시 고려해야 할 하나의 요소이지만, 그것이 마치 진로결정의 가장 중요한 기준이 되는 양 강조하게 되면 흥미의 영역이 제한되어 있고 중고등학생이 되기까지 게임밖에 해 본 것이 없으며 게임만큼 좋아하는 것도 없는 아이들 대부분은 이런 식의 진로 흥미 탐색수업에서 무엇인가를 얻어 가기가 어렵다.

따라서 흥미와 적성 혹은 성격이나 가치관 등이 중요한 주제이긴 하지만 어느 것 하나에만 매달려 지나치게 강조해서는 안 된다. 지금까지 진로상담 현장에서 일해 오면서 흥미나 성격을 강조하는 경우를 많이 보았다. 흥미가 중요하지 않다는 것이 아니라 그것만 너무 강조하여 다른 것을 배제하고 있는 것은 아닌지 돌아보는 마음이 필요하다.

흥미는 경험과 함께 발달하는 요소이다. 따라서 많이 경험해 본 것을 좋아하게 될 확률이 높다. 예컨대 어린 시절부터 아빠와 함께 낚시터에 따라 다녔던 아이들을 야외활동에 좀 더 자연스럽게 적응하고 본인은 신체활동에 흥미가 높다고 말할 확률이 높다. 결국 흥미라 하는 것도 사전에 어떤 경험을 했는가에 많은 영향을 받기 때문에 지나치게 흥미만 강조한 진로상담이 진행된다면 매우 난감한 상황에 봉착할 수도 있다.

어떤 일을 하면 좋을지 고민하는 친구들 중에는 매우 구체적인 직업을 두고 자신과 맞을지 따져보기 위해 진로상담을 하는 경우가 있다. 앞서 소개된 경민이 사례도 이와 비슷하다. 특히 경민이는 자기 소신이 무척 강하고 원하는 바가 명확한 편에 속하는 친구였기에 더욱 그렇다. 백댄서가 꿈이라는 경민이, 우리는 그 꿈을 어떻게 바라보고 지도해 주어야 할까? 나는 경민이에게 한 가지 과제를 내주었다. 토요일 오후 대학로나 호수공원 등에 나가면 많은 사람들이 춤을 추고 있을 것이라는 정보를 주며 그들 중 한 명을 만나서 인터뷰를 해 오라는 과제였다. 무엇을 물어보아야 할지는 본인이 결정하고 가능하면 자세히 조사해 오라고 당부하였다. 경민이가 대학로에 나갈 수도 있고 안 나갈 수도 있지만, 그 모든 것을 경민이의 판단에 맡겨 두었다. 정보 통로를 알려 주고 경민이가 앞으로 하려고 하는 일에 대해서 좀 더 자세히 알아볼 것을 권한 것이다. 이는 내가 백댄서라는 직업의 장단점을 잘 알지 못하므로 자칫 기성세대의 편견으로 경민이의 결정에 영향을 미칠까 염려되었기 때문이었다.

경민이는 중학교 마지막 겨울방학을 앞두고 친구와 함께 실제로 대학로에 나가서 춤추는 형들을 만나고 돌아왔다. 그리고 나에게 대여섯 통의 이메일을 연속적으로 보내면서 상담을 이어 갔다. 이 과정은 매우 흥미롭고 진지하였다. 결과가 궁금한가? 경민이의 결론은 춤은 조금 더 시간을 두고 생각해 보겠다는 것이었다. 그렇게 결정을 내리게 된 배경과 이유에 대해서 아이는 열심히 적어 보냈다.

경민이에게 어떤 일들이 일어났던 것일까? 경민이는 내가 내어준 과제를 안고 대학로로 나갔고 실제로 비보잉을 하는 형을 만나 기적처럼 그들이 연습하는 지하 연습실에 초대를 받았다. 경민이는 그 형에게 춤을 매일 추니까 좋은지, 힘든 점은 없는지 등을 솔직하게 물었다고 했다. 그 형은 경민이에게 "춤을 추는 건 정말 좋아. 그런데 너는 하지 마라. 춤추면 다치기도 하고 몸이 너무 힘들어. 그리고 정말 춤이 추고 싶으면 언제든지 할 수 있으니까 급하게 생각하지 마."라고 조언을 해 주었다는 것이다. 경민이는 그 이야기를 듣고 많은 고민을 하였고, 결국 나와의 상담을 통해서 안무가가 되고 싶다는 꿈을 접지는 않았지만 지금 당장 춤을 추어야만 한다는 조급함에서 벗어날 수 있었다.

실제로 그 일에 종사하고 있는 사람을 만나 일의 보람과 고충을 들어 보는 것은 해당 분야에 관심을 가진 학생들에게 많은 도움을 주는 기법으로 진로상담에서 일반적으로 사용하는 기법이다. 관심이 있고 선망하는 직업을 가진 이들을 만나 궁금한 것들을 조사해 보는 인터뷰 과제는 그 직업을 가진 이들로부터 생생한 조언과 충고를 얻을 수 있다는 점에서 매력적이고 제대로 알지 못해 막연하던 것들이 질문을 통해 구체화된다는 장점이 있다. 경민이는 성공적으로 인터뷰 과제를 수행하였고 자신에게 가장 적절한 결론을 내린 듯 보였다.

나는 진로코치로서 경민이의 꿈을 반대하는 것도 아니고 그렇다고 무조건 찬성하는 입장도 아니었지만, 경민이의 시도에 박수를 쳐 주고 싶었다. 자신이 꿈꾸는 일에 대해서 진지하게 탐색하는 과정이 아름답다는 것을 배우기를 바랐는데, 이를 충분히 잘 이해했다는 생각이 들었기 때문이다.

모든 이들이 이런 과정을 거칠 수 있다면 진로 명확성을 높이는 데 도움이 될 것이다. 대학생에게 재직자 멘토링이 직무나 기업을 이해하는 데 중요한 바로미터가 되듯이 중고등학교의 진로교육에서도 재직자 인터뷰 활동은 큰 도움이 된다.

몇 해 전, 인천의 한 고등학교에 진로특강을 하러 간 일이 있다. 전교생들 앞에서 하는 대규모 진로특강이겠거니 지레짐작하고 도착한 학교에서 신선한 충격을 받았기에 이때의 일을 소개하고자 한다. 그 학교에서는 나를 비롯한 20명의 직업인을 초대하여 진로의 날 행사를 주관하였다. 1교시에는 진로에 관한 특강을 듣고 2교시에는 본인이 만나고픈 직업인이 있는 교실로 이동하여 생생한 직업인의 이야기를 들을 수 있는 행사였다. 그날의 모든 프로그램을 진로담당 부장 선생님 한 분께서 모두 추진했다는 말을 듣고 매우 놀랐었다. 어떻게 이렇게 많은 직업인을 초대하셨는지 여쭈어보니 부장님의 개인 인맥을 총동원하였다는 것이었다. 오로지 본인이 지도하는 학생들을 위하여 일일이 전화를 하여 강의 요청을 한 그 선생님의 의지가 너무도 존경스러워 보였다.

여고에서 근무할 당시 직업인 세 명을 초청해 강연회를 기획한 적이 있었다. 이를 위해서 수없이 많은 사람들에게 전화를 걸었던 기억이 난다. 이른 아침 고등학교에 와서 무료로 특강을 해 준다는 이가 많지 않았기 때문이다. 이런 행사를 기획하려면 먼저 담당 교사가 학생들에게 직업인을 만나게 해 주는 일이 중요하다는 사실을 인식하고 있어야 하고, 많은 노력을 기울여야 한다. 특강을 듣는 아이들 중 단 한 사람이라도 진로결정에 도움이 되었다면 그러한 수고는 충분히 가치 있는 일일 것이다.

이런 탐색의 시간들이 모여야 구체적인 목표를 설정할 수 있다.

상담자를 위한 가이드 6

　앞서 중학교 단계에서의 진로교육에 대해 살펴봤다면, 이번에는 고등학교 단계에서의 진로지도 목표와 내용, 진로지도 프로그램 등에 대해 알아보도록 하자. 요즈음 학교 현장에서는 고등학생 신분인데도 불구하고 컴퓨터 프로그래밍이나 쇼핑몰 혹은 1인 방송 등으로 프로 직업인과 다를 바 없이 자신의 직업을 만들어 가는 학생들이 있는가 하면 뭘 해야 좋을지 몰라 갈팡질팡하는 학생들도 많다.

　고등학생 때는 진로 문제에 있어서 흥미나 가치관 이외에도 능력이나 취업기회 등과 같은 현실적인 요인들까지 고려함으로써 실제적인 진로선택이 가능하게 된다. 또한 진로나 장래의 생활방식을 선택하는 데 있어서 주관적인 요인(개인의 선호나 흥미)과 객관적인 요인(전망, 요구하는 능력, 도달 가능성)을 함께 고려하여 체계화할 수 있는 시기이다. 다시 말해 자기 자신에 대해 정확하게 인식하고, 원하는 직업을 갖기 위해 필요한 조건이 무엇인지 구체적으로 검토하며 현실적인 가능성을 조율해 볼 수 있게 된다.

　고등학교 시기는 수퍼의 진로발달 단계에 따르면 잠정적으로 진로를 선택해 보는 잠정기와 자신의 진로선택에 있어서 현실적 요인들을 고려해 보는 전환기에 해당한다. 즉 고등학교 시기는 개인의 욕구, 흥미, 능력, 가치관, 기회 등을 고려하여 잠정적인 진로선택을 하게 되고, 이러한 선택이 교과, 일, 다른 경험 등을 통해서 시도된다. 그러나 이러한 선택은 현실적인 요인들이 고려되지 않았기 때문에 진로계획은 계속해서 잠정적이다.

일반적으로 고등학교 단계를 진로준비 단계라고 한다. 특히 이 시기에는 앞으로의 직업 수행에 필요한 지식과 기술을 습득하도록 하는 교육적·직업적 프로그램이 요구된다. 직업 수행에 필요한 기술, 직업윤리, 일과 관련된 사회적·심리적 요인, 직업과 관련된 흥미와 적성의 발견, 원하는 직업과 자신이 특성과의 일치 여부를 판단하는 일들이 중요하다.

고등학교는 중등교육의 마지막 단계이므로 학교에서 체계적인 진로교육을 받을 기회도 마지막이다. 따라서 고등학교에서는 모든 학생들에게 적극적인 진로지도의 기회가 주어져야 한다. 고등학교에서의 진로지도는 학습습관, 인간관계, 진로 및 교육계획, 직업탐색 기술, 면접기술 등을 다루는 생활지도 상담과 진로상담 그리고 발달적인 생활지도를 수반해야 한다. 인문계 고등학교의 경우 대학진학이라는 목표 또한 간과할 수 없으므로 자신이 원하는 직업을 위해 어떤 공부가 필요한지도 알고 있어야 한다. 따라서 대학 학과에 대한 정보도 제공되어야 한다.

고등학교 시기는 안정적인 성인기로의 진입을 위해 자신의 미래에 대해 구체적으로 탐색해야 하는 시기이다. 따라서 내 삶의 주인으로서 우리가 진정 몰입하고 즐겁게 할 수 있는 일이 무엇인지 자신에게 진지하게 되물어야 하는 시기이다.

고등학생들은 진로결정에 많은 압력을 받게 되므로 이런 압력에 효과적으로 대처할 수 있는 기술을 향상할 수 있도록 해야 한다. 중학교 학생들은 대부분 큰 고민 없이 상급학교인 고등학교로 진학하지만 고등학교 졸업 후의 진로 경로는 다양하게 전개된다. 고등학교 졸업 후 다양한 커리어 패스(career path)를 선택하여 상급학교에 진학하거나 사회에 진출할 수도 있기 때문이다. 그러므로 학생 스스로가 어떤 길을 선택할지에 대해서 진지하게 고민하고 탐색할 필요가 있다.

다시 말해 고등학교 졸업 후의 진로는 진학이나 사회교육과 같은 다른 형태의 교육, 취업, 입대 등 다양하게 전개되기 때문에 이들 각각의 장단점을 고려해야 한다. 2, 3년제 전문대학에 진학하는 것과 4년제 대학에 진학하는 것 혹은 재수나 삼수를 선택하는 것, 직업훈련을 받고 취업을 하거나 입대하는 것, 가업을 계승하는 것 등 다양한 경로가 펼쳐진다.

이렇듯 졸업과 동시에 다양한 진로가 펼쳐지는 학생들을 위해서 고등학교에서의 진로지도는 다음과 같은 내용을 유념해야 한다.

1) 고등학교 진로지도 프로그램의 목표

흔히들 21세기 사회를 지식기반사회라고 한다. 그만큼 개인의 역량이 중요한 사회이다. 개인의 역량 강화를 위해서 선행되어야 할 것은 내가 과연 무엇을 좋아하고 잘할 수 있는가에 대한 냉철한 판단이다. 무조건 열심히 달리기만 해서는 곤란하다. 따라서 고등학교에서의 진로교육은 내가 어디로 가려고 하는지, 그곳에 도달하기 위해서는 무엇을 해야 하는지, 그리고 내가 하려는 것이 과연 어떤 의미인지를 제대로 알게끔 하는 것이 요구된다. 그래야만 성공적인 사회 구성원으로 역할을 수행하며 개인의 만족도도 충족시킬 수 있다. 따라서 고등학교의 진로교육은 다음과 같은 내용에 대해 고민해 보는 기회를 제공하여야 한다.

• 좋아하는 분야에 대한 열정이 어느 정도인가?

- 장애물이 나타나도 굴하지 않는 노력과 도전정신을 갖추었는가?
- 원만한 인간관계를 형성하는 자세가 있는가?
- 이루고자 하는 바에 대한 구체적인 목표의식을 갖추었는가?
- 문제를 해결해 가는 창의성이 있는가?
- 목표를 향한 끈기와 부지런함이 갖추어졌는가?
- 내 삶을 돌아보는 반성과 성찰의 힘이 있는가?

고등학교 진로지도의 목표를 살펴보면 첫째, 고등학교 진로지도에서 자기이해의 중요성은 단지 진로선택을 위한 전제조건이라는 의미를 넘어서 그 자체가 독자적인 목표로서의 가치를 갖는다. 흔히 자기이해라 함은 적성, 흥미, 성격 등의 심리검사를 통하여 지도하는 것을 생각하지만 실제로 자기이해가 포함되는 범위 및 방법은 그보다 훨씬 넓다. 자기이해를 하는 목적은 단지 자신의 흥미가 무엇이라는 자기 규정을 위한 것이 아니라, 다른 사람과 나 자신의 독특함에 대해서 앎과 동시에 그것을 긍정적으로 수용하는 긍정적 자기개념의 토대로 활용한다는 측면에서 중요하다. 동시에 자신의 부족함을 알고 이를 보완하는 자율적인 자기계발 의지를 갖도록 하는 것이 매우 중요한 발달과업이다.

개중에 '일을 안 하고도 먹고살 수 있으면 그만 아닌가요?'라고 말하는 청년들이 있다. 우리는 이런 종류의 사람들을 니트족이라고 부른다. 이는 비단 청년들만의 문제가 아니다. 언젠가 교사들을 대상으로 한 연수에서 현직 교사들이 가장 원하는 직업으로 임대업자가 나온 것만 보아도 일을 하지 않고 먹고살 수 있으면 그만이라는 생각을 갖고 있는 사람들이 많다.

청소년들이 가장 선호하는 장래 희망이 건물주라는 신문기사를 본 적이 있다. 이를 보고 우리 사회의 진로인식에 대한 성숙도는 갈 길이 한참 멀다는 생각이 들었다. 안타깝게도 학생들은 자신의 진로목표를 아주 간단한 기준으로 설정하기도 한다. 그건 바로 '돈'이다. "선생님, 세상에서 제일 돈 많이 버는 직업이 뭐예요? 전 그거 할래요." 이런 이야기들을 어느 곳에서나 듣게 된다.

초등학교에서 이런 질문을 받으면 그냥 웃으면서 여러 가지 다른 기준에 대해서도 이야기해 주지만 중고등학생들이 이런 이야기를 하면 농담으로 하는 말이 아니라는 것을 알기에 머리가 멍하다. 학부모 특강에 가서도 어머니들에게 자녀가 갖기 바라는 직업에 대해서 여쭤보면 치과의사나 피부과의사가 꼭 등장한다. 대한민국 어머니들이 왜 치과의사를 선호하는지는 잘 모르겠지만 아마도 돈을 잘 버는 직업으로 알고 계시는 듯하다.

여고에서 근무할 당시 한 여고생이 본인의 장래 희망이 도선사라고 해서 나를 매우 놀라게 했던 일이 있다. 흔하지 않은 직업을 알고 있는 것이 기특하기도 하고 여학생이 희망하기엔 평범하지 않은 일이라서 어떻게 그 직업을 선택했는지 물어보았다.

그 학생의 대답은 그야말로 매우 쿨했다. "전 그 직업이 뭔지 몰라요. 그냥 엄마가 하래요. 엄마가 신문에서 봤는데 그 직업이 연봉이 억대가 넘는대서요. 저도 그거 하려고요"

학생 면전에서는 웃지 않았지만 조금 웃기는 상황이 아닐 수 없다. 어떤 일인지도 모르는데 억대 연봉 받는다고 무조건 그 직업을 갖겠다는 것이나 딸 책상 위에다 신문기사를 오려서 올려둔 어머니나 진로교육이 많이 필요한 듯 보였기 때문이다.

이런 사례는 조금 극단적이긴 하지만 실제로 돈을 많이 버는 직업이 뭐

냐고 물어보는 아이들은 너무나 많다. 돈을 많이 버는 직업을 본인의 직업으로 갖겠다고 쉽게들 말한다. 물론 직업을 갖는 데 경제적인 요소는 매우 중요하다. 돈을 벌어 생계를 유지하지 못하면 직업이라고 할 수 없으니 너무나 당연한 기준이 된다. 교과서적으로 접근하면 직업별 임금 수준이 어느 정도인지 살펴보고 임금 정보를 활용할 수 있도록 도움을 주는 것은 필요하다. 그 결과를 살펴보면 도선사, 기업고위임원, 변호사, 국회의원, 파일럿, 감정평가사, 대학총장 및 임원, 내과의사, 금융 관련 관리자, 토목감리기술자 등이 임금이 높은 직업으로 나타나 있다. 그러나 이러한 임금 정보를 활용할 때 주의할 점이 있다면 이런 정보는 해당 직업의 평균임금으로 같은 직업에 종사하는 사람이라고 하더라도 개개인의 능력과 경험, 여러 가지 자격 등에 따라 임금은 천차만별이라는 점이다. 그러니 무조건 통계상 임금이 높은 직업을 갖는 것보다는 내가 좋아하는 직업을 통해서 어떻게 임금을 늘려갈 수 있을까를 고민해 보는 것이 더 좋은 해결책이 될 수 있다. 이는 취업을 준비하는 대학생들에게도 꼭 해 주고 싶은 말이다.

대기업을 선호하는 많은 이유 중에 가장 큰 비중을 차지하는 것이 연봉 수준이다. 학생들에게 기업조사를 해오라고 하면 연봉이 얼마인지부터 조사해 오는 경우가 많다. 회사를 선택하는 기준이 어찌 연봉이라는 잣대 하나만으로 결정되어야 하는지 오히려 의아한 생각이 들기도 한다. 기업의 인지도와 기술력 혹은 발전 가능성이나 복지제도, 회사의 연혁이나 경영이념, 인재상 등 고려해야 할 부분은 매우 많은데도 연봉 하나만으로 가고 싶은 회사를 결정한다는 것은 우려스러운 부분이다. 더욱이 많은 학생들은 기업의 인지도가 높으면 매출도 높을 것이고 발전 가능성도 있고 근무환경도 좋을 것으로 생각한다. 그리고 급여 조건이 좋으면 다른 조건이 다소 좋지 않아도 감수할 수 있다고 생각하는 것 같다. 물론 완전히 틀린 생각은 아니다. 연봉이 높으면 자부심과 만족감이 올라가는 것은 사실이다. 그러나 회사를 선택할 때 반드시 고려해야 하는 것은 개인의 성장 가능성이다. 회사는 잘나가고 있는데 나는 몇 년 동안 같은 자리에서 발전이 없다면 어떻게 되겠는가? 회사가 아무리 잘나가고 있어도 내가 성장하지 못한다면 조만간 회사를 그만둘 수밖에 없다. 그러므로 회사의 인지도나 연봉보다는 나의 발전 가능성에 초점을 맞추어서 최소 10년 앞을 내다보고 회사를 선택했으면 좋겠다. 연봉은 나의 역량이 커질수록 증가하게 된다. 신입사원들의 연봉은 아무리 많이 주는 회사를 다닌다고 해도 적게 주는 회사와 비교했을 때 2~3배 정도 차이가 날 뿐이다. 그러나 경력직은 10배에서 100배까지도 연봉 차이가 날 수 있다. 5천만 원을 받는 이와 50억을 받는 이로 차이가 날 수 있다는 말이다. 그러니 당장 얼마의 돈을 더 준다고 자신의 미래를 담보로 하지 않길 바란다. 직장생활 10년 차와 20년 차가 되었을 때 과연 나는 얼마의 연봉을 받는 사람이 되어 있을 것인가를 염두에 두고 많은 도전과 경험을 통해 자기 자신에게 투자하는 시간을 갖길 바란다.

둘째, 고등학교 진로지도에서는 직업 및 교육탐색의 영역에서 학생들이 자신의 진로계획을 세우고 준비를 하기 위한 다양한 직업에 대한 깊이 있는 이해가 필요하다. 그뿐만 아니라 학생이 진학할 학교 또는 학과에 대해서도 잘 파악해야 한다. 따라서 학생들이 자신이 관심 있는 직업과 관련된 학과, 그 학과에서 공부하기 위해 필요한 능력이나 선수 학습해야 할 내용, 졸업 후의 진로 등에 대해서 알아볼 수 있도록 지도해야 하며, 각자 자신에게 필요한 정보를 찾을 수 있도록 지도해야 한다. "선생님이 되고 싶어요." 라고 말하며 상담실에 찾아오는 학생들 대다수가 어떻게 해야 교사가 될 수 있는지 구체적인 방법을 모르는 경우가 허다하다. 진로목표 설정과 더불어 어떻게 접근할 수 있는지 구체적인 내용도 함께 다루어야 한다.

　몇 년 전 드라마에서 의사를 주인공으로 한 드라마가 인기를 끌었다. 필자가 어린 시절에 보았던 〈사랑이 꽃피는 나무〉라는 드라마부터 최근의 〈낭만닥터 김사부〉라는 드라마까지 의사라는 직업은 언제나 관심과 동경이 되어 왔다. 드라마가 인기를 끌게 되면 그 드라마에서 소개되었던 직업이 상종가를 친다. 드라마에서 건축사가 주인공으로 나오면 건축과를 지망하는 학생들이 많아지고 호텔리어가 주인공으로 등장하면 많은 이들이 호텔리어를 꿈꾼다. 이런 식의 접근도 꼭 나쁘다고만은 할 수 없지만, 희망하는 직업에 대한 여러 가지 준비과정이나 입직을 위해 갖추어야 할 요건에 대해서 알아보는 단계가 필요하다. 막연한 환상이나 동경으로 직업을 선택했다가는 나중에 후회하게 될 수도 있기 때문이다. 특히 특정 직업에 대해서 알아볼 때는 그 직업의 근무환경이나 필요한 요건들에 대해서 충분히 살펴보아야 한다. 만약 은행에서 근무하고 싶다면 필요한 자격증이나 갖추어야 할 지식 등에 대해서도 충분히 알아보는 것이 좋다. 방송작가에 관심이 있는 사람의 경우 분야나 작품에 따라서 매우 다양하게 나뉠 수 있는데, 드라마 작가, 구성 작가, 코미디 작가 등 프로그램의 특성에 맞게 대본을 작성하여야 한다. 방송작가가 되려면 먼저 견습생 단계에서 시작하여 막내 작가라고 불리며 자료 조사부터 간단한 원고 작성까지 단순한 일을 하게 된다. 이러한 과정을 통해 점차 경력이 쌓이고 능력을 인정받게 되면 프로그램 전체를 책임지는 메인 작가의 위치에 오르게 된다. 방송작가가 되기 위해서는 관련 교육을 받아 입직을 하는 편이 유리하지만 최근에는 블로그나 브런치 등의 소셜 네트워크에서 쓴 글이 인기를 얻어 작가가 되기도 한다.

직업에 대해서 알아볼 경우 해당 직업과 관련한 기사를 자주 접하고 관련 블로그나 동호회 등을 활용하여 현재 그 일에 몸담고 있는 종사자들의 인터뷰를 통해 실제 어떤 일을 하는지 조사해 보는 것도 좋은 방법이다.

〈직업 관련 정보를 얻을 수 있는 도서와 온라인 사이트〉

· 「2017 한국직업전망」, 한국고용정보원

· 「2016 우리들의 직업 만들기」, 한국고용정보원

· 「2015 미래를 함께할 새로운 직업」, 한국고용정보원

· 「미래로 여행하는 청춘을 위한 안내서」, 한국고용정보원

· 「색다른 직업 생생한 인터뷰」, 한국고용정보원

· 「2013 신생 및 이색 직업」, 한국고용정보원

· 「청소년들이 궁금해하는 99가지 직업 이야기」, 한국고용정보원

· 임금근로시간 정보시스템: www.wage.go.kr

· 큐넷(자격정보시스템): www.q-net.or.kr

· 직업훈련포털 HRD-Net: www.hrd.go.kr

셋째, 고등학교 진로지도 프로그램은 직업에 대해서 더욱 구체적인 체험을 할 수 있는 기회가 제공되어야 한다. 직업 체험의 기회가 더 광범위하게 이루어질 수 있도록 학교와 지역사회가 연계하여 프로그램을 제공하는 것이 필요하다. 스펙보다는 희망 분야와 관련된 경험과 경력이 중요하다.

많은 구직자들이 직업 체험의 기회를 어디서 얻어야 할지 알지 못해 난감해하는 것 같다. 대학생들은 주로 인턴십을 통해 직업 체험의 기회를 얻는데 그 또한 점점 어렵고 치열해지고 있는 실정이다. 인턴 경험은 곧 그 일에 대해 사전 탐색을 해 볼 기회이므로 본인이 희망하는 분야가 있다면 적극 준비하여 도전해 보는 것이 좋다. 만일 인턴을 하기에 무엇인가 부족하다고 느끼는 구직자라면 직업훈련기관을 통해 일정한 교육을 받는 것도 도움이 된다. 국비로 직업 훈련을 해 주는 기관들을 찾으면 무료로 교육도 받고 인턴 경험도 할 수 있는 길이 있다. 주로 직업 훈련은 재직자 대상과 실업자 대상으로 나뉘는데 실업자에는 비진학 청소년, 취업 준비생, 재취업 준비자, 여성 가장, 생활보호대상자 등이 포함된다. 실업자를 대상으로 한 국비 지원 직업 훈련의 교육 비용은 무료이며 교통비나 식비 등의 훈련수당을 받으며 교육을 받을 수 있다. 대표적인 교육기관으로는 직업전문학교가 있고 훈련 기관으로 인정받는 평생교육 시설 및 학원 등이 있다. 이러한 정보는 한국고용정보원이 운영하는 고용노동부 HRD-Net에서 검색할 수 있으며 희망직종이나 거주지역, 교육 기간별로 검색이 가능하다. 취업을 위해서 자격증을 취득하려는 이들이나 직무교육을 원하는 구직자뿐만 아니라 재직자도 직무 향상교육 등 국비 지원 훈련으로 교육을 받을 수 있으니 필요한 경우 이런 정보를 활용하여 실질적인 도움을 받으면서 진로계획을 세워볼 수 있다.

넷째, 고등학교에서의 진로지도는 자율적으로 자신의 진로를 계획하고 준비할 수 있는 기초를 갖출 수 있도록 해야 한다. 즉 진로결정의 책임은 본인에게 있다는 것을 인식시켜야 한다. 자신의 꿈마저 부모가 대신 결정해 주는 삶이 되어서는 안 된다. 그렇다면 내가 하려는 일을 부모님이 반대하는 경우나 부모님의 기대가 너무 높아 그 기대를 충족하기 어려운 경우에는 어떻게 해야 할까?

고등학생들에게 물어보면 대개가 친구나 부모에게 진로에 관해 상담을 한 적이 있다고 대답한다. 그런 만큼 직업에 대해 갖고 있는 부모의 가치관은 자녀에게 큰 영향을 미친다. 당사자가 무엇을 하고 싶다는 결정을 내리기도 전에 너는 무엇이 되어야 한다고 주입된 경우는 자녀가 부모의 대리자로 부모의 꿈을 이루어 주기 위한 진로설계를 한다. 즉 부모의 꿈이 나의 꿈이 되어 그 꿈을 실현하기 위해 노력한다. 다 자녀가 잘되라고 하는 말이고 살아본 경험에서 우러나온 조언일 것이다. 그러나 진로결정 과정에 부모가 지나치게 개입하는 것은 위험하다. 물론 어린 자녀가 직업 세계에 대해서 아직 잘 알지 못하기 때문에 주변에 도와줄 수 있는 어른은 필요한 것은 사실이나 지나치게 자녀의 진로 문제에 깊이 개입하거나 무조건 자신의 바람대로 자녀를 이끌어 가려는 욕심을 부린다면 큰 불행의 씨앗을 만드는 것이나 다름없다. 자율성을 박탈당한 청소년들이 언젠가는 분노에 찬 자신의 목소리를 낼 가능성이 무척이나 크기 때문이다.

당연한 이야기지만 충분한 대화를 통해 자녀의 소질과 적성을 고려하여 부모와 함께 진로설계를 해나가는 것이 가장 바람직하다. 학생들이 자신의 꿈에 대해서 진지하게 탐색하고 객관적인 정보, 즉 직업명이나 수행 직무, 필요한 능력과 조건, 작업 환경, 수입 등에 대해서 충분히 알고 객관적인 자료를 토대로 부모님과 대화를 해야 한다. 여기에 학부모를 대상으로 한 진로교육이 병행된다면 더욱 좋다. 부모들이 직업에 대해서 잘 알지 못하거나 비현실적인 정보들만 알 경우 자녀의 꿈을 가로막을 수 있기 때문이다.

2000년에 개봉한 〈빌리 엘리어트(Billy Elliot)〉라는 영화가 있다. 대략적인 줄거리를 소개하자면 80년대 중반 영국 광산 노동자들의 파업을 배경으로 영화가 시작된다. 영국 북부의 작은 마을에 사는 빌리라는 소년은 가난한 탄광촌에서 파업 시위에 열성인 아버지와 형 그리고 치매에 걸린 할머니와 살고 있다. 빌리는 몰락한 가족의 명예를 회복하기 위해 할아버지의 오래된 권투장갑을 끼고 체육관을 찾아 복싱 연습을 하지만 복싱에 큰 재능이 없는 아이다. 그러던 어느 날 우연히 복싱 체육관 한편에서 이루어지는 발레 수업을 보게 되고 거기에 참여하게 된다. 그 수업의 평화로운 분위기와 아름다운 음악에 순식간에 매료되어 버린 빌리는 자신의 발이 손보다 훨씬 능란하게 움직인다는 사실을 알게 된다.

발레 선생님인 윌킨슨 부인을 만나게 되어 간단한 레슨을 받게 된 빌리는 점점 발레의 매력에 빠져들게 된다. 빌리의 천재성을 발견한 윌킨슨 부인은 빌리에게 새로운 세상을 열어 주고 런던 로열발레스쿨 오디션을 준비하자는 제안을 하기에 이른다. 권투를 그만두고 발레교실로 수업을 옮겨 춤을 익히게 된 빌리의 행복도 잠시, 아버지와 형은 빌리가 권투 수업을 듣지 않고 발레를 배우고 있다는 것을 알고 분노하며 반대한다. 강력한 가족들의 반대로 빌리의 발레 수업은 중단되어 버린다. 힘든 노동과 시위로 살아온 그들에게 있어 남자가 발레를 한다는 것은 수치스러운 대상에 불과했던 것이다. 가족의 반대에 심한 갈등을 겪은 빌리는 더 이상 발레를 하지 않으려고 하지만 결국엔 다시 발레 수업을 받게 된다. 빌리는 자신의 능력을 인정해 주고 런던 로열발레스쿨의 입학 시험을 보라고 격려해 주는 윌킨슨 부인과 함께 열심히 오디션을 준비한다. 성탄절이 되어 자신의 발레 솜씨를 친구에게 보여 주고 싶었던 빌리는 텅 빈 체육관에서 혼자만의 무대를 만들어 낸다. 이때 우연히 체육관을 찾았던 빌리 아버지는 아들의 춤을 직접 보게 되고 빌리의 진지한 몸짓에서 아들이 진정으로 원하는 것이 무엇인지 깨닫게 된다.

그날 이후, 아버지는 빌리의 열성적인 후원자가 된다. 죽은 부인의 유품을 전당포에 맡기면서까지 빌리가 런던 로열발레스쿨에 들어갈 수 있는 자금을 마련한다. 아버지는 빌리의 꿈을 돕기 위해 파업 시위를 포기하고 탄광으로 돌아간다. 빌리의 격정적인 춤을 본 아버지는 발레만이 아들이 탄광촌에서 벗어날 수 있는 유일한 탈출구라는 사실을 깨닫게 된 것이다. 빌리만은 자신과 같은 힘겨운 광산 노동자의 삶을 살지 않고 진정 원하는 것을 하며 살 수 있도록 적극적으로 지원하게 된 것이다.

아버지의 배려와 가족의 이해 속에서 빌리는 런던 로열발레스쿨 오디션에 합격해 런던으로 가게 된다. 시간이 흘러 청년으로 성장한 빌리는 남성 백조들로 재탄생된 〈백조의 호수〉의 주인공이 된다. 늙은 아버지는 그러한 빌리의 모습을 보면서 감격의 눈물을 흘린다. 빌리가 무대 위로 한껏 뛰어오르는 장면으로 이 영화는 끝이 난다. 한마디로 〈빌리 엘리어트〉는 한 소년이 가족의 반대와 불우한 가정환경에 무릅쓰고, 자신이 원하는 것을 성취해 가는 성장영화라고 할 수 있다.

아마도 이 영화의 감동적인 마지막 장면을 기억하는 분이 많을 것이다. 만약 부모와 자녀의 꿈이 달라 갈등하는 경우라면 이 영화를 함께 보면서 자녀의 꿈과 희망에 대해 이야기해 보는 것이 도움이 될 것이다.

다섯째, 고등학교 때 진로탐색을 통해 장기적인 안목에서 진로목표를 설정하고 구체적인 계획을 세울 수 있어야 한다.

1979년 하버드 경영대학원 졸업생들에게 '명확한 장래 목표를 설정하고 기록한 다음 그것을 성취하기 위한 계획을 세웠는가?'라는 질문을 해 보았더니 졸업생의 3%만이 목표와 계획을 세웠다고 하였다. 그리고 13%는 목표는 있지만 직접 기록하지는 않았고, 나머지 84%는 학교를 졸업하고 여름 휴가를 즐기겠다는 것 외에는 구체적인 목표가 전혀 없다고 답하였다. 10년 후인 1989년, 연구자들은 그들을 대상으로 다시 인터뷰를 진행했다. 목표가 있었지만 그것을 기록하지 않았던 13%의 학생들은 목표가 전혀 없었던 84%의 학생들보다 평균적으로 2배의 수입을 올리고 있었으며 명확한 목표를 기록했던 3%의 학생들은 나머지 졸업생의 평균 수입보다 10배나 많은 수입을 올리고 있었다고 한다. 그들 사이의 유일한 차이는 졸업할 때 얼마나 명료한 목표를 세우고 그것을 글로 적었는가 하는 점이다.

졸업 후 성인기 이후까지 자신의 생애 역할들을 탐색해 보고 단기, 중기, 장기 목표를 세우는 것을 꼭 시도해 보자. 목표를 설정할 때는 다음과 같은 원칙을 따르도록 한다.

SMART 기법

Specific 구체적이어야 하고

Measurable 측정 가능해야 하며

Action-oriented 행동 중심적이고

Realistic 실현 가능해야 하며

Timely 적절한 시간 배정을 해야 한다.

목표가 명확해야 동기가 부여된다. 구체적인 목표를 설정하고 어디로 가야 할지 방향이 정해지면 끈기와 부지런함으로 노력하여야 한다.

2) 고등학교에서의 진로 정보와 상담

고등학교에서 희망 직업 조사를 해 보면 많은 수의 학생들이 '교사'나 '공무원'과 같은 안정적인 직업을 적어 낸다. 많은 학생들에게서 나타나는 일반적인 응답이다. 문제는 다양한 직업의 요건 중에서 안정성만을 중요하게 생각한다는 것이다. 성적이 상위권인 학생들은 '의사'나 '변호사' 같은 전문직에 대한 선호가 높은 편이다. 다양한 직업 중에 특정 직업으로 쏠림 현상이 나타나는 것도 염려스럽다. 진로상담을 하다 보면 학생들의 희망 직업이 매우 제한되어 있다는 것을 알게 된다. 꿈을 결정한 듯 보이지만 이런 학생들 역시 진로설계가 제대로 되지 않은 경우가 대부분이다. 더 큰 문제는 교사 혹은 공무원이 되고 싶다는 학생들이 어떻게 그 직업에 도달할 수 있는지 커리어 경로를 알지 못한다는 것이다. 대학에 진학한 후 3, 4학년이 되고 나서 임용고시나 공무원 시험 경쟁률을 알게 되면 그제야 한숨을 쉬면서 어찌할 바를 몰라 한다. 그때 가서 진로를 재조정하려면 엄청난 시간과 비용의 낭비가 생긴다. 이는 현재 심각한 사회문제가 되고 있는 청년 실업과도 일정 부분 연관이 있다고 볼 수 있다. 희망하는 직업을 갖기 위해 어느 정도의 준비가 필요한지 제대로 알지 못하기에 목표 설정이 비현실적이고 막연해지는 것이다. 고등학생 때 진로선택의 기준으로 삼는 것이 학교 성적 이외에 거의 전무하다는 것과 목표로 설정한 꿈조차 사실은 매우 모호하고 추상적이라는 것이 현재 진로지도의 문제라고 할 수 있다. 따라서 고등학교 진로상담은 자신이 알고 있는 정보와 현실적인 요구 조건 사이의 격차를 줄이는 데도 도움이 되어야 한다.

(1) 개인에 대한 정보

고등학생 때는 좋아하는 일이 무엇인지 구체적으로 탐색하고 후회 없는 결정을 위한 방안에 대해 생각할 수 있는 시간을 마련해 주어야 한다. 그러한 과정을 통해 학생들은 자신이 원하는 일은 무엇인지 잠정적으로 결정하고 관련된 경험을 시도해 볼 수 있다. 또한 진로결정을 위해서 각자가 노력해야 할 점을 생각해 보게 하여 현실적인 요구 조건을 충분히 검토할 수 있도록 지도하여야 한다. 자신의 흥미, 성격, 적성뿐만 아니라 중요하게 생각하는 삶의 가치, 삶의 의미 또한 함께 검토함으로써 어떻게 살고 싶은가에 대해 정리할 수 있도록 하여야 한다.

직업을 선택함에 있어 흥미와 적성을 고려하는 것이 왜 중요한지, 직업과 적성이 일치하지 않을 경우에 이를 해결하는 방법에 대하여 탐색하여 학생들의 진로 방향을 가늠해 보고 기준을 세울 수 있도록 하여야 한다.

최근 들어 직업 가치관을 좀 더 강조하게 되었다. 많은 학생들이 안정적인 직업을 갖고 싶어 하고 평범하게 살고 싶다는 말을 자주 하기 때문이다. 성인을 대상으로 한 진로상담에서는 흥미보다 개인의 직업 가치관과 보유능력, 즉 전용할 수 있는 기술이 더욱 중요하다는 사실을 강조하긴 하지만 청소년기에도 안정적인 직업을 갖고 싶다는 이야기가 가장 많이 나오는 걸보면 직업 가치관에 대해서 충분히 다루어 주어야 한다는 생각이 든다.

직업 가치관은 '일에서 무엇을 중요하게 생각하는가' 하는 기준에 대한 이야기이다. 이런 가치관은 사람마다 다르고 그 기준에 따라 선호하는 직업의 종류도 달라질 수밖에 없다. 흥미나 적성보다 내가 가진 가치관에 부합하는 직업을 갖는 것이 더 낫다고 생각하는 이들이 많아지고 있다.

안정적인 직업을 선호하는 현상이 강해지는 것은 요즈음 세상이 불안정하다는 방증이 될 것이다. 그러나 너나 할 것 없이 모두 안정적인 직업만 선호한다면 그것도 올바른 접근은 아니기에 다양한 직업 가치에 대한 교육이 좀 더 강조되어야 한다. 평범하게 살고 싶다는 소망도 좋지만 이것 말고도 추구할 만한 다른 가치는 없을까? 직업은 생활을 유지시켜 주는 근간이자 자신의 정체성을 구현하고 삶에서 이루고자 하는 것을 일을 통해 획득할 수 있도록 돕는 자아실현의 수단이기도 하다. 직업을 통해 얻고자 하는 보람은 무엇이며 어떤 성취감을 얻고 싶은지 탐색해 보는 것이 중요하다.

다음은 워크넷의 직업가치관검사에 수록된 가치들이다. 자신의 직업 가치관에 대해서 깊이 음미해 보길 권한다.

· 성취: 자신이 스스로 목표를 세우고 달성할 수 있다.
· 이타: 남을 위해 봉사할 수 있다.
· 개인지향: 여러 사람과 어울려 일하기보다는 혼자 일하는 것이 좋다.
· 경제적 보상: 금전적 보상이 충분하다.
· 인정: 타인에게 인정받을 수 있다.
· 신체활동: 업무 시 신체활동을 많이 하지 않아도 된다.
· 직업안정: 고용이 안정되어 있어서 정년까지 일할 수 있다.
· 다양성: 업무가 정형화되지 않고 변화가 많다.
· 심신의 안녕: 심신의 여유를 가질 수 있다.

· 타인에 대한 영향: 타인에 대한 영향력을 발휘할 수 있다.

· 지적 추구: 새로운 지식을 얻을 수 있다.

· 애국: 국가를 위해 도움이 될 수 있다.

· 자율: 자율적으로 업무를 해낼 수 있다.

(2) 직업 및 준비에 관한 정보

고등학교에서 진로상담을 할 경우 다양한 직업에 대한 정보를 제공해 주어야 한다. 미래 시대에 요구되는 직업에 대해 생각해 볼 수 있도록 하고, 생소한 직업이라 할지라도 해당 분야에 관한 정보를 찾아볼 수 있도록 정보 탐색 방법도 지도해 주어야 한다. 특히 이 시기에는 희망하는 직업과 관련한 주요 업무나 직업인으로 갖추어야 할 직무 능력들에 대해서 상세히 설명해 줌으로써 직업에 대한 정보의 양과 수준을 높일 수 있도록 지도해야 한다. 이를테면 직업인과의 만남 등 간접 경험을 통해 직업인의 어려움과 현실, 직업 변화의 추세와 전망 등을 파악할 수 있다.

의사	의사가 되려면 한국보건의료인국가시험원에서 시행하는 의사 국가면허시험에 합격해야 한다. 이 시험에 응시할 자격을 갖추기 위해서는 6년 과정의 의과 대학을 졸업하는 방법과 4년제 대학 졸업 후 의학전문대학원에 진학하여 석사학위를 취득하면 의사 국가면허시험 자격이 주어지게 된다. 의학전문대학원의 경우 전공과 관계없이 지원할 수 있지만 생물학, 화학 등의 이과 계열과 공학 계열, 생명공학 계열 등을 전공하는 것이 유리하다. 의사 면허를 취득한 후 인턴 1년, 레지던트 4년(가정의학과, 결핵과, 예방의학과 3년)과정을 거쳐 전문의 자격 시험에 합격하면 전문의가 될 수 있다.
프로듀서 (PD)	프로듀서는 각 방송사의 공개채용을 통해 입사하게 된다. 지상파 방송사의 경우 4년제 대학 졸업 이상의 학력을 요구하고 있으나 최근에는 학력 제한을 폐지하는 추세이며 전공 또한 제한을 두고 있지 않다. 채용과정은 방송사에 따라 차이가 있지만 '서류전형-교양, 논술 등의 필기시험-면접-인턴' 등을 거치게 된다. 이외 종합유선방송사, 독립프로덕션 등은 인맥이나 학원 추천 등 다양한 경로로 채용이 이루어지며 전문대졸 이상으로 학력을 제한하는 경우가 많다. 대학에서 신문방송학 등을 전공하거나 동아리 활동, 방송아카데미 및 사설 학원 등에서 프로그램 제작에 대한 교육을 받는 것이 입직 후 업무를 수행하는 데 유리하다.
조리사	조리사가 되기 위해서는 조리사 자격증을 취득하는 것이 유리하다. 자격취득을 위한 교육은 사설 요리학원, 여성인력개발센터 등에서 운영하고 있으며, 조리과학 고등학교, 특성화 고등학교의 조리과, 식품공학과 등에서 관련 교육을 받을 수 있다. 이밖에 대학의 조리과학과, 전통조리과, 외식조리과, 호텔조리과, 식품조리과 등 조리 관련학과를 전공하면 보다 체계적으로 관련 이론과 실무를 쌓을 수 있다. 호텔이나 레스토랑, 전문식당의 경우 채용 시 응시 자격을 전문대학 이상의 조리 관련학과 졸업자로 제한하는 경우가 많아 해당 분야에 진출하려면 대학에 진학하는 것이 유리하다. 조리사 자격증으로는 (한식, 양식, 중식, 일식, 복어)기능사, 산업기사, 조리기능장의 국가기술자격이 있다.

출처: 한국고용정보원, 「선생님, 진로상담이 필요해요」에서 일부 인용

(3) 진로 가치관

소록도에서 평생을 봉사와 희생으로 보낸 마가렛과 마리안느 수녀, 침팬지 연구에 평생을 바친 제인 구달 박사 등의 삶을 통해서 좁은 의미와 넓은 의미에서 직업 가치관을 살펴보고 학생들이 가지고 있는 직업의 개인적 · 사회적 의의를 파악하는 것이 필요하다. 직업은 사회 구성원으로 기여하는 공적인 역할을 갖고 있다. 자신과 사회에 모두 유익할 수 있는 건전한 직업관을 설계할 수 있도록 한다.

특히 여성의 직업이라든가 남성의 직업이라는 고정관념에 사로잡히지 않도록 하는 것이 필요하다. 물론 직업에 따라서 남성에게 조금 더 유리한 직업이 있을 수 있고 여성에게 유리한 직업이 있을 수 있다. 그럴 경우 성별에 따라 유리한 점과 불리한 점을 충분히 생각해 보도록 지도하며 기회가 된다면 체험을 통해 스스로 견디고 극복할 수 있는지 미리 타진해 보는 것도 도움이 될 것이다.

(4) 진로와 미래 계획

고등학교에서는 바람직한 인생 설계와 미래 자신의 인생을 어떻게 꾸밀 것인지 생각해 보게 한다. 바람직한 롤모델을 선정하고 그들의 삶을 본받도록 함으로써 자기 내부의 동기를 강화하고 실제 직업인과 관련 전공을 공부하는 선배들을 만나 봄으로써 그 분야에 대한 생생한 정보를 얻을 수 있도록 해야 한다.

3) 고등학교에서의 진로선택 및 준비

고등학교에서 잠정적인 직업을 선택하기 위해서는 개인이 갖추어야 할 몇 가지 능력들이 요구된다. 다음과 같은 사항을 고려해야 한다.

(1) 진로선택 시 유의사항
① 직업 세계가 원하는 능력을 정확히 알아야 한다.

대다수 회사는 근로자가 일평생 그 회사에 근속하리라고 생각하지 않는다. 대부분의 근로자는 회사에 들어와서 기술을 익히고 실질적인 방법으로 회사에 기여하다가 회사를 떠나게 된다. 이러한 사실은 이제는 직업에 입문한 것만으로 기술이 안정되거나 계속 고용이 가능하지 않는다는 것을 시사한다. 따라서 끊임없이 새로운 기술을 배워야만 하고 최신 이슈들에 대해서 준비하는 마음을 가지고 있어야 한다. 다음과 같은 질문을 던져 보자. "나의 성장 잠재력은 무엇인가?", "내가 배워야 할 것은 무엇이며 어떻게 배울 것인가?" 이런 질문을 통해 꾸준한 성장을 꾀하여야 한다.

② 기업과 조직 문화를 이해해야 한다.

어디서 근무할 것인가 하는 어려운 결정을 하는 과정에서 회사가 가진 고유 문화를 이해하는 것은 중요하다. 조직 문화란 어떤 옷을 입고, 언제 휴식하고, 근무 성적이 우수한 사원들이 어떻게 승진하는가에 이르기까지 회사의 전체 분위기와 이미지에 영향을 주는 기본 철학이다. 이것은 회사마다 다르다. 그러므로 직종을 결정하기 전에 내가 희망하는 직업이나 직무 분야에 대한 기본 정보를 읽어 보고 자신에게 적합한 곳인지 아닌지 검토해 보아야 한다.

③ '삶의 의미로서의 일'에 대한 고찰이 선행되어야 한다.

직장에 들어가서 바라던 일을 하는 사람들도 있지만 그 속에서 소외감을 느끼는 경우도 많다. 예전에 비해 근무환경이 급격히 바뀌고 있고 사회적 맥락이 변화함에 따라 현실과 소망의 차이가 생기기 때문이다. 직무 이동이 늘어나고 고용불안이 심화되면서 소속감이나 일에서 의미를 찾는 것이 점점 어려워지고 있다. 그러므로 내가 선택한 일이 나에게 정말 의미 있는 일인지 자신 있게 답할 수 있어야 한다.

④ 기업이 원하는 인재상에 관심을 가져야 한다.

본인만 똑똑하면 된다는 잘못된 생각을 하는 학생들이 많다. 그러나 회사는 팀워크를 요구하고 세계와 소통할 인재를 원한다. 글로벌 시대에 주역이 되려면 우물 안 개구리와 같은 사고를 탈피하고 열린 생각, 창의적인 인재가 될 수 있도록 준비하여야 한다. 또한 함께 사는 사회에 대한 관심을 갖고 어떻게 이 사회가 조직되고 운용되는지 거시적인 시각에서 바라볼 수 있도록 하여야 한다.

(2) 진로지도 시 다수의 고민들
① "학과 성적이 고민이에요."

고등학교 진로상담 시 가장 많은 고민은 성적에 대한 것이다. 앞으로 무엇을 할 수 있는가에 대한 강력한 기준이 학교에서 받아오는 성적표에 기인하는 경우가 대부분이기 때문이다. 본인이 좋아하는 일을 하라고 하면 학생과 학부모는 이렇게 대답한다. "자기가 하고 싶은 것만 하고 살 수 있나요?", "일단 대학에 가고 나서 생각해 볼래요." 그러나 흥미를 고려하지 않고 학교 성적만을 기준으로 한 진로계획은 모래 위에 지은 집이라고 할 수 있다. 기본적인 학과 공부도 중요하지만 본인이 관심 있고 특별히 흥미가 있는 분야를 골라 진로계획을 세우는 것이 바람직하다. 성적은 공부 적성을 보여 주는 지표일 뿐이다. 성적에 얽매인 진로계획이 되지 않게 주의해야 한다.

② "알고 있는 직업이 많지 않아요."

알고 있는 직업의 수가 많지 않기 때문에 진로선택을 하기 어렵다. 기껏해야 드라마나 영화에서 보았던 직업이라든가 부모님이나 친척들이 가진 직업이 학생들이 알고 있는 직업 정보의 전부이다. 이렇게 빈약한 정보로는 진로를 결정하기 어렵다. 우선 양적으로 직업에 관한 정보를 늘려 주어야 하는 것이 1차 목표이다. 덧붙여 막연한 직업 정보에서 구체적인 직업 정보로 전환되어야 한다. 예컨대 꿈이 회사원인 학생이 있다. 꿈이 없는 것보다는 낫지만 회사원이라는 꿈은 너무도 모호한 진로계획이다. 회사 내부에도 생산, 물류, 마케팅, 홍보, 재무, 관리, 영업 등 다양한 업무가 존재하고 그 담당 업무에 따라 요구되는 적성과 능력에도 차이가 있다. 이러한 세부적인 정보가 더해져야 한다.

③ "대학 진학은 어떻게 해야 될까요?"

고등학생들에게 대학 입시는 매우 중요한 관심사이다. 유행하는 학과에 쏠림 현상은 예나 지금이나 변함이 없다. 10여 년 전 서울대에서 가장 인기 있었던 학과는 물리학과였지만 최근에는 의대, 치대, 한의대 등과 함께 컴퓨터공학과나 컴퓨터 소프트웨어 관련 전공이 상한가를 치고 있다. 유행 학과를 선택하는 것은 미래 사회를 대비하고 준비하는 것에는 도움이 될 수 있지만 자기 자신을 모른 채 인기에 편승한 진로계획을 한다면 10년 후에는 반드시 후회하게 되어 있다. 그러므로 앞으로의 미래를 내다보고 20년 후의 삶을 설계할 수 있는 긴 안목이 요구된다.

④ "목표 설정은 어떻게 해야 되나요?"

고등학생 때는 장기적인 직업목표를 세우는 것이 중요하다. 기말고사나 모의고사 성적에 따라 자신의 꿈을 재조정하기보다는 인생을 긴 안목으로 바라보고 장기적인 직업목표를 세우는 사람이 자신의 분야에서 성공할 가능성이 높다.

4) 고등학교 진로지도 프로그램의 실제

(1) 고등학교 '진로와 직업' 교과서의 내용 체계

현행 고등학교의 '진로와 직업' 교과는 크게 삶과 직업의 의미를 고찰해 보고 자기의 흥미, 능력, 적성, 환경적 조건에 대해 생각해 본 뒤 변화하는 직업 세계의 특징을 살펴보는 순으로 이루어져 있다. 그다음 합리적인 진로 계획의 중요성과 진로결정 요인에 대해 살펴보고 행복한 직업생활이 무엇 인지 알아본 뒤 상급학교 진학의 준비로 이어진다. 교과서 내용에 기반을 둔 진로 프로그램의 설계도 좋지만 교과서대로 진로지도 프로그램을 진행 한다면 프로그램 앞뒤로 적절한 도입과 마무리 활동이 삽입되어야 효과가 있을 것으로 생각된다. 또한 앞으로의 진로교육 프로그램에서는 좀 더 실 질적이고 체험 가능한 내용이 보완될 수 있어야 특성화고와 인문계고 졸업 후 취업이나 창업을 준비하는 학생들에게도 도움이 되는 진로지도 프로그 램이 될 수 있을 것이다.

(2) 보완되어야 할 진로교육 프로그램의 예시

① 직업탐색

· 직업인과의 만남(인터뷰 보고서): 자신이 희망하는 분야의 직업인을 만 나 인터뷰하고 보고서를 작성한다. 인터뷰 설문지부터 직접 작성해 보는 것이 필요하다. 어떤 점이 궁금한지 묻고 답하는 가운데 해당 직업에 대 해 이해할 수 있게 된다.

- 선배와의 만남: 희망 학과에 다니는 선배와의 만남, 희망 직업에 종사하는 직업인과의 만남 등 관심 있는 학과의 선배를 만나 해당 전공의 특징 등을 알아볼 수 있다. 같은 분야를 꿈꾸는 선후배로서 멘토와 멘티가 되어 보는 것도 도움이 된다.

② 가치관 탐색
- 직업가치관검사: 워크넷의 직업가치관검사를 활용하여 자신의 가치관을 탐색해 본다.
- 가치관 경매 게임: 즐거운 게임으로 자신의 가치관을 알아보고 희망 직업과 자신의 가치관을 비교해 볼 수 있다.

③ 생애 계획하기
- 인생 곡선 그리기: 자신의 과거를 돌아보고 앞으로의 삶을 계획해 본다.
- 내 꿈의 변천사: 과거 자신이 가지고 있던 꿈의 변천사를 통해 희망 직업 간의 공통점이 있는지 살펴보고 자신의 흥미와 희망 직업 간의 관련성도 탐색해 본다.

④ 목표 설정하기
- 단기 · 중기 · 장기 목표 설정하기: 단기 목표를 비롯해 인생 전반에 걸친 중장기 목표를 설정해 본다. 어떻게 살고 싶은가에 대한 진지한 탐색이 필요하다.
- 진로장벽 생각해 보기: 스트레스 관리나 생애 역할 간의 갈등 등 나이가 들면서 만나게 되는 다양한 생애 역할 변화에 대해서 생각해 본다.

⑤ 취업 준비하기

•이력서, 자기소개서 작성: 구체적인 구직 기술을 익힌다.

•자기 추천서 써 보기: 자신의 강점을 탐색할 수 있고 자신의 비전을 명확히 할 수 있다.

•기업 정보 조사와 직무 정보 파악하기: 기업 이해도를 높이고 관련 직무에 맞는 지식과 기술, 태도를 익히기 위한 사전 정보를 수집한다. 국가직무능력표준(www.ncs.go.kr)을 활용할 수 있다.

•모의 면접: 실제 면접을 대비하기 위한 예비 단계로서 예상되는 질문과 답변을 통해 자신감을 고취하고 실전 감각을 기른다.

활동자료 6: 자기소개서 작성

※ 자기소개서는 일반적으로 성장과정 및 배경, 학창 시절의 경험, 성격의 장단점, 지원동기, 입사 후 포부 순으로 작성합니다. 나에게 가장 의미 있었던 일화를 중심으로 입사지원서를 작성한다는 가정하에 자기소개서를 작성해 보도록 합니다.

[자기소개서 예시 일부]

지원동기 및 포부

은행에서 인턴으로 일하며 대학교 학생증 발급 업무를 맡은 적이 있습니다. 은행에서는 신규 고객을 확보하기 위해 여러 가지 방안을 내놨는데, 그것을 보며 일 따로, 마케팅 따로라는 느낌을 받았습니다. 이를 개선해 보고자 통장 속지를 이용해 체크카드의 혜택을 소개했습니다. 또한 평소 제가 가진 금융 상식을 이용하여 20대 재테크 상품을 정리해 학생들에게 홍보했습니다. 그 결과 신규 고객 548명, 체크카드 248좌를 유치했습니다. 적금과 펀드 등 다양한 금융상품을 안내해 학생들이 은행을 자주 찾도록 하였습니다. 저는 같은 일이라도 다르게 하는 법을 배웠습니다. 고객의 마음을 사로잡는 방법은 사소한 것부터 시작된다는 것을 느꼈습니다. 고객의 작은 고민도 놓치지 않는 꼼꼼함과 쉽고 바르게 설명하는 전문성으로 OO카드의 고객과 만나겠습니다.

2017년 O월 O일

나 고 용

7
학생부종합전형을 대비한 진로교육

▶ 외과의사에게 무엇이 필요할까요?

현재 중학교 3학년인 동준이와 동준이 어머니가 상담실을 찾았다. 요즈음 신문에서 보는 학생부종합전형(입학사정관제)으로 대학에 들어가려면 동준이에게 무엇인 필요한지 궁금하다는 것이다. 방송이나 신문에서 학생부종합전형에 대한 이야기를 듣긴 했지만 자세한 이야기를 해 주는 사람도 없고 정확한 정보를 알고 있는 사람도 없기에 걱정이 된다고 했다. 입시설명회에도 다녀왔고 학부모지원센터에서 실시하는 대입 관련 특강에도 참석하였지만 동준이에게 딱 맞는 내용은 없더라는 것이다. 동준이가 곧 고등학생이 되는데 무엇을 어떻게 준비해야 할지 너무 걱정되어서 상담을 요청한 상황이었다. 동준이는 어려서부터 과학에 관심이 많았고 교내 과학 동아리에서 꾸준히 활동해 오고 있는데, 이런 자신의 적성을 살려서 대학에 가려면 어떤 것을 더 준비해야 하는지 구체적으로 알고 싶다는 것이었다. 입학사정관제가 도입되면서 입시가 한층 더 복잡해졌고 이를 위해서는 미리 준비하지 않으면 안 되는 것도 사실이다. 과연 동준이에게는 어떤 준비가 필요한 걸까? 이 질문에 답하기 전에 한 가지 더 질문해 보겠다. 과연 외과의사에겐 어떤 자질이 필요한가? 이 질문에 답하기 전에 조선일보에 실렸던 기사를 하나 소개한다.

"2008년 1월 강남세브란스 박윤아 교수는 세계 각국 의사 250여 명이 참가한 제3차 세계 로봇 수술학회에서 대장암, 직장암 환자 25명을 수술한 사례를 발표해 178대 1의 경쟁을 뚫고 금메달을 탔다. 심사위원들은 '수술 방법이 독창적이면서도 탁월하다'고 했다. 박윤아 교수는 어릴 때부터 손재주가 좋다는 이야기를 많이 들었다고 했다. "바느질과 십자수를 좋아했다. 어머니가 손 본 아버지의 바짓단이 맘에 들지 않아 몰래 뜯어낸 뒤 다시 바느질해 놓기도 했다." (조선일보 2008년 8월 3일 자)

'외과의사에게 어떤 자질이 가장 필요한가?'라는 질문을 하면 많은 학생들과 학부모들은 어리둥절한 표정을 짓곤 한다. 뭐 이렇게 뻔한 질문을 던지나 하며 의아해하는 것이다. 우리나라에서 외과의사가 되기 위해서는 무엇보다도 공부를 잘해야 하고 그중에서도 국영수 주요 과목의 성적이 잘 나와야 한다는 것은 모두가 잘 알고 있는 사실이기 때문이다.

그런데 과연 그럴까? 외과의사로서 전문성을 발휘하고 자신의 일에 보람을 느끼기 위해서 국영수 성적만 우수하면 되는 걸까? 다시 한번 질문을 던지면 학생들은 잠시 생각에 잠긴 후 다양한 답변을 내놓기 시작한다. "건강해야 해요", "인내심이 있어야 합니다.", "빠른 판단력이 필요합니다.", "대담해야 돼요.", "사람을 사랑하는 마음이 있어야 합니다.", "책임감이 필요합니다.", " 무엇보다 손이 정확해야 합니다." 등등 여러 이야기를 한다. 물론 학생들의 대답은 모두 정답이다. 당연히 외과의사에게는 이러한 자질들이 굉장히 중요하다. 그러나 점수로만 진학이 결정되는 입시 상황에서는 이와 같은 자질들을 평가하기란 매우 어렵다. 개개인의 자질을 심도 있게 측정할 길이 없기 때문이다.

따라서 어떻게 하면 점수 경쟁에서 탈피하여 학생들 각자의 흥미와 적성도 살리고 대학에 와서 좋아하는 공부도 마음껏 할 수 있는 대입제도를 만들 수 있을까를 고민하게 되었고 이렇게 탄생한 것이 입학사정관제, 지금의 학생부종합전형이다. 이것은 달리 말하면 타당도 높은 대입제도를 만들겠다는 의미이기도 하다. 대학 신입생의 40%가 전공이나 학과가 적성에 맞지 않아 고민이라는 연구 결과나 전공합치도(전공과 직업의 유관성)가 고작 17%라는 조사 결과는 결국 국가경쟁력을 낮추는 상황을 초래한다. 중고등학생 때부터 시작하는 진로교육의 필요성이 절실해졌다고 볼 수 있다.

그렇다면 왜 학생부종합전형인가? 먼저 학생부종합전형의 도입 배경을 잠시 살펴볼 필요가 있다. 우리는 '좋은 대학'에 들어가기 위해 초등학교 때부터 치열한 입시 경쟁에 뛰어들게 만드는 현실에 문제의식을 갖고 과도한 경쟁이 가져오는 부작용을 이미 인식하고 있다. 초등학생이 성적을 비관하여 스스로 목숨을 끊는다거나 학원을 13개나 다니면서 스펙 쌓기에 몰두하는 것이 과연 정상적인 교육인가 하는 의문은 누구나 갖고 있다. 그러나 점수를 기준으로 줄을 세우는 등용제도 아래에서는 이러한 상황을 개선하기 어렵기 때문에 결국 대입제도의 개선을 통해 공교육을 정상화하고 사교육비를 경감시켜야 할 필요성이 대두되었다. 점수 위주의 대입제도를 근본적으로 바꾸지 않는 한 과도한 입시 경쟁은 지속될 수밖에 없고 잠재력이 있는 인재를 기르고 육성하기 위한 교육 환경이 마련될 수 없기 때문이다.

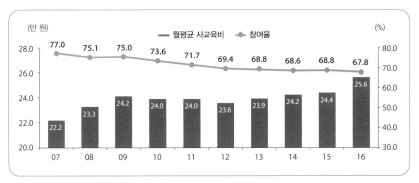

학생 1인당 월평균 사교육비 및 참여율(통계청)

2016년 학생 1인당 월평균 사교육비는 25만 6천 원으로, 전년 24만 4천 원보다 1만 2천 원(4.8%) 증가하였다. 초중고 학생들의 사교육 참여율도 67.8%로 매우 높다. 이렇게 학원 의존율이 높다 보니 스스로 공부하려는 의지도 낮아질 뿐 아니라 학습 동기도 떨어지고 내가 무엇을 위해 공부해야 하는지 목적의식도 흐려지게 된다. 반면 스스로 무엇을 하고 싶은지 결정하고 그것을 위해 꾸준히 노력해 온 과정을 증명할 수 있다면 관심 있는 분야에 대한 학문적 열정을 더욱 설득력 있게 설명할 수 있을 것이다. 이 과정이 중고등학교에서 충실하게 이루어진다면 공교육을 정상화하고 사교육비를 줄이는 데 기여할 수 있다.

또 다른 이유로 인재상의 변화를 들 수 있다. 과거에는 성적이 우수한 인재를 선호하였다면 이제는 창의적이며 글로벌 환경에 적응할 수 있고 인류에 공헌할 수 있는 인재가 중요해지고 있다. 가드너의 다중지능이론이 1987년 후반에 발표되면서 IQ 중심에서 MI 다중지능 중심으로 패러다임이 변화하게 되었다. 피겨스케이팅의 김연아 선수나 스피드스케이팅의 이상화 선수 등 운동선수들은 신체운동지능이 뛰어난 사람이고 모차르트는 음악지능, 피카소는 공간지능이 높은 사람들이다. 셰익스피어와 손석희는 언어지능, 뉴턴과 갈릴레이는 논리수학지능이 공지영이나 김은숙 작가가 자기성찰지능이 높은 사람들이다. 간디와 마더 테레사는 인간친화지능이 높은 사람들이고 새 박사인 윤무부 교수, 엄홍길 같은 산악인은 자연지능이 높은 부류에 속한다고 할 수 있다. 따라서 교육은 사람 속에 잠재된 능력을 가시화시키기 위한 활동이며 작업이어야 하고 이는 개개인이 가진 다양한 가능성에 무게 중심을 두고 학생을 선발하고자 하는 것과 관련이 있다. 여기서 말하는 가능성이란 개인이 지닌 고유의 강점이라고 할 수 있다. 어떤 사람은 리더십이 있고 어떤 사람은 창의력이 있다. 그러나 이런 가능성들은 학교 성적이나 수능으로는 측정되지 않는 잠재 능력이므로 학생부종합전형에서는 이러한 가능성들을 찾아내고 잠재력이 있는 학생들을 선발하여 미래의 인재로 키워 나가자는 의도가 담겨 있다. 대입의 선발 경쟁에서 교육경쟁으로 변화하자는 개념이 이러한 근거에서 출발하였다. 그렇다면 학생부종합전형의 정의는 무엇일까?

학생부종합전형이란 대학이 입학과 관련된 업무를 수행하는 전문가를 활용하여 개별적, 종합적, 포괄적, 맥락적인 방식으로 학생을 선발하는 것을 말한다. 다시 말해 정량적 평가가 아닌 정성적 평가를 통하여 신입생을 선발하는 제도이다.

정량적 평가에 익숙한 우리의 입시 환경에서는 다소 생소한 평가 방법이기 때문에 아직도 논란의 여지가 있지만 이러한 정성적 평가가 시행된다면 점수로는 가늠하기 힘든 학생들의 자질과 고등학교 시절의 노력, 흥미와 가치관 등을 종합적으로 고려해 볼 수 있다. 이 제도가 올바르게 시행되기 위해서는 입학 담당자의 전문성과 공정성 그리고 평가 결과에 대한 신뢰성이 필수적으로 확보되어야 한다.

학생부종합전형의 도입으로 진로교육의 방향이 변화하면서 자신이 무엇을 잘 할 수 있는지 명확히 아는 것이 중요해졌다. 따라서 어린 나이부터 학원을 돌며 여러 가지 특기 적성을 계발하려고 노력하기보다는 본인이 정말 좋아하고 흥미 있어 하는 분야가 무엇인지 열심히 찾아보고, 그런 분야를 발견했다면 꾸준히 노력하여 노력의 과정을 증명할 수 있도록 준비하여야 한다.

입학사정관제

입학사정관을 채용하여 대학별 특성에 맞춰 신입생을 선발하는 제도를 말하며 미국과 일본에서는 AO 입시라고 한다.

▶ 입학사정관이란?
대입 관련 자료를 조사 및 심사하여 입학 여부를 결정하는 전문가
· reader(reviewer로 이해): 평가자
· officer: 사정관
· counselor: 입학상담자

▶ 입학사정관의 역할
· 전형개발, 평가 요소 확정
· 연구개발, 자료구축
· 전형결과 검증
· 서류심사
· 면접

▶ 입학사정관제 전형방법
· 서류심사: 학생부(교과+비교과), 자기소개서, 학업계획서, 추천서
· 심층면접

자, 그럼 앞서 소개된 사례 속 동준이는 지금부터 무엇을 준비하여야 하는가?

첫 번째 단계로는 '나를 가슴 뛰게 하는 분야나 직업이 무엇인가?'를 찾아보아야 한다. 나 자신을 잘 알고 꾸준한 노력해왔기 때문에 학생부종합전형을 잘 준비할 수도 있지만 반대로 이를 준비하면서 나에 대해 새롭게 알게 되기도 한다. 대학에서 요구하는 질문들에 대한 서류를 준비하고 자기소개서를 준비하는 과정에서 내가 이 학과를 지망하게 된 동기는 무엇인지, 그 공부를 통해 이루고자 하는 바가 무엇인지에 대해 오랜 기간 생각하게 되는 것이다. 이를 통해서 내 삶 속에서 일관되게 생각했던 것들을 발견하게 되고 어떻게 살고 싶은가에 대해 탐구할 수 있게 된다. 구체적으로 다음과 같은 질문들을 떠올려 볼 수 있겠다.

- 즐거웠던 기억
- 자랑스럽고 뿌듯했던 기억
- 실패의 경험
- 가족이 나에게 끼친 영향
- 감동적이었던 책이나 인물
- 기억에 남은 사회적 사건

꼭 박태환이나 김연아 선수처럼 어떤 영역에서 뛰어난 기록을 세워야만 하는 것은 아니다. 학생들이 다소 오해하는 부분이 있는데 학생부종합전형을 통해 대입을 준비할 때 올림픽과 같은 큰 시합에서 우승을 하거나 장관 표창 정도의 큰 상을 받지 않으면 가능성이 없다고 생각하고 있는 듯하다.

'잘하는 것이 없다'는 학생들의 하소연을 듣다 보면 이러한 고민은 더욱 깊어진다.

그러나 대외적으로 뛰어난 성과 없이도 학생부종합전형을 통해 얼마든지 입시를 준비할 수 있다. 여기에 한 가지 사례를 들어 보도록 하자. 중학교 내내 전교 꼴찌를 면하지 못하는 학생이 있었는데 고등학교 때는 열심히 공부하여 성적이 꾸준히 향상되었고, 마침내 고등학교 3학년 때 상위권 성적으로 진입하였다. 이 학생은 자신의 '꾸준한 성실성'을 학생생활기록부의 성적으로 입증하였고, 이를 인정받아 지원한 대학에 합격하였다. 따라서 다른 이들에 비해 자신의 강점이 될 수 있는 자질이 무엇인지 세심하게 찾아보는 것이 필요하다.

두 번째 단계로는 '나는 어떤 삶을 살고 싶은가?'란 질문에 답해 보아야 한다. 과거와 현재의 나를 돌아보면서 미래에는 어떤 삶을 살고 싶은지 생각해 보자. 구체적인 직업이나 진로가 정해지지 않았다 해도 나의 직관과 열정이 향하는 분야가 어디인지 살펴보아야 한다. 다시 말해 자신의 삶에 가장 중요한 가치가 무엇이며 어떤 것이 자기 자신을 움직이게 만드는 동기인지 알아보아야 한다. 가치관이라고 하는 것은 직업 가치관을 비롯해 개인의 세계관을 의미하는 포괄적인 내용이기에 깊은 숙고가 필요하다. 즉 '어떻게 살 것인가'라는 질문에 대해 탐색을 시도해 보는 것이다. 이런 경험이 중요한 이유는 내가 어느 쪽에 가치를 두고 있고 무엇이 나를 움직이게 하는가를 통찰하여야만 일에서 보람을 느끼고 행복도 느낄 수 있기 때문이다. 더 나아가서는 다양한 가치관을 가진 사람들이 어울려 살아가는 우리 사회를 좀 더 폭넓은 시야로 이해할 수 있게 된다. 나에게 중요한 가치가 '사회적 인정'인지 '봉사'인지 '금전적 보상'인지 '직업의 안정성'인지를 아는 것은 매우 중요하다. 게다가 요즘 학생부종합전형에서는 심층면접이 점점 중요해지고 있는 추세인데, 심층면접을 통해서 제출 서류의 사실 여부를 파악하고 학생의 인성을 중요하게 평가한다. 사회 리더로서 성장하려는 사람들의 인성, 즉 바른 가치관은 미래 국가의 운명을 결정지을 수 있는 중요한 사항이기 때문이다. 미국 유명 사립대학의 법학과 졸업생 중 많은 수가 경제 사범 등의 이유로 감옥에 갔다는 기사를 읽은 적이 있다. 사회 지도층의 윤리성이 더욱 요구되는 사회이기 때문에 자신의 가치관을 점검하고 어떻게 살 것인가에 대한 구체적인 비전이 있어야 하겠다.

마지막으로는 '대학에서 무엇을 하고 싶은가?' 하는 질문에 대한 진지한 성찰이 필요하다. 학생부종합전형에서는 개인과 전공과의 적합성을 중요하게 생각하고 그와 관련된 활동을 어느 정도 열심히 해 왔는지를 평가하게 된다. 입학사정관들은 대학이 학생의 자아실현에 어떤 의미를 가지고 왜 그렇게 생각하는지를 집요하게 질문하기도 하는데, 이때 중요한 것은 지원하려는 대학의 특성과 내가 나아가고자 하는 방향과의 연관성이다. 이것은 학생부종합전형을 준비하는 학생들이 매우 중요하게 고려해야 할 내용으로 국사 공부를 좋아해서 국사 관련 동아리에 참가한 뒤 열심히 활동한 학생이라면 역사교육과나 사학과 등에 지원하는 것이 합당하다는 것이다. 이것을 다른 말로 전공 적합성이라고 한다. 점수에 맞춰 아무 학과나 지원하는 소위 '묻지마식 지원'은 학생부종합전형에서는 일어나기 힘든 일이다.

전공 적합성 이외에도 학교의 인재상과 개인의 자질이 잘 어울리는 것도 필요하다. 일례로 종교적인 배경을 가진 대학 중에서는 사회봉사와 관련된 학교이념을 가지고 있는 곳이 있을 수 있다. 이런 학교에 지원하려는 학생들이라면 중고등학교 시절부터 의미 있는 사회봉사의 경험이 많은 도움이 될 것이며, 외국과의 활발한 교류를 추진하는 대학이라면 세계적인 시각과 경험을 가진 인재를 원할 것이다. 따라서 나의 특성이 대학별 특성과 잘 어울리는지 살펴보아야 한다. 그러기 위해서 최소한 해당 학교의 홈페이지를 방문해 보거나 교수님이나 졸업생들을 만나 직접 물어보거나 이메일을 통해서라도 문의해 보는 것이 좋다. 자신이 무엇을 하고 싶은지 혹은 어떻게 하면 그 분야로 나아갈 수 있을지 더 알고 싶은 학생들은 노동부 워크넷 사이트나 한국직업능력개발원의 커리어넷 사이트 등을 활용하여 보충적인 정보를 찾아보는 것이 좋다.

이제 학생부종합전형을 어떻게 준비해야 하는지 알아보자. 앞서 여러 번 강조했듯이 자신의 진로에 대한 진지한 고민이 선행되어야 한다. 특히 다양한 영역의 활동보다는 자신이 지망하고자 하는 학과에 맞는 일관된 활동이 더욱 중요하며, 비교과 영역도 마찬가지이다. 예를 들어 세부 특기사항, 진로특별활동 참가, 독서 이력, 체험활동, 봉사활동 등 다양한 활동을 통해 일관된 진로 준비를 보여 주어야 한다. 또한 학생생활기록부상의 교과 영역 성적도 입시에 반영되는 부분이기 때문에 끝까지 학업에 충실한 모습을 보여 주는 것이 좋다. 무엇보다 가장 중요한 사항은 이 모든 활동 내용은 기록으로 남겨 두어야 한다는 것이다. 개인 포트폴리오를 만들어 두는 것이 큰 도움이 된다.

〈현직 입학사정관에게 듣는 입학사정관 전형 100문 100답〉

(출처: 한국대학교육협의회)

Q 입학사정관전형에 어떤 학생이 지원하면 좋을까?

A 분명한 진로목표를 갖고 자기주도적으로 관심 분야에 열정을 쏟은 학생

A 학교생활기록부 교과 성적, 교내 활동(봉사, 동아리, 체험활동, 수상 실적 등)이 지원 학과에 적합한 학생

A 도전정신, 적극성 등이 뛰어나 리더로서 인정받는 솔선수범하는 학생

A 어려운 교육 환경을 극복하려고 노력한 학생

A 사회적 약자에 대한 배려와 공동체 의식을 가지고 몸소 실천하고 있는 학생

A 독서나 비판적/분석적 사고력을 바탕으로 면접 및 문제 해결 등에 자신 있는 학생

A 대학에서 원하는 인재상에 부합하는 학생 등

학생부종합전형 주요 반영 요소

학생생활기록부　교과 영역과 비교과 영역 활동 모두를 평가 요소로 활용한다. 특히 교과 영역 중에서도 지원하고자 하는 전공 관련 과목의 성취 여부가 중요하다. 학년 변화에 따른 성적 추이나 비교과 영역(출결 상태, 각종 교내 활동)에서의 활동 역시 주요한 평가 요소이다.

자기소개서　자기소개서에서 제시해야 할 핵심은 특정 분야에 대한

열정과 동기이다. 물론 이러한 열정이 학생기록부를 통해 일관적으로 나타나야 하며 그 분야에 탁월한 능력이 보여야 한다. 이러한 요소들은 서로 유기적으로 구성되어야 하고 인상적인 사례로 근거를 들어 제시되어야 한다. 자기소개서에는 주로 다음과 같은 내용이 요구된다.

· 성장 환경 및 역경 극복 사례
· 전공 선택 동기 및 관련된 노력
· 향후 학업 및 진로계획
· 자신의 장점 및 단점

학업계획서 가장 먼저 지원하고자 하는 대학의 홈페이지를 잘 살펴보아야 한다. 학과의 연혁과 교육목표, 졸업 후 진로, 교수진 등 학과 전반에 관해 살펴보는 것이 필요하다. 입학 후 어떤 것들을 배우는지 알아보기 위해 교과목을 조회해 보는 것도 도움이 된다. 학업계획서를 잘 쓰기 위해서는 해당 학과를 졸업한 사람들에게 구체적으로 질문해 보고 나만의 질문과 문제의식을 갖는 것이 필요하다. 이런 문제의식이 있어야만 입학 이후에 어떤 것들을 배우고 사회로 나갔을 때 어떻게 기여할 수 있는가가 그려질 수 있다.

추천서 추천서를 작성할 때는 다음 사항에 주의해야 한다.
· 간결하고 명료하게 작성한다.
· 일관성이 있고 조리 있게 작성한다.
· 사실적 정보를 구체적으로 밝혀서 작성한다.
· 상투적인 문구, 무성의한 태도, 장황한 표현 등은 자제한다.

면접 지원자를 보다 종합적으로 판단하는 단계로, 제출된 서류만으로 알기 어려운 인성적인 측면이나 해당 학문에 대한 전문적인 지식과 열정 등을 평가할 수 있다.

- 목적: 피면접자의 학습 능력과 잠재력을 예측하여 대학에서의 학업성취 역량 파악
- 평가 항목
  - 사고 능력: 의사소통 능력, 분석력, 종합력, 논리적인 판단력, 문제해결력, 기본적인 팀워크 능력 등
  - 정의적 능력: 가치관, 성격, 예의, 사회성, 리더십 등의 기본 소양 영역의 평가 및 자기소개서, 추천서, 학업계획서 등의 진위 여부 확인
  - 기본 소양과 수학 적성: 필기시험으로 측정이 어려운 부문인 인성, 태도, 건전한 대학생의 자질 등

학생부종합전형에서 요구하는 것은 결국 '결과'가 전부가 아니라 '과정'이 더 중요하다는 것이다. 이런 관점에서 보면 우수한 성적이나 수상 실적만이 전부는 아니라고 할 수 있다. 아직도 학과 성적이 우수한 학생들만을 골라 학생부종합전형을 준비하도록 격려하는 경우가 있긴 하지만, 이는 학생부종합전형을 제대로 이해하지 못한 결과에서 비롯된 것이다. 성적이나 수상 실적뿐만 아니라 취미나 봉사활동도 훌륭한 이력이 될 수 있다.

가톨릭대학교 사회과학부에 입학한 최혜진 학생은 지속적인 봉사활동과 성당의 가톨릭 학생회에서 적극적인 활동을 한 점을 인정

받아 가톨릭지도자 추천 전형으로 합격하였다. 어릴 때부터 피아노 연주를 좋아했던 최양은 피아니스트가 되는 것이 꿈이었지만 초등학교 시절 피아노 학원에 다니면서 피아노에 대한 생각이 달라져 입시 준비에 매달리는 피아니스트보다는 피아노를 통해 어려운 이웃을 돕는 일이 더욱 중요하다고 생각하게 되어 꾸준히 요양원에 들러 피아노 봉사를 한 이력을 인정받아 합격한 사례이다.

(2010년 3월 조선일보 기사 재인용)

학생부종합전형을 오해하여 유치원 때부터 토익 학원과 텝스 학원에 다니며 스펙 쌓기에 열중하는 것은 본질에서 벗어난 과욕이다. 영어가 특별히 재밌고 흥미 있어 하는 학생들은 어린 시절부터 영어 공부를 하는 것이 나쁘지 않지만 마구잡이식 스펙 경쟁은 지양해야 할 부분이다.

그리고 자신만의 언어로 말할 수 있는 능력이 갖추어져야 한다. 대학 입시가 끝나고 모 대학의 입학사정관에게서 심층면접에 온 학생들의 답변이 너무 비슷해서 놀랐다는 이야기를 들은 적이 있다. 요즘 학원가에서는 정말 별걸 다 가르쳐주는 모양이다. 아마도 학생부종합전형에서 면접이 차지하는 비중이 높아지면서 심층면접을 대비하는 학원까지도 성업 중인 것 같다. 그러나 학원에서는 면접 예상문제를 뽑아주고 모범 답안을 연습시키는, 그야말로 스파르타식 교육으로 면접을 대비시키기 때문에 대부분이 비슷한 답변을 체득하게 된다. 학생 개개인의 성장 잠재력을 보아야 하는 입학사정관의 입장에서는 머리가 아플 노릇이다. 하지만 이렇게 준비된 답변은 좋은 평가를 받기 어렵다. 입학사정관제부터 이어진 학생부종합전형은 이제는 어느 정도 경험치가 쌓여 자기 소신껏 준비한 답변과 달달 외운 답변을 충분히 가려낼 정도는 되었다.

논술 시험도 비슷한 글이 많아 채점하기 골치 아프다는 이야기를 들었다. 이 역시 비슷한 글을 적은 학생들은 합격하기 어렵고 자신만의 언어로 자신만의 생각을 펼친 학생이 선발될 확률이 클 것이다. 학생부종합전형은 사교육을 잠재우고 공교육을 되살리자는 대의가 있는 제도이기 때문에 학원에서 외운 답변은 좋은 평가를 받기 어렵다.

면접이나 논술뿐만 아니라 봉사활동 이력을 만드느라 몇백만 원을 주고 사설 단체에 참가하는 경우도 있다고 한다. 그런데 이런 봉사를 진짜 봉사활동이라고 할 수 있는지 의문이다. 봉사활동의 기본은 교내에서 이루어지는 것들이다. 이를테면 같은 학급 장애 학생의 등하교를 3년간 도운 친구가 몇백만 원의 참가비를 내고 아프리카 봉사활동을 한 친구보다 부족할 것이 없다는 뜻이다. 학교에서 진행하는 체험활동, 봉사활동, 동아리 활동, 독서활동, 방과 후 활동 등을 찾아보면 꿈을 위한 자원이 많이 있다. 많은 비용을 들여야만 할 수 있는 것보다는 정상적인 학교생활 속에서 이뤄나갈 수 있는 것들을 찾아보는 것이 좋다.

물론 이것이 가능하기 위해서는 무엇보다 교사의 열정과 노력이 필요하고 학생들을 위해 동아리를 지원하는 학교 문화도 중요하다. 학생들과 함께 연구하고 응원하는 교사들의 노력이 뒤따른다면 분명 좋은 결실을 맺을 수 있을 것이다.

상담자를 위한 가이드 7

1) 학생부종합전형이란 무엇인가?

학생부종합전형 도입 배경의 교육적 측면은 초중등 교육의 정상화와 대학 교육의 질 제고이고, 사회적 측면은 사교육비 경감과 대입 완전 자율화 정책이다. 학생부종합전형의 개념은 성적을 비롯하여 다양한 전형 자료를 통해 개인의 능력과 소질, 잠재력, 발전 가능성 등을 종합적으로 사정·평가하는 대입 전형이다.

▶진학에서 진로로: '나는 어떤 사람이 될 것인가?'

성적만 좋은 학생보다 자신의 인생 목표에 대한 확신과 열정, 그리고 숨겨진 재능이 있어 앞으로 발전 가능성이 큰 학생을 뽑는다는 게 학생부종합전형의 근본 취지이다. 따라서 수험생들은 자기가 미래에 어떤 사람이 되고 싶은지 명확한 목표를 정하고 이를 구체화해 포트폴리오 등 각종 제출 서류와 면접 준비에 적극적으로 반영해야 한다. 예를 들어 기업의 최고경영자(CEO)가 되려고 경영학과를 지원하는 수험생이라면 포트폴리오 작성 시 이와 관계없는 경력까지 모두 늘어놓기보다는 리더십 캠프 참가, 경제토론회 수상 등 자신의 꿈과 관련된 경험을 집중적으로 소개하는 것이 도움이 된다.

면접에서는 수험생의 가치관·세계관 등을 평가하므로, 이를 위해 왜 해당 학과에 지원하고자 하는지, 앞으로 어떤 공부나 활동을 할 것인지 등을 구체적으로 설명하는 연습을 해야 한다. 또 대부분의 평가과정에서 전공 교수가 참여해 심층면접을 진행하므로 지원 학과와 관련된 고교 교과의 주요 개념을 숙지해둬야 한다. 학생부종합전형의 요소별 반영 비율이 대학별로 천차만별인 만큼 어느 부분에 자신에게 유리한지 판단해 체계적으로 진로 준비를 하는 것이 좋다.

〈진로적성검사와 상담을 받을 수 있는 곳〉
· 서울진학진로정보센터: www.jinhak.or.kr
· 한국직업능력개발원 커리어넷: www.career.go.kr
· 워크넷: www.work.go.kr

2) 학생부종합전형을 어떻게 준비할 것인가?

(1) 자신만의 스토리를 만들어라

학생생활기록부, 자기소개서, 학업계획서, 추천서, 면접 등에 담긴 모든 정보는 일관성을 가지고 있어야 한다. 특히 전공과 지원자가 얼마나 적합하고 발전 가능성이 있는가는 대학에서 학생을 선발하는 중요한 평가 요소인 만큼 중고교 시절부터 꾸준하게 관련된 활동을 준비해야 한다. 자신이 좋아하는 분야에 흥미와 열정을 갖고 오랜 기간 노력해 온 과정을 입증할 수 있다면 좋은 결과를 얻을 수 있다.

바보는 천재를 이길 수 없고, 천재는 열심히 노력하는 사람을 이길

수 없다. 그러나 노력하는 사람은 즐기는 사람을 이길 수 없다.

– 공자(孔子)

(2) 기록으로 보관하라

커리어 포트폴리오를 제작해 두는 것이 효과적이다.

3) 학생부종합전형을 대비한 진로코칭

(1) 증거를 수집하라

관심을 둔 지원 분야의 사전 학습이나 연구에 많은 시간을 투입했다는 증거를 확보하는 것은 필수적이다. 이 부분에서는 면접 때 충분한 이야깃거리를 가지고 있어야 한다. 자신이 이룬 성취를 모두 모아서 포트폴리오를 만드는 것도 좋은 방법이다. 다음과 같이 학교 소식지에 본인이 쓴 시가 실렸다면 사진으로 찍어두는 것도 좋은 방법이 될 수 있다.

포트폴리오 자료: 학교 소식지에 실린 수상 소식과 시

(2) 체험하라

지원하는 분야와 관련된 동아리나 취미활동 등에서 많은 역할을 체험하는 것이 좋다. 역할을 하라는 것은 단순히 참가만 한다는 뜻이 아니라 적극적이고 주도적으로 활동한 것을 입증하라는 뜻이다. 이를 통해 적극성과 리더십을 검증받을 수 있다.

(3) 지속적으로 노력하라

열정의 일관성은 매우 중요하다. 얼마나 계속해서 원하는 바를 위해 노력해 왔는가를 증명해 줄 자료들이 필요하며, 이것은 단기간에 얻을 수 없는 것이므로 꾸준한 관리가 필요하다.

(4) 학생부종합전형 진로상담 시 유의할 점

① 학생이 생각하도록 하는 질문이 있어야 한다.

② 학생의 고민에 대해 잘 알고 서로 친해질 수 있어야 한다.

③ 학생을 '혼내는 접근법(approach)'이 되어서는 안 된다. 2가지 마음의 공존을 잘 이해하고 대화하는 것이 좋다.

　예) "이모가 이 학과에 가래요."라고 말하는 아이에게 어떤 충고가 필요한가?

④ 이야기의 '중심'은 학생이 되어야 하고, 학생의 이야기 중에서 '언어적 · 비언어적 표현'에 주의를 기울여야 한다. 이를 위해 어색한 침묵을 잘 극복할 수 있는 테크닉이 필요하다.

⑤ 내담자가 자신의 길을 찾아가도록 '성장 동기'를 일으켜 주어야 한다.

(5) 정규 교육과정 내에서의 진로교육 요소
① 재량활동: 창의적 재량활동-범교과 학습 주제로 선정
② 특별활동: 자치활동, 적응활동, 행사활동, 봉사활동, 계발활동의 5개 영역
③ 관련 교과: 교과별 교수 · 학습 시 관련 내용 반영
④ 정규 과목: 일반선택 '진로와 직업' 과목 개설

자료 준비와 심층면접을 준비하기 위해서는 교사와 학부모의 관심과 지원이 필요하다. 물론 어려운 환경에서 부모의 관심과 배려 없이 온전히 혼자서 준비하여 좋은 결과를 낸 학생들도 많이 있지만, 그 경우엔 반드시 물심양면으로 지원해 주는 교사들의 노력이 있었다.

학생부종합전형 합격 사례들을 살펴보면 교사의 지도로 몰랐던 재능을 발견하고 관심 분야를 찾아 훌륭하게 성장한 경우가 많이 있다. 학생을 오래도록 지도해 온 교사가 가장 좋은 멘토이므로 교사와 학생이 함께 연구하고 공부한 결과라면 가장 믿을 수 있는 자료가 될 것이다.

학생생활기록부의 기록이나 추천서 때문이 아니더라도 학생의 재능을 발견하고 지원해 줄 수 있는 사람은 담임이나 학과 교사일 확률이 높다. 따라서 학부모들은 교사의 의견을 존중하고 신뢰하는 자세가 필요하며 교사들 역시 학생들과 함께 노력하고 연구할 준비가 되어 있어야 한다.

학교 단위에서 고교–대학 간 연계를 강화한다거나 교사와 입학사정관들의 연례 세미나 등을 통해 학생들을 준비시키고 지도하는 것도 필요하다. 학생과 교사 그리고 학부모가 한 팀이 될 수 있도록 서로를 믿고 협력하여야 한다.

▶▶ 활동자료 7: 나의 희망 직업탐색

※ 희망 직업에 대하여 워크넷, 커리어넷 등의 '직업사전'을 활용하여 조사하여 봅시다.

1. 희망하는 직업은?

예) 사회복지사

2. 이 직업을 희망하는 이유는?

예) 고령 사회가 될수록 복지전문가에 대한 수요가 늘어날 것이기 때문에

3. 희망 직업과 관련한 정보를 알아봅시다.

항목	조사한 정보 내용
수행 업무	
요구하는 능력 및 개인적 자질	
작업 환경	
요구되는 학력 및 자격	
보수 및 승진	
고용 현황	
일자리 전망	

4. 희망하는 직업을 갖기 위해 재학 중에 내가 실천해야 할 것은?

예) 관련 동아리에 들어 봉사활동에 참여한다.

독거노인 도시락 배달 등(한 달에 두 번 봉사활동 참여)

<u>8</u>
취업 준비와 진로 의사결정

▶ 제 스펙이 문제인가요?

올해 26세인 영훈 씨는 작년 하반기 공채에 대기업에만 30여 군데 지원을 했고 이 중에서 3군데 정도 면접을 보았으나 모두 탈락하였다. 상위권 대학 출신으로 경영학을 복수전공하였고, 학점과 토익 점수도 모두 높은 편인 영훈 씨는 소위 남들이 부러워하는 고스펙 소유자였다. 그러나 대기업채용 시험에서 모두 떨어지자 의기소침해진 영훈 씨는 몇 군데의 중소기업으로부터 면접을 보러 오라는 연락을 받았지만 입사를 포기하고 취업 재수를 선택하였다. 취업 재수를 하면서 영훈 씨는 본인의 스펙이 부족하여 원하는 기업에 입사하지 못한 것이라고 생각하였고 영어 성적 올리기에 최선을 다하였다. 학점은 이미 어찌해 볼 수 없는 조건이니 토익을 만점에 가까운 점수대로 올려놓고 영어 말하기 시험과 중국어 시험까지 응시해 볼 계획이었다. 그 사이에 운이 좋다면 인턴도 해 보려고 노력하였지만 인턴 지원 결과 역시 좋지 않았던 영훈 씨는 크게 낙담하여 대학원을 가는 편이 좋겠다는 생각을 하게 되었다. 부족한 스펙은 아니지만 그렇다고 뛰어난 스펙도 아니라고 자책한 영훈 씨는 석사학위가 있다면 좀 더 유리한 입장에서 취업 시장 문을 두드려 볼 수 있지 않을까 막연한 기대를 하고 있다. 아무래도 석사학위가 있고 대학원이라는 스펙이 추가 되면 훨씬 유리할 것 같았기 때문이다. 그러나 학부 시절에는 대학원 진학에 대해 생각해 본 적이 없기 때문에 막상 진학을 하려고 하니 어떤 것을 전공으로 삼아야 할지도 모르겠고, 석사학위가 정말 취업에 도움이 될지 알 수 없어 상담실을 찾아왔다.

매 학기 대학에서 취업 특강을 하면서 느끼는 것이 있다. 스펙 좋은 명문대생의 취업 준비와 지방대생의 취업 준비가 별 차이가 없다는 것이다.

이력서와 자기소개서를 어떻게 써야 하는지 잘 모르는 것은 물론이거니와 면접에 임하는 자세뿐만 아니라 구체적으로 어떻게 답변하고, 어떻게 시선을 맞추어야 하는지 잘 모르는 것도 거의 비슷하다. 차이가 있다면 명문대로 갈수록 본인들이 항상 상위 그룹에 속해왔다는 것을 기반으로 한 자부심과 면접에서 보여 주는 집중력의 차이 정도라 할 수 있다.

영훈 씨는 소위 말하는 스펙 9종 세트 면에서 살펴보자면 훌륭한 지원자이다. 국내 상위권 대학에 다니면서 경영학 복수전공에 학점도 뛰어났으며 독거노인 도시락 배달과 보육원 자원봉사 등 150시간 이상 봉사활동도 하였다. 필리핀으로 6개월간 어학연수도 다녀왔고 물류관리사와 유통관리사 자격증도 따 두었다. 게다가 토익 성적도 900점대에 육박하였으니 취업 준비는 어느 정도 되었다고 자부하였다. 학창 시절엔 교외 활동도 열심히 했고 강인한 체력과 정신력을 보여 주기 위해 국토대장정도 다녀온 그야말로 취업을 위해 준비된 인재가 아닐 수 없었다. 그런데 그는 취업 시장에서 연이어 고배를 마시고 있다. 과연 영훈 씨에게 어떤 점이 부족했던 것일까?

스펙만 따지면 영훈 씨의 점수는 훌륭하다. 그러나 영훈 씨에게는 2가지 취업 장애물이 있다. 하나는 영훈 씨와 비슷한 스펙의 사람들이 무수히 많다는 것과 다른 하나는 남들과 차별되는 영훈 씨만의 이야기가 없다는 것이다.

대학 4년, 어찌 보면 길고 어찌 보면 짧은 시간이다. 학점부터 시작하여 봉사활동까지 재학 기간 내내 영훈 씨는 옆도 뒤도 돌아볼 틈 없이 앞만 보고 전진하며 희망찬 내일을 꿈꾸었을 것이다. 이렇게 열심히 노력한 것에 대해선 정말 칭찬해 주고 싶고 격려해 주고 싶다.

그런데 최근의 취업 현실에서는 영훈 씨 정도의 노력을 기울이는 사람들이 무수히 많다는 점도 기억해 주었으면 좋겠다. 대학의 존립도 졸업예정자들의 취업률과 고용 유지율에 의해 웃고 우는 상황에서 거의 모든 대학들은 취업을 위한 준비에 많은 에너지를 쏟아붓는 편이다. 웬만큼 취업에 생각이 있는 대학생이라면 3학년이 될 즈음엔 이미 스펙 쌓기에 총력을 기울이고 자신의 강점을 어필하기 위해서 이력서 컨설팅도 한두 차례 받아 보았을 것이다. 학생들 대부분이 취업에 통용되는 스펙이 무엇이고 어느 정도 되어야 입사에 성공하는지 잘 알고 있다. 그러나 이제는 스펙만으로 취업에 성공하긴 어렵기 때문에 자신만의 이야기, 즉 자신만의 차별화된 스토리가 필요하다. 점점 자기소개서의 비중이 커지고 면접에 대한 평가가 중요해지는 것도 이와 같은 현실을 반영하고 있다고 볼 수 있다.

스펙은 그야말로 학창 시절을 얼마만큼 성실하게 보냈는가를 보여 주는 지표이다. 학업을 게을리하지 않았으면 학점이라는 결과물로 나타날 것이고 영어 공부를 게을리하지 않았다면 고득점의 공인영어 점수도 있을 것이다. 또 글로벌 인재인가에 대한 간접적인 정보는 유학이나 어학연수, 여행 등의 경험이 될 수 있다. 그리고 나만 생각하는 개인주의자가 아니라 사회 속의 시민으로서 타인과 협력하고 조화롭게 지낼 수 있다는 점은 봉사활동이나 동아리 활동 등을 통해 엿볼 수 있을 것이다. 특히 최근 강조되고 있는 문제해결력과 팀워크 능력, 의사소통 능력과 같이 조직 내에서 필요한 역량을 알아보기 위해서는 지금까지 경험했던 일들에 관해 묻거나 가장 도전적인 일을 말해 보라는 등의 질문으로 지원자를 평가하려고 할 것이다.

그런데 이력서의 스펙만으로는 최소한의 정보만 확인 가능할 뿐이다. 잔

인한 말 같지만 입사에 성공하기 위해서는 스펙 말고도 필요한 것이 있다. 자기소개서의 내용이 점점 중요해진다는 것도 같은 맥락이다. 학창 시절 성실성이라는 스펙이 1차적인 선별 조건이라면 직무 적합성이나 조직 적합성은 2차적인 선별 조건이 된다. 즉 나는 어떤 사람이고, 왜 이 일을 하려고 하고, 어떤 점에서 다른 지원자와 차별성이 있고, 어떤 강점이 있으며, 만약 입사하게 된다면 무엇을 해낼 수 있는지 구체적인 경험을 들어 채용담당자를 설득해야 한다. 나아가 어떤 비전을 갖고 있고 앞으로의 포부는 무엇인지 밝히는 것이 3차 조건이 된다.

이러한 것들은 소위 말해 직무 관련 경험이다. 무조건 스펙을 높일 것이 아니라 내가 하려고 하는 일과 관련된 열정과 경험을 보여 줄 수 있는 경험이 필요하다는 뜻이다. 지원서에는 '저는 OOO백화점에서 몹시 입사하고 싶습니다.'라는 표현을 늘어놓았지만 정작 유통업이나 백화점 관련 직무 경험이 없으면 면접 기회를 얻기 힘들다. 어렵사리 면접에 참여한다 해도 면접관들로부터 어려운 질문을 받게 되면 우물쭈물한 태도를 보일 가능성이 높고 결과는 뻔한 노릇이 될 터이다. 그러므로 회사에 대한 철저한 조사와 이해가 선행되어야 하며 왜 내가 이 일을 하려고 하는가에 대해서 스스로 정리해 보는 시간이 꼭 필요하다.

지난 학기 서울의 모 대학에서 단기간에 100여 명의 학생들을 대상으로 심층 취업상담을 진행한 적이 있다. 그 당시 학생들의 희망 기업은 겨우 10개 정도로 압축되었다. 학생들이 원하는 기업의 폭이 그만큼 좁았다는 뜻이다. 항공사 쪽은 대한항공과 아시아나 둘뿐이었고, 전기·전자와 관련해서는 대부분이 삼성전자였으며 식품은 CJ나 신세계, 유통은 롯데마트와 이마트가 압도적이었다. 거의 모든 학생들이 대기업에 지원했고 대부분 취업에 성공하지 못했다. 왜 삼성전자에 지원하는지 본인도 모르는데 어떻게 채용 담당자를 설득할 수 있으랴? 지원 동기도 모르면서 입사지원서를 쓴다. 어느 누가 그런 입사지원서를 보고 '이 학생은 우리 회사에 꼭 들어왔으면 좋겠군.'이라고 생각하겠는가?

때때로 지원하는 회사에 대해서 알고 있는 바가 거의 없고 심지어는 광고에 나오는 회사의 광고 음악이나 카피 문구 혹은 광고 모델이 좋아서 그 회사를 희망한다는 순진한 고백을 하는 청년들도 심심치 않게 만난다. 이들의 이력서와 자기소개서를 받아서 읽어 보면 스펙은 훌륭한데 스토리가 전혀 없다. 그리고 정작 회사가 알고 싶어 하는 자신의 핵심 역량에 대한 어필이 매우 부족한 경우가 많다. 가끔은 이렇게 훌륭한 스펙을 갖춘 학생들이 어쩌면 이렇게 회사에 대해서 모르고 지원서를 쓰는 것일까 하는 의구심이 들 때도 있다.

심지어 상담실에 찾아와서 "선생님, 전 서울 소재 상위권 대학에 재학 중이고 토익은 950점, 학점은 4.5 만점에 4.0점 정도 됩니다. 삼성에 입사할 수 있을까요?"라고 묻는 황당한 학생도 있다. 간혹 이력서를 가지고 와 자신의 스펙으로 취업이 가능한 회사를 골라서 리스트를 정리해 달라는 학생들도 있었다. 마치 대입 수험생이 수능시험을 마치고 점수에 따라 사설 학원에서 나온 배치표를 참고하여 원서를 쓰는 모습과 흡사하다.

나는 이런 친구들을 만나게 되면 꽤 오랜 시간 이야기를 나누는 편이다. 이 친구들이 모르고 있는 채용 현실에 대해서 될 수 있는 대로 구체적으로 말해 주고, 앞으로 무엇을 어떻게 준비해야 하는지 방향 설정을 도와주려고 노력한다. 그러나 많은 학생들은 상담실을 나가면서 머리를 갸우뚱한다. '저 선생님은 취업과 관련해 잘 모르나 보다.' 라고 생각하는 게 빤히 보인다. 그럴 때마다 동상이몽이란 이런 걸 두고 하는 말이란 생각을 수차례 하였다. 물론 개중에는 저학년 때부터 자신이 원하는 분야의 경험을 쌓기 위해 동분서주하는 학생들도 있다. 기특한 일이다.

되든 안 되든 관심 분야의 스터디 그룹을 만들어 운영해 보고, 학생 논문 공모전에도 응모해 보고, 시민 의식 설문지도 돌려보자. 희망하는 직무에 활용할 수 있는 다양한 경험을 차근차근 쌓아 나가는 것이다. 당연히 이런 학생들의 이야기는 생생하고 채용담당자의 관심을 끈다.

그리고 자기소개서는 한 번만 쓰고 마는 글이 아니라 회사마다 직무마다 내용을 달리하여 작성하여야 하는 글이다. 왜냐하면 해당 직무마다 요구하는 특성이나 재능이 다른데 똑같은 이야기로 풀어나간다면 그런 서류는 별로 효과적이지 않기 때문이다. 하지만 실제로는 단 하나의 자기소개서를 작성하여 모든 회사와 모든 직무에 지원하는 경우가 허다하다. 이를테면 A 회사의 경영지원 파트에 지원했던 똑같은 서류를 B 회사의 영업직무로 지원한다. 아쉬운 김에 같은 서류를 C 회사에는 연구개발로 지원하는(도저히 가능할 것 같지 않은 취업계획을 세우고 지원서를 마구잡이로 접수하는) 경우들이 있다. 본인의 역량이나 적성을 고려하여 지원한다면 한두 가지 직무 위주로 집중될 것인데 막무가내로 '묻지 마 지원'을 하고 어느 곳 하나만 걸려라 하는 심정으로 발표를 기다린다. 당연히 좋은 결과가 있을 리 만무하다. 범용의 재능이 있다면 좋겠지만 직무는 각기 다른 역량을 요구한다. 따라서 똑같은 서류로 여기저기 넣는 것은 상식적으로 이해가 안 되는 행동이다.

자기소개서는 희망하는 회사와 지원하는 직무 그리고 나와의 적합성을 고려하여 작성하여야 하고 그래야만 채용담당자들에게도 나의 강점을 어필할 수 있다. 그런데 나의 강점이나 핵심 역량은 별로 고려치 않고 가고 싶은 회사라서 무조건 지원을 한다면, 지원 동기를 묻는 항목에서 쓸 말이 없는 사태가 벌어진다. 묻지 마 지원을 하다 보니 서류전형에 통과하고도 어느 회사에서 서류전형 합격 전화가 왔는지 모르는 경우마저 있으니 큰일이 아닐 수 없다. 더욱이 지원하는 부서가 어떤 일을 하는지도 모른 채 지원서를 써서 자기소개서 클리닉을 요청하니 서로가 당황스럽기만 하다.

지난 학기 어떤 여학생이 모 기업의 자원개발 및 기획 부서에 지원하겠다며 입사지원서를 가져온 적이 있었다. 참고로 지원한 회사는 천연자원을 수출입하는 회사였는데 여학생의 전공은 독어독문학이었다. 내가 "평소 에너지에 관심이 많았나 봐요?"라고 질문을 하자 여학생은 아주 조그만 목소리로 "아니요."라고 대답을 하였다. "아, 그럼 개발이나 기획 업무가 좋아서 지원하는 건가요?"라고 재차 질문하자 "아니요, 음… 그냥요. 선생님, 자원개발 및 기획 부서는 뭘 하는 부서예요?"라고 되려 나에게 질문을 하였다. "음… 정확하진 않지만 아마도 이 회사의 특성상 해당 부서에서는 어떤 자원을 개발하는 것이 생산성이 있으며 이 자원으로 어떤 2차, 3차 가공품을 만들어 낼 수 있는지 연구하거나 만약 어떤 자원을 개발하려고 결정한다면 사업성이 어느 정도 될지 예측하는 일이겠지요. 중요한 건 특정 자원을 개발할지 말지, 에너지 개발권을 수주할지 말지 결정하는 부서가 아닐까 생각되는데요. 학생이 더 알아보고 다음 주에 올래요?"라고 하자 이번에도 들릴 듯 말 듯 한 작은 목소리로 "네."라고 대답하며 돌아갔다. 다음 주에 찾아온 그 학생은 "알아보니까 선생님 말씀이 맞았어요."라며 한숨을 푹 쉬었다. "알아보았군요. 그럼 입사지원서를 쓰기로 한 거예요?"라고 묻자 "아니요, 안 쓰려고요. 저는 에너지에 대해선 전혀 모르고 관심도 없어요. 그 회사가 뽑는 직종이 딱 두 개였는데, 하나가 해외 영업이고 나머지가 자원 개발 및 기획 부서였거든요. 영업은 뭔가 파는 일인 것 같은데 전 그 일은 자신이 없어서요. 그냥 자원개발 및 기획으로 써 보려고 했는데 알아보니까 제가 못할 것 같아서요."라며 말끝을 흐렸다. 이 여학생은 대학교 졸업반이었고 이미 줄기차게 서류전형에서 낙방하던 차였다. 자신감도 땅에 떨어지고 한숨만 늘어가는 이 학생은 망연자실한 표정으로 나를 쳐다보면서 가만히 앉아 있었다.

하루에 8명가량 상담을 했는데, 5명 정도는 이런 유의 상담이었던 것 같다. 이들은 모두 스펙 9종 세트를 갖춘 친구들이었지만 상담을 해 보면 비슷한 허점이 있었다. 아마도 자기 자신 속에 매몰되어 지원하고자 하는 회사에 대해서는 준비가 소홀했던 탓도 있으리라. 학생들만 나무랄 수도 없는 일이다. 대학은 엄연히 학문의 요람이지 취업사관학교가 아니고 취업을 대비한 학원도 아니다. 따라서 이러한 간극이 생길 수 있다는 것도 이해한다.

하지만 대학 졸업 후 취업을 하고 싶은 젊은이라면 조금은 다른 관점에서 자기 자신을 바라보고 실무에선 어떤 역량을 원하는지, 그리고 어떤 일이 나와 잘 맞고, 나는 어떤 강점이 있는지를 진지하게 탐색해 보는 시간이 필요하다. 그래야만 내가 희망하는 일이 정말 나와 잘 어울리는지, 내가 가진 강점으로 기여할 부분이 있는지를 스스로 확신할 수 있기 때문이다.

이런 과정은 일정량의 시간을 소요하게 된다. 따라서 급하게 결정하기 어려우며 빠른 결정이 꼭 효과적인 것도 아니다. 굉장히 많은 학생들이 졸업반 스트레스에 시달리고 있고 대학을 졸업하기 전에 어엿한 직장에 취업한 후 졸업식에 참석하고 싶은 마음이 있다는 것도 알고 있다. 하지만 속도보다는 방향이 중요하다는 사실을 기억해 주었으면 한다. 빨리 달려갔지만 내가 원하는 것이 아닐 때 처음으로 되돌리려면 초기에 투자했던 시간보다 더 많은 시간을 투자해야만 방향을 재조정할 수 있다. 그러니 너무 조급해하지 말고 차분하게 자신을 돌아보고 나아가야 할 방향을 설정하기 바란다.

나 역시 20대 중반 진로 고민으로 많은 방황을 하였던 사람들 중의 하나이다. 특히나 진로를 변경하는 과정에서 갈등과 고민으로 힘겨운 20대를 보냈다. 모든 것이 너무 늦었다는 생각과 늦은 만큼 빠르게 만회해야 한다는 조급함에 힘들었던 시기였다. 그러나 돌이켜 생각해 보니 조급해한다고 문제가 해결되는 것은 아니었다. 올바른 선택을 위해 갖는 방황의 시간은 어쩌면 필수적인 수순이었던 것 같다. 그런 시간이 나의 길을 찾는 데 의미 있는 시간이었음을 인정하기까지 20년이 걸린 것을 생각하면 그때의 방황은 절대 쉬운 시간이 아니었다.

천천히 가더라도 옳은 방향을 찾아야 한다. 혹시 나처럼 자기 자신을 학대하느라 20대를 보내고 있는 청춘은 없길 바라는 마음에서 간절하게 당부드린다. 대학 졸업반이지만 무엇 하나 명확하지 않을 수 있다. 아니 그런 사람들이 대부분이다. 대학 졸업반이 아니라 40대 중년의 직장인에게도 이런 갈증은 끊임없이 계속된다. 진로 문제는 살아있는 한 계속되는 미해결 과제가 아닐까 하는 생각도 든다. 따라서 진로 고민에는 반드시 여유가 필요하다.

한 번의 결정이 모든 것을 좌우하는 것도 아니고, 정해진 나이에 정해진 순서대로 모든 일이 착착 진행되는 것도 아니다. 예컨대 스무 살에 대학을 못 들어가면 패배자라고 생각하는 것도 어찌 보면 심각한 사회적 스트레스이다. 대학 졸업반인데 진로를 정하지 못하면 무엇인가 크게 잘못되었다고 생각하지만 학생들 대부분이 이와 같은 상황이다. 나만 그런 것이 아니다. 진로교육이 별반 중요하게 다루어지지 않았던 중고등학교 시절과 비교해 보면 이제야 비로소 나의 진로에 대해 제대로 생각해 보기 시작한 것과 다름없는데, 무엇인가가 명확하면 그게 더 이상한 일이 아닐까? 게다가 20대 후반이나 30대 초반이 되면 결혼이라는 과제가 또다시 우리를 스트레스 상황으로 몰아넣는다. 그 나이가 되도록 애인도 없고 직장도 변변치 못하면 고개를 들고 친척 집에도 가지 못하게 만드는 것이 우리네 현실이다. 하지만 사람마다 성장하는 속도가 다르고 인생을 준비하는 시기도 다르고, 그야말로 모든 이에게 적당한 때가 다 다르다는 사실을 기억해 주었으면 한다. 고백하자면 나는 한국 나이로 서른아홉살이 되던 해에 결혼을 하였다. 한국 사회에서 이 나이 먹도록 결혼을 안 하고 사는 것은 거의 도발에 해당하는 행동이라는 것을 서른을 넘기고 서른다섯을 넘기면서 몸소 체험하였다. 사람들의 시선, 당연히 해야 하는 일을 하지 못한 것에 대한 괜한 죄책감, 부모님에 대한 미안함, 성인이 되었지만 결혼을 하지 않았다는 이유만으로 받아야 하는 아이 취급 등등 제때에 무엇인가를 해내지 못했을 때 경험할 수 있는 모든 고초를 다 겪으면서 30대를 통과하였다.

하지만 다시 묻고 싶다. 정말 그렇게 모든 일이 세상의 기대대로 진행되어야만 하는 것인가? 세상에서 정해 놓은 기준이란 것이 누구에게나 적용될 수도 없는 노릇이며 사람마다 때가 다르다는 것을 받아들이는 사회적인 토대가 필요한 시점이다. 그래야 취업을 준비하는 많은 청년들이 초조함에서 벗어나 자신의 적성과 흥미 그리고 자신의 가치에 잘 맞는 일을 찾기 위해 시간을 보내어도 쓸데없는 죄책감과 미안함에서 벗어날 수 있다. 마음의 여유가 있어야 자유롭게 내일을 준비할 수 있다. 방황하고 실패하는 과정이 수치스러운 일이 아니란 것을 충분히 알아 주었으면 좋겠다. 아무것도 하지 않고 허송세월하는 것이 아니라면 자기 자신을 사랑하고 용기를 갖는 태도가 필요하다. 남들보다 1, 2년 늦게 직업을 가질 수도 있고, 그보다 더 늦게 사회생활을 하게 될 수도 있다. 하지만 자신의 목표를 명확히 하고, 원하는 것을 반드시 성취해 내겠다는 각오, 그리고 매일매일 노력하는 자세를 갖춘 청춘들에겐 밝은 미래가 기다릴 것이다.

달려가고 싶더라도 방향을 먼저 확인하길 바란다. 내가 가고자 하는 곳이 어디인가? 자기 자신 안에 답이 있다.

상담자를 위한 가이드 8

　취업을 위한 상담을 하다 보면 조급하고 다급한 나머지 이력서, 자기소개서의 클리닉이나 면접 요령에만 집중하게 되는 경우가 있다. 하지만 장기적인 진로설계라는 측면에서 상담자들이 내담자 스스로 자신의 인생을 주체적으로 설계하고 이끌어 나갈 수 있는 자원을 끌어내 주는 데 조력하여야 한다.

　대학에서 심리학을 전공할 때 학부 수업시간에 보았던 영화 〈굿 윌 헌팅(Good Will Hunting)〉은 상담자가 내담자의 성장에 어떻게 조력할 수 있는지 보여 주는 좋은 영화이다. 이 영화를 보지 않았다면, 꼭 한 번 볼 것을 권해 드린다. 학생들과 함께 보기에도 좋은 영화이다. 〈굿 윌 헌팅〉은 천재성을 지닌 한 청년의 심리적 성장과정에 관한 이야기로 주인공의 심리적 문제에 초점을 맞춘 영화이다. 주인공인 헌팅은 고아에 가난한 노동자 계층 출신으로 의붓아버지의 구타와 욕설 속에서 성장하여 누군가에게 버림받을지도 모른다는 두려움과 타인에 대한 신뢰를 상실한 채 살아가고 있다. MIT에서 청소부로 일하던 중 우연히 MIT 수학과 교수인 램보가 낸 어려운 수학 문제를 풀어내게 되고 이를 계기로 삶의 전환점을 맞게 된다. 심리적 문제를 치료하기 위하여 맥과이어라는 심리학 교수를 만나게 되고, 그와의 특별한 만남을 통해 왜곡된 심리 상태를 극복하고 진정한 자기 자신의 모습을 찾게 되는 것으로 이야기가 전개된다. 램보는 자신과 같은 뛰어난 수학자가 오랜 기간에 걸쳐야 겨우 풀 수 있는 문제를 별다른 어려움 없이 해결해 내는 헌팅의 천재성을 부러워하며, 수백 년에 한 번 나올지 모를 천재임에도 불구하고 자신의 능력에 대해서 냉소적인 태도로 일관하는 헌팅의 심리 상태를 치료하기 위해 번거로운 일들을 자청하면서까지 헌팅을 후원하게 된다.

헌팅은 자신에게 뛰어난 수학적 재능이 있음을 알지만 그것과 자신의 삶 전체가 어떻게 연계되어야 하는지 알지 못하고 있었고, 자신의 재능을 펼칠 당위성이나 필요성을 인식하지 못하고 있었기에 몇몇 친구들을 제외하곤 그 누구도 믿지 않았다. 이러한 문제 상황을 파악한 사람은 다름 아닌 램보의 대학 동창이자 자신의 심리적 상처를 극복한 뒤 지역 주민을 위한 대학에서 상담 교수로 있는 맥과이어였다. 그는 인간에게 기본적인 신뢰감이 형성되지 않을 경우 남들과 더불어 원만한 사회생활을 하는 것이 어렵다는 점을 자신의 경험을 통해 잘 알고 있었기 때문에 헌팅을 돕는 데 적극적으로 협조한다. 심리학자로서 그는 인간이란 재능과 능력이 어떻든 간에 자기 존재의 고유함을 드러내는 인격적 통합이 없을 경우 능력의 발휘는 물론이거니와 존재의 의미 구현에 실패할 수밖에 없음을 알고 있는 사람이었다. 그래서 맥과이어는 헌팅의 마음을 열도록 여러 가지 노력을 하였다. 타인에 대한 불신감 때문에 현실을 회피하려는 헌팅을 현실로 끌어내는 일은 어려운 일이었지만, 그는 포기하지 않았다. 첫 번째 면담을 실패한 후 두 번째 면담에서 맥과이어는 인간의 고유한 삶에 필요한 지식이란 책에서 얻은 저장한 지식이 아니라 삶 속에서 체험된 지식이라는 것을 알려 준다. 예를 들어 사람들이 멋진 그림을 감상할 때 중요한 것은 그 그림에 대한 무수한 지식을 얻는 데 있는 것이 아니라 그림을 보고 느끼면서 감상하는 데 있다는 것을 알려 준다. 그러면서 아내와 찍은 사진을 보고 비아냥거리는 헌팅을 향해 아무리 뛰어난 능력과 재주를 지녔다 하더라도 그것이 자신의 삶에서 어떤 의미를 가지는지를 모르고 하는 일을 통해 기쁨과 만족을 느끼지 못한다면, 그런 삶은 자신의 존재 의미를 망각한 기계적 생활일 수밖에 없다며 고함을 지르게 된다. 이런 과정을 통해서 헌팅은 누군가와 마음을 통하여 대화하는 것이 무엇이며 나아가 진심으로 누군가를 대한다는 것이 무엇인지 어렴풋이 알게 된다.

우리들의 현실을 돌아보면 꿈을 찾는 것이 꿈인 20대, 88만원 세대, 사오정, 이태백, 삼팔선 취업대란, 스펙 9종 세트, N포 세대 등 젊은 세대를 지칭하는 냉소적이고 자조적인 신조어들과 엄친아와 엄친딸, 10억 연봉자 같은 말에서 무한 비교 사회에서 살아남기 위해 만인에 대한 만인의 투쟁 상태에 놓인 우리들의 모습이 보인다. 과거 중고등학교 시절을 되돌아보아도 그 당시의 공부가 미래에 어떠한 영향을 미칠지 진지하게 생각해 본 적 없이 그저 좋은 대학, 좋은 학과에 들어가기 위해 주어지는 지식을 그대로 받아들이고 암기하는 것이 고작이었다. 친구를 이겨야만 좋은 아이로 칭찬받았던 10대 시절은 외면할 수 없는 부끄러운 현실이다. 이러한 토대 위에서 이 영화 속 맥과이어 교수의 태도와 인간을 바라보는 관점은 진로상담을 하는 이들에게 중요한 부분을 상기시켜 준다.

우리 교육의 문제점은 능력 개발과 지식 전수를 삶과 연계시키지 않은 채 대학 입시만을 위한 교육을 실시한다는 것이다. 하지만 우리는 대학에 가기 위해서나 취업하기 위해서 인생을 살아가는 것이 아니다. 따라서 자신의 인생에 있어서 지식이 왜 필요한지, 그리고 자신의 인생을 행복하게 설계하기 위해서 우리는 어떠한 지식을 습득해야 하며 어떠한 능력을 개발해야 할지를 생각해 볼 시간이 많아야 한다. 점수에 맞춰 대학에 가는 것이 아닌 미래에 대한 충분한 성찰이 이루어진 뒤 자신의 재능과 적성에 맞는 대학과 학과를 선택한다면 대학에 와서 후회하는 일을 조금은 줄일 수 있을 것이다. 탐색과 선택의 과정을 거치면서 비로소 진정한 지식의 습득과 능력 개발에 최선을 다할 수 있을 것이기 때문이다.

실업자와 청년구직자를 대상으로 한 청년층 직업지도 프로그램을 오래도록 진행하면서 느낀 바는 재능이 있고 똑똑하지만 함께 일하고 싶은 사람이 아니어서 번번이 구직에 실패하는 청년들이 꽤 존재한다는 사실이었다. 이런 측면에서 맥과이어 교수와 헌팅의 심리치료 장면은 '인격적 성장'과 '의미 추구'라는 교육학적 메시지를 전달하고 있는 것으로 보인다. 인간이란 사회·문화적 요구에 기계적으로 부응하거나 기술적 치료에 자동으로 반응하는 존재가 아니기 때문에 인간이 무엇을 배우고 실천하기 위해서는 존재의 의미를 깨닫고 가치를 추구하려는 자유의지가 필요하다. 즉 맥과이어 교수는 헌팅이 사회적으로 성공하도록 심리치료를 한 것이 아니라, 자유로운 인간으로 성장하고 도약할 수 있도록 도움을 준 것이다.

태어나서 지금까지 20여 년 동안을 쉬지 않고 교육을 받아 왔지만 '나는 누구인가?'라는 철학적 질문에 대해 고민해 볼 시간조차 없었으며, 자신의 모습을 뒤돌아보며 존재의 의미에 대해 깊이 생각해 볼 여유 또한 없었다. 그리고 우리에겐 배운 것을 실천할 수 있는 자유가 존재하지 않았다. 진정한 교육은 학생들이 자신의 고유함과 존재의 의미를 찾을 수 있도록 돕고, 자신의 소질과 적성에 맞는 교육을 선택할 자율성을 전제로 할 때 지식 전수도 의미를 갖고 개인의 능력 개발도 가치가 있다. 이처럼 참다운 교육이 이루어질 수 있도록 학생들에게 자기 자신의 잠재력을 찾을 수 있는 기초와 전제를 확립해 주는 것이야말로 진로코치들이 일차적으로 해야 할 일이 아닐까 생각한다. 이 영화의 마지막 장면은 램보 교수가 알선해 준 좋은 직장을 마다하고 한 여인에 대한 신뢰와 사랑을 찾아 캘리포니아로 떠나는 헌팅의 모습을 보여준다. 헌팅이 사랑을 찾아 떠나는 것은 그가 이제까지의 방황을 끝내고 자신이 무엇을 원하는지를 깨달아 삶의 의미를 찾아 떠난다는 상징적 메시지라고 볼 수 있다. 자유로운 정신을 얻게 된 헌팅이 선택한 소중한 삶을 보여 주는 것이다. 그는 무엇이 자신에게 소중한지를 깨달은 후 자유로운 선택과 결단에 따라 사랑하는 여인에게로 떠나는 것이다. 영화 〈굿 윌 헌팅〉에서 보여주는 교사의 모습은 한 인간이 출세와 성공에 필요한 지식 습득을 넘어서서 자유로운 인간으로 성장하여 자기 고유의 삶을 선택할 수 있는 능력을 도와주는 조력자로서의 모습이다. 이러한 교사와 학생 간의 주고받는 관계는 다른 말로 '전인적 교육'이라고 할 수 있을 것이다. 헌팅이 빈 고속도로를 시원스레 달리는 마지막 장면을 보면, 그가 앞으로 어떠한 삶을 살아갈 것인지는 묻지 않아도 알 수 있다. 진정한 진로코치라면 학생들에게 자신의 길을 스스로 선택하게 하고 그 선택에 책임을 지며 자유롭게 나아갈 수 있도록 도움을 주어야 한다. 좋은 코치가 되기 위해서는 학생들 내면의 힘을 길러주며 더 나은 존재가 될 수 있도록 격려하고 지원하는 조력자가 되어야 한다.

취업교육

취업교육이 활발히 이루어지고 있는 곳은 4년제 대학, 전문대 그리고 특성화고나 마이스터고 등이다. 대개 3월과 9월, 기업의 공채시즌이 되면 전국의 대학에서는 채용설명회, 캠퍼스 리크루팅, 취업전략 특강, 취업컨설팅 등이 진행되며 학생들에게 취업 관련 정보를 제공하는 여러 취업 프로그램들이 실시된다.

구직자를 대상으로 하는 프로그램은 개별 대학의 단과대 및 경력개발센터, 대학 내의 대학창조일자리센터나 지자체의 일자리 관련 전문기관에서 이루어진다. 각 기관에는 일자리 관련 업무를 담당하는 전담인원이 있다. 교내 취업지원팀 소속 직업상담사, 취업지원관, 대학청년고용센터 컨설턴트 등을 예로 들 수 있다. 이들은 교내에 운영되는 취업 지원 사업을 기획·운영하고 학생들의 취업상담 및 알선, 취업교육 등을 전담하게 된다. 여기서 취업지원관과 대학청년고용센터는 고용노동부의 지원으로 대학 내 청년층의 취업 지원을 위한 다양한 서비스를 제공하는 사업이다.

요즈음 대학에서는 저학년부터 체계적인 진로·취업교육이 이뤄져야 한다는 생각에 동의하여 취업과 관련한 교과목들이 개설되고 있다. 취업 관련 교과목이나 진로설계 관련 과목 등은 저학년부터 고학년까지 자신의 취업과 진로를 체계적으로 관리할 수 있는 내용으로 구성된다. 최근 채용 시 NCS(National Competency Standards, 국가직무능력표준)에 대한 교육 수요가 늘면서 직업 기초 능력을 중심으로 하는 취업 교과가 전문대를 중심으로 보다 체계적으로 계획·운영되고 있다.

대학에서는 취업캠프, 취업박람회, 취업동아리, 집단상담, 취업 및 직무 특강 등 다양한 취업 프로그램을 진행하고 있다. 자기탐색이나 동기부여와 같은 심도 있는 상담은 조금 힘들지 몰라도 구직 과정에서 반드시 필요한 입사지원서 컨설팅 및 면접 코칭과 같은 프로그램이 많이 있으니 특성화고 학생과 대학생들 혹은 인문계 비진학 청소년들은 학교 내외에서 진행되는 취업 프로그램을 눈여겨보고 참여해 보는 것도 도움이 될 것이다.

내일배움카드제나 취업성공패키지와 같은 청년층을 위한 고용노동부의 지원사업도 구직하는 데 많은 도움을 제공하고 있으니 관련 정보를 찾아보길 바란다.

· 내일배움카드: www.hrd.go.kr
· 청년 워크넷: www.work.go.kr
· 취업성공패키지: www.work.go.kr/pkg
· 청년내일채움공제: www.work.go.kr/youngtomorrow
· 경기도 일하는 청년통장: account.jobaba.net
· 경기도 청년구직지원금: young.jobaba.net

▶▶ # 활동자료 8: 진로목표 설정

※ 나의 진로목표와 달성 방법을 시기별로 나누어 작성해 봅시다.

시기	하려고 하는 것 (사실, 사건)	가지려고 하는 것 (물건, 자격증 등)	되려고 하는 것 (직업, 지위)
5년 후 (세)	예) K 대학 전자공학과에 입학하기	예) 노트북, 정보처리기사 2급 자격증	예) 대학생
10년 후 (세)			
15년 후 (세)			
20년 후 (세)			
25년 후 (세)			
30년 후 (세)			
35년 후 (세)			
40년 후 (세)			
미래의 나*			

*15년 후 직업인으로서의 내 모습을 그려보거나 하는 일을 생생하게 적어 봅니다.

진로 고민은
계속된다

2
진로교육에서 학부모의 역할

▶ 헬리콥터 맘을 아시나요?

고등학교 2학년인 태은이는 서울로 유학을 왔다. 원래 집은 창원이지만 더 나은 교육 환경에서 공부하라는 부모님의 뜻에 따라 유학 생활을 하고 있다. 강남구 대치동 학원을 다녀야 괜찮은 대학에 입학할 수 있을 것이라고 생각한 부모님은 태은이를 위해 원룸까지 구해 주었다. 창원에서 전학을 왔기 때문에 중학교 친구들이 한 명도 없는 태은이는 고등학교에서도 거의 혼자 지내는 편이다. 쉬는 시간에도 학원 숙제에 쫓겨 친구들과 이야기 나눌 틈도 없기 때문에 학교에서는 공부에만 집중하려고 노력하는 편이다. 방과 후에는 학원 스케줄에 맞춰 생활하기 때문에 저녁도 대부분 학원에서 먹고 있다. 태은이의 최대 목표는 부모님이 원하시는 대학에 붙는 것이고, 그것이 부모님의 노고에 보답하는 길이라고 생각하고 있다. 태은이가 상담실을 찾아온 이유는 가슴이 답답하고 기운이 없기 때문이었는데, 그간 너무 오래 혼자 지내오면서 어린 나이에 외로움을 느꼈던 것 같다. 공부를 제법 잘했던 태은이는 자신이 왜 이곳으로 와서 공부해야만 하는지 누구보다 잘 이해하고 있는 학생이었다. 조그마한 중소기업에 다니시는 아버지와 자신의 서울 유학비를 벌기 위해 마트에서 아르바이트를 하는 엄마를 생각하면 너무 죄송해서 마음이 무겁다는 것이었다.

자신이 성공해서 부모님을 빨리 편안하게 해 드리고 싶은데 요즈음 학교 생활이 힘들고 머리가 무거워서 공부가 잘되지 않는다는 것이 태은이의 고민이었다.

태은이를 맨 처음 보았을 때 들었던 생각은 많이 위축되어 보인다는 것이었다. 자신감이 없어 보이고 너무 조용한 태도가 걱정되었다. 그리고 태은이의 이야기를 들으면서 참 마음이 착잡했던 기억이 난다. 자녀 교육에 힘들어 하는 부모님도 그 속에서 노력하는 태은이도 모두 애처로웠다. 항간에 유행하는 이야기로 자녀 교육을 성공적으로 이끄는 3가지 요건이 있다. 우스갯소리지만 그 3가지 요건은 '엄마의 정보력', '할아버지의 경제력', '아빠의 무관심'이라고 한다. 아이들 교육은 대부분 엄마의 몫이란 얘기다. 심지어 엄마는 '로드 매니저'라는 말도 있다. 마치 연예인들의 스케줄을 관리해 주는 로드 매니저처럼 자녀의 스케줄을 잡아 주고 일과를 관리해 주는 것뿐만 아니라 학원 앞에서 대기를 하고 다음 학원으로 데려다주는 일도 도맡아 하기에 그런 별칭이 붙은 것 같다. 학부모들을 만나 상담을 해 보면 대부분의 어머니들이 피로감을 호소한다. 아이의 성적표가 곧 엄마 성적표가 되는 세상에서 엄마들은 손을 놓을 수도 없다. 아이를 남부럽지 않은 대학에 보내 놓아야 할 일을 했다고 생각하기 때문이다. 그러나 과연 이러한 생각이 바람직할까?

한 번쯤은 헬리콥터 맘(helicopter mom)이라는 용어를 들어 보았을 것이다. 경제용어 사전에 의하면 헬리콥터 맘은 헬리콥터처럼 자녀의 주위를 맴돌며 챙겨 주는 엄마를 지칭하는 말이다. 간단히 말하면 '과잉보호(overparenting)'라고 할 수 있다. 헬리콥터의 프로펠러는 엄청난 회전 속도로 주변의 장애물을 치워버리고 그 추진력으로 헬리콥터를 띄운다. 이런 특성을 비추어 볼 때 헬리콥터 맘이라는 비유는 매우 적절해 보인다.

헬리콥터 맘은 지방보단 대도시 지역에서 많이 나타나는데 강남이 대표적인 지역이다. 소위 강남 엄마들은 자식의 일거수일투족을 감시하고 조정하는데, 헬리콥터 맘의 자녀들은 엄마가 짠 스케줄에 의해 움직인다. 그녀들은 일종의 매니저인 셈으로 심지어 자녀의 친구를 정해 주기도 한다. 또한 자녀에게 어려운 일이 닥치면 해결사 역할도 한다. 그러나 지나치면 모자란 것보다 못한 법, 즉 과유불급(過猶不及)이다. 엄마들이 자녀들의 곤란한 상황을 해결해 줄 때마다 그들은 그 상황에 익숙해져서 스스로 문제를 해결할 능력을 잃어가게 된다. 그러면서 어떠한 시련과 좌절도 맛보지 못한다. 시련과 좌절을 경험하는 것은 청소년기에 매우 중요하다. 이는 청소년을 성숙하게 만들어 주기 때문이다.

모든 것을 조정하려는 부모 아래서 자라는 아이들은 그들대로 숨이 막히고 부모들은 부모들대로 불안하기만 하다. 부모가 항상 자녀 곁에서 있을 수 없기 때문에 학생 스스로가 주인의식을 갖고 자신의 삶을 직접 설계해 보아야 한다. 그러기 위해서는 부모는 자녀에게 좋은 양육 환경을 제공해 주는 것과 동시에 자녀가 스스로 자신의 삶에 대해 생각해 볼 수 있는 시간적·물리적 공간을 마련해 주어야 한다. 그러나 헬리콥터 맘의 높은 불안감은 자녀에게 시간적·물리적 공간을 허용하기 어렵게 만들고, 스스로 생각해 본 적이 없는 자녀들은 삶에 대해서 고민해 보는 마음의 여유를 갖기 어렵다. 이러한 부모와 자녀 관계에서는 자녀들의 자율과 통제권이 상실되기 쉽기에 변화무쌍한 직업 세계 속에서 아이들의 미래는 너무나 위험해 보인다.

학교에서도 지나친 통제보다는 학생이 주인이 되는 진로교육이 필요하다는 점을 이해하고 있어야 한다. 이런 관점의 전환이 있어야지만 학생 개개인의 다양성을 인정하고 강점과 약점을 발휘할 수 있는 체험식·경험식 진로교육이 실시될 수 있다. 일방적인 강의식 수업보다는 토론과 발표가 이루어지고 다양한 생각과 표현이 허용되는 환경 속에서 학생의 진로성숙도가 높아지고 의사결정 능력도 함양될 수 있기 때문이다.

자녀 교육에서 자녀의 진로선택과 학업성취는 부모의 역할이라고 생각하는 경우가 많다. 자녀가 어릴 때 공부와 진로를 잡아 주어야 성공적인 삶을 살 수 있을 것으로 생각하기 때문이다. 게다가 많은 부모들은 일단은 '아이의 성적이 어느 정도 받쳐 주어야 진로도 찾을 수 있을 것'이라고 생각하기에 우선 진로를 고민하기보다는 성적 향상을 위해서 고군분투하게 된다. 좋은 학원이 어디인지 알아보기 위해 정보력을 동원하고 선행학습은 언제부터 시켜야 하는지 머리를 싸매고 고민하는 것이다. 학생들 역시 이른 아침부터 늦은 밤까지 학교와 학원을 돌며 1점이라도 더 높이기 위해서 치열하게 공부하느라 앞으로 어떻게 살 것이며 무엇을 하며 살지를 고민할 여유가 없다. 발등에 떨어진 성적이나 입시 문제에 비해 미래의 진로계획은 너무 먼 이야기처럼 여겨져 생각조차 할 수가 없기 때문이다. 하지만 진로 문제는 먼 훗날의 이야기도 다른 사람을 위한 이야기도 아니다. 잊지 말아야 할 것은 성적 향상 이전에 진로설계가 선행되어야 한다는 점이다.

그러나 아직까지 우리나라에서 진로교육은 진학상담의 범주를 넘지 못하고 있다. 교사와 학부모뿐만 아니라 학생들의 진로인식도 매우 낮은 수준이다. 대학 입시라는 대명제를 달성하기 위해서 온 힘을 쏟기 때문에 청소년들은 자신의 진로에 대한 고민은 먼 훗날의 일로 제쳐 놓기 쉽다. 이러한 이유로 중고등학교 시기의 진로교육은 방향을 잃고 헤매기 쉽다.

실제로 이런 사례가 있었다. 학과 공부도 꽤 잘하고 리더십도 있는, 한마디로 똑소리 난다는 한 여학생이 상담실을 찾아왔다. 심리학에 관심이 있어서 그 분야에 대해 알아보고 싶다는 것이었다. 자신이 생각하기에 심리학이란 학문이 꽤 재미있을 것 같다는 설명도 덧붙였다. 그러나 부모님은 법대를 생각하고 계시며 심리학과를 나와 봐야 별 볼일이 없다며 반대하신다는 것이다. 기왕이면 법대를 졸업한 후 로스쿨에 진학하라고 권유를 하셨고, 본인도 법대와 심리학과 중에서 고민 중이라는 것이다.

나와 이 여학생은 여러 차례 상담을 진행하였고, 그때마다 심리학에 대한 진지한 관심을 엿볼 수 있었기 때문에 심리학에 관련한 많은 정보를 제공해 주었고 동기부여도 해 주었다. 특히 앞으로 무엇을 선택하든 개인의 행복이 중요하니 자신이 몰입할 수 있는 일을 선택하는 것이 좋겠다는 이야기도 나누었다. 하지만 결국 그 여학생은 심리학과 대신 법대를 선택하였다. 대학에 가서 심리학을 복수전공 할 수도 있으니 잘못된 선택이라고 단정 지을 수는 없지만, 이 학생이 상담실을 나가며 한 말을 잊을 수가 없다. "선생님, 전 심리학은 나중에 취미로 공부할래요. 부모님도 법대가 더 나을 것 같다고 하시고, 제 생각도 그런 것 같아요. 그리고 심리학은 요새 누구나 하는 것 같아요." 나는 그날 학생의 말에 제대로 답변을 하지 못했다.

많은 학생들이 진로를 선택할 때 가장 많은 영향을 받는 사람은 부모님이다. 진로에 대해서 충분히 상의하는 것은 꼭 필요한 일이고 매우 중요한 일이긴 하지만, 부모님이 원하지 않는다는 이유로 관심 분야를 너무 빨리 포기하는 것은 아닌지 염려가 되는 것도 사실이다. 그렇다고 부모가 되어 자녀가 원하는 대로 마냥 내버려 두어야 한다거나 아무런 간섭도 하지 말아야 한다는 뜻은 아니다. 자녀의 독립성을 인정하면서도 따뜻한 관심과 배려를 보이고, 대화를 통해 자녀가 진로를 잘 잡아 가도록 도움을 주어야 한다. 어린 자녀일수록 기초적인 자립 능력과 희망 분야에서 요구하는 능력을 기를 수 있도록 도와주어야 하는 것도 사실이다. 진로는 개인이 평생에 걸쳐 고민해야 하는 삶 그 자체인데 학생이나 학부모, 교사들의 진로의식 수준은 그에 미치지 못하고 있는 것 같아 안타깝다.

진로교육의 주체는 청소년들 자신이며 진로탐색의 모든 과정은 자기 자신을 위한 것이라는 것을 알고, 청소년들 스스로가 진로탐색에 대한 인식을 갖고 노력하는 자세를 갖추어야 한다.

그렇다면 왜 진로 문제의 주체가 학생이 되어야 하는지 잠시 논의해 보도록 하자. 과거에는 공부만 열심히 해도 성공할 가능성이 있었다. 상위권 대학을 졸업하면 좋은 직장을 얻을 수 있었고 한 직장에서 정년까지 근무하며 노후를 준비할 수 있었다. 하지만 지금은 대졸 학력자가 대부분이기 때문에 좋은 직장에 들어가기 위해서는 졸업 후 오랫동안 취업 준비를 해야 한다. 회사에 입사해서도 구조조정으로 등으로 인해 정년을 보장받기 어려우며 평균수명 연장으로 퇴직 후의 삶도 계획해야 하는 등 경제적으로 안정된 생활을 하기 위해서는 여러 가지 생애 직업 설계를 하여야만 하는 시대가 되었다.

그러나 아직 이러한 사회 분위기를 파악하지 못하는 어린 학생들은 우수한 성적을 받기 위해 노력하지만 정작 자신의 적성과 흥미가 무엇인지 파악하기엔 많이 부족하다. 우선 좋은 대학에 가는 것이 목표이기 때문에 수능 점수에 맞춰 진로를 성급하게 결정하는 경우가 종종 있다. 대학 졸업 후에도 이름을 들어 본 회사나 남들이 알아주는 회사로 취업 목표를 정한다. 알려진 회사에 입사하게 되면 남들은 손뼉을 쳐 줄지 몰라도 진지한 탐색이 없었으니 정작 본인은 만족스럽지가 않다. 어렵게 들어간 회사에서 '이 길이 아니었어'라며 후회할 가능성이 커진다.

따라서 삶의 목표에 대해서 구체적으로 생각할 수 있도록 진로의식을 향상시킬 수 있는 진로교육을 제공할 필요가 있다. 시대적 요구와 교육과정의 변화 등에 따라 학생이 주인이 되는 진로교육에 대한 고민이 선행되어야 한다. 전 생애 진로발달의 개념이라는 측면과 인적자원 개발이라는 측면을 보아도 학생이 주도적으로 자신의 진로 개발을 이끌어가야 하는 것이 맞다.

좀 더 구체적으로 살펴보면 사회의 인재상이 변화하고 있다는 점을 간과할 수 없다. 경쟁력을 갖춘 개인의 발전은 단순히 개인의 성공과 실패에서 끝나는 것이 아니라 그가 속한 국가와 사회에 영향을 미치게 된다. 미래 사회의 다양성과 역동성을 고려해 볼 때 단순한 지식의 축적이나 개인의 소양을 발전시키는 것으로는 다각화되는 사회에 적응하는 것이 점점 더 어려워질 것이다. 따라서 올바른 진로교육을 통해 미래 사회에 잘 적응할 수 있고, 사회적 가치 창출에 기여하며 개인적 만족감도 높일 수 있는 인재를 길러내야 한다.

앞으로 미래 사회에서는 삶의 질 문제, 사회 기여와 공동선의 입장, 세계화와 같은 사회적 요구가 더욱 강조될 것으로 보인다. 무한경쟁만으로는 급변하는 사회 변화에 대처하기 힘들어질 것이기 때문이다. 이러한 배경에서 그에 걸맞은 진로교육이 수반되어야 함은 당연하다. 공동체적 자질의 개발이나 정서적 측면의 자질 함양이 매우 필요하다. 그러나 지금까지는 진로교육의 초점이 교사와 학부모 입장에서 결정되고 지도되어 왔다. 그러다 보니 개인의 진로교육이 변화하는 세계에 적응하며 가치를 창출할 수 있는 자질 있는 인간형을 양성해야 한다는 요구에 미치지 못했던 것도 사실이다. 사회적 변화와 함께 진로교육이 논의될 수 있어야만 우리가 바라는 창조적 인간을 길러내고 사회적 공동체를 염두에 두는 바람직한 인재 양성이 이루어질 것이다.

전 생애적 발달의 관점에서 볼 때, 진로교육을 통한 주체적인 결단력을 갖춘 인재 양성이 요구된다. 다양한 사회 변모를 고려하지 않는 진로교육은 대개는 개인의 커리어 개발이나 일회적인 직업선택 정도에서 그칠 가능성이 있다. 그러나 전 생애 발달을 추구하는 진로교육이라는 철학적 입장에서 진로교육을 다루게 된다면, 개인의 개별성과 다양성을 존중하는 바탕 위에 인생의 여러 단계에서 만나게 되는 과업들을 성공적으로 대처하기 위해 필요한 자원들을 효과적으로 다룰 수 있도록 해 줄 것이다. 다시 말해 진로교육을 받는 학생들의 의식 수준을 높이고 자신의 인생에 책임감을 갖도록 셀프 진로교육이 이루어질 수 있는 기초를 마련해 주는 것이 필요하다. 직장에서 근무 연수가 길어질수록 자신이 사회에서 퇴보하고 있다는 생각으로 불안감에 휩싸인 직장인들이 많은 수를 차지하고 있다는 점은 자기주도적 진로인식의 부재 때문이 아닌가 하는 생각이 든다. 진로교육이라는 울타리가 평생교육이라는 개념과 상호 소통할 수 있어야 하고 사회 구성원 개개인의 열정과 창조성을 자극하고 동기를 부여할 수 있어야 하겠다.

이에 덧붙여 교육정책도 변화하는 진로교육의 패러다임을 인식하여야 한다. 과거의 교육과정과 비교했을 때 개정된 교육과정은 비교적 개인의 다양성을 인정하고 잠재력을 개발하려는 쪽으로 관심을 기울이고 있다. 다가오는 미래 사회는 개인의 개성이 존중되고 다양성이 인정되는 사회이며 개인의 창의성이 필수적인 시대가 될 것이다. 점차 개인의 능력을 인정하고 다양성을 존중하는 쪽으로 교육과정이 개편되고 있다는 것은 다시 말해 개인의 능력에 초점을 두고 잠재력을 발휘하도록 도와주는 것이 매우 중요하다는 사회적 합의를 전제로 한다. 결국 학생이 자신의 진로선택에 주인이 될 수 있는 '진로교육'이 이루어져야 한다는 의미이다.

학생이 주인이 된다는 것은 그만큼 학생들에게 선택의 기회를 주고 자신의 미래를 진지하게 고민할 거리를 제공하는 것이다. 예를 들어 특성화 고등학교를 나와서 취업해 일을 하다가 나중에 자신에게 꼭 필요한 공부를 발견하여 전문대나 4년제 대학으로 진학할 수도 있다. 물론 이러한 커리어 설계는 자기주도적으로 이루어져야 한다. 자신이 주인이 된다는 것은 무조건적인 정보의 제공과 강요된 학습이 아니라 자신의 적성과 흥미에 맞는 길을 찾고, 그에 맞는 커리어를 설계하여 만족하는 삶을 살 수 있도록 하는 방법을 배워가는 것이다.

　마지막으로 입시제도의 변화를 들 수 있다. 2007학년도 대학 입시에 처음 적용된 입학사정관제(학생부종합전형)가 2018학년도 대학 입시에서는 대폭 확대될 것으로 보인다. 앞서 말했듯이 학생부종합전형이란 학생들의 잠재적 능력을 평가하여 선발하는 제도를 말한다. 이것은 대학에서 평가 기준을 다양하게 하여 학생들의 숨겨진 재능과 끼를 발견하고 그 학생의 장래성을 높이 평가하겠다는 것이다. 잠재력을 평가한다는 측면 덕분에 학생들이 성적을 위한 공부에서 벗어날 수 있을 것으로 생각된다.

　자신의 인생에 있어서 지식이 왜 필요한지, 인생을 행복하게 설계하기 위해서 우리는 어떤 지식을 습득해야 하며 어떠한 능력을 계발해야 하는지를 깊이 생각해 보고 충분히 고민한 후에 자신의 재능과 적성에 맞는 대학과 학과를 선택해야 한다.

　청소년들에게 합리적인 진로선택을 위한 의사결정 능력을 길러주기 위해서 직업과 인생의 의미를 새롭게 정립하고 청소년의 진로개발과 진로지도 문제를 검토하는 일은 대단히 중요하다. 현재 우리가 살아가고 있는 지식 정보화 사회는 고도로 발달한 과학기술의 영향으로 사회 · 경제적으로 급격한 변화를 맞이하고 있으며 직업 세계도 점점 전문화·세분화되고 있다. 직업의 생성과 소멸 주기도 점점 짧아지고 있다. 이렇게 복잡하고 다양하게 변화하는 직업 세계에 적응하기 위해서는 자신의 진로를 올바르게 선택하고 결정할 수 있는 능력을 키워주는 진로교육이 요구된다. 학교에서 몇 차례 진로 특강을 실시한다거나 진로지도 주간을 맞아 특별활동의 일환으로 흥미검사나 성격검사 등을 실시하는 것만으로는 만족도가 낮을 수밖에 없다. 예를 들어 학년이 올라가도 여전히 자신의 적성과 흥미, 대학 및 학과에 대해 잘 알지 못한다거나, 가정 형편이 어려워 대학에 진학할 수 없을 경우 어떤 직업을 가질 수 있는지 알기 어렵고, 자녀의 흥미나 능력을 전혀 고려하지 않고 부모로부터 대학 진학을 강요받게 될 때 과연 어떤 선택을 해야 하는지, 특정 학과를 졸업하면 어떤 일을 할 수 있는지, 자신이 원하는 직업에 도달하는 것이 현실적으로 불가능할 때 이를 어떻게 받아들일 것인지를 두고 고민하는 청소년들에게 적절하게 다가갈 수 있는 정교한 프로그램이 없기 때문이다. 이제는 '적어도 안 하는 것보다는 낫다'라는 생각은 바뀌어야 하고 진로교육의 내용 역시 학생들이 원하는 방향으로 변화되어야 한다. 보다 건전한 직업선택과 적응을 돕는 지속적·체계적 교육이 향후 진로교육의 과제라고 할 수 있다.

1) 학벌보다는 능력 중심으로

무조건 좋은 대학에 가야 한다거나 모든 사람들이 학문 탐구에 매진해야 한다는 생각에서 탈피하여 진로 다양화에 대한 열린 시각이 요구된다. 대학 진학에 실패하거나 공부를 못하면 사회적으로 인정받지 못한다는 사고방식은 바뀌어야 하겠다.

이제는 학벌보다는 능력으로 인정받는 사회 분위기가 조성되어야 한다. 대학에 진학하여 학문 탐구에 목적이 있는 학생들에게는 좀 더 질 높은 교과과정이 따라와야 하고 그렇지 않은 경우엔 독일의 학제와 같이 세분화된 직업학교라든가 전문대학의 체계적인 진로교육이 도입되어야 한다. 타고난 능력에 따른 진로교육이 가능하려면 학교의 형태가 좀 더 다양해져야 할 필요가 있다는 데 많은 이들이 동의한다. 요즘은 특성화고와 특목고, 예체능계 학교, 대안학교 등 다양한 형태의 학교가 존재하여 자신에게 맞는 학교를 고르는 선택의 폭이 과거에 비해 넓어졌다. 무척 다행스러운 현상이라고 생각한다. 불과 몇 년 전만 해도 상업계 학교나 공업계 학교들은 그리 인정을 받지 못했지만 최근 몇 년간의 높은 취업률과 우수 학생들의 진학 덕에 많은 학생들로부터 관심을 받고 있다. 이들 학교에는 세분화된 교육과정과 차별화된 진로 및 취업시스템이 도입되고 있다.

학생들의 요구도 빠르게 진화하고 있고 자신의 재능과 적성에 맞는 학교를 골라 진학하려는 젊은이들이 늘어나고 있기에 국가적인 차원에서 좀 더 전문적으로 분화된 학교를 짓고 관리해야 한다고 본다. 특히 그곳에 진학하고자 하는 학생들을 위한 정확한 데이터나 자료가 충분히 제공되어야 한다. 고등학교뿐만 아니라 전문대학에 대한 정보 역시 충분히 제공되어야 할 필요를 느낀다.

한편 중학교 3학년 학생들을 상담하다 보니 고등학교 입시에 대해서 관심을 갖게 되어 교육청을 통해 고등학교 자료를 요청한 일이 있었다. 그러나 교육청에서조차 (특성화 고등학교의 경우) 어떤 학교에 어떤 학과가 있고, 내신 몇 퍼센트의 학생들이 진학할 수 있는지 등 학교에 대한 정보가 부실한 실정이었다. 어쩔 수 없이 각 학교에 직접 문의할 수밖에 없었다. 다양한 진로설계를 위해서는 우리가 선택할 수 있는 학교의 형태와 진입 경로가 다양해져야 한다. 인문계 고등학교 졸업 후 대학 진학이라는 단일 경로에서 벗어나 조기에 자신이 잘하는 것을 찾아 다양한 분야에서 전문적인 실무 감각을 익히는 것도 좋은 일이다.

요즘은 80% 이상이 대학 진학을 선택한다. 아마도 몇 년 뒤에는 학생들의 숫자가 급격히 줄어들게 되어 대학의 입학 정원이 학생을 초과하는 사태가 벌어지게 될 것이다. 대학만 나오면 직장도 구하고 나름대로 밥벌이를 할 수 있었던 과거와는 달리 지금은 자신의 전문성이 있어야만 살아남을 수 있는 세상이 되었다. 높은 학력이 중요한 것이 아니라 실무 능력이 있느냐 없느냐가 점차 중요해지고 있다.

앞뒤 가리지 않고 대학에 들어왔지만 선택한 전공이 적성과 맞지 않아 뒤늦게 전공을 바꾸고 전과나 휴학을 하는 사례들을 심심치 않게 볼 수 있다. 대학을 졸업하고 나서 또다시 법학전문대학원이나 의학전문대학원으로 쏠리는 현상 역시 선택의 폭이 넓어진다면 다양한 진로를 모색하는 청년들이 늘어나지 않을까 한다.

다양한 형태의 학교라는 것은 그만큼 학생들에게 다양한 선택의 기회와 자신의 미래를 진지하게 고민할 거리를 제공하는 것이다. 특성화 고등학교를 나와서 일정 기간 사회생활을 한 후에 자신에게 필요한 공부를 발견했다면 학교에 진학하여 공부할 수 있는 열린 경로가 존재해야 할 때이다(물론 현재도 그렇게 하는 경우가 존재하지만 좀 더 적극적인 의미에서의 열린 진로 경로가 필요하다고 생각한다). 대학 진학이나 전공 선택 역시 진로교육이라는 큰 틀에서 다시 새로운 패러다임을 짜야 한다. 독일과 캐나다와 같은 나라는 매우 어린 시절부터 체계적인 진로교육이 이루어진다. 대학의 학제도 다양하고 선택할 수 있는 학교의 형태도 다양하다. 진정 부러운 부분이다.

수능 점수만으로 학교를 결정하는 것이 아니라 시간을 갖고 자신에게 가장 적합한 학교를 찾아가는 시도를 계속해야 한다. 다양한 형태의 학교가 존재하고 개인의 욕구에 맞는 다양한 교육 프로그램을 개발하여 학생들이 선택할 기회가 주어진다면 열린 진로 경로를 통해 자신에게 가장 잘 맞는 직업을 선택할 수 있고 개인의 행복도 추구할 수 있을 것이다.

결국 국가는 다양한 제도적 지원과 함께 행정적인 변화를 도모하며 개인의 욕구에 맞는 다양한 교육 프로그램을 개발하여서 학생들이 열린 진로 경로를 통해 자신에게 가장 잘 맞는 직업을 선택할 수 있고 행복한 삶을 설계할 수 있도록 도와주어야 한다. 그러므로 다양한 요구를 만족시킬 수 있는 내용의 확보와 깊이 있는 진로탐색이 이루어질 수 있도록 교육 내용과 상담교사의 수준도 함께 고려해야 한다.

2) 결과보다는 과정 중심으로

학생이 주인이 되는 진로교육이란 성장하고 발달해 가는 존재로서의 자기 자신을 깨닫는 진로교육임을 강조한다. 자신의 길을 자기가 선택하고, 그 선택에 책임을 지며 자유롭게 나아갈 수 있는, 즉 학생의 내면적인 힘을 길러주는 과정이어야 한다. 진로교육의 효과는 표면에 잘 나타나지는 않는데, 이 점이 진로교육이 지닌 어려움이다. 진로교육 담당자는 학생들이 자신의 활동에 열중할 수 있는 환경을 마련해 주어야 하고 미성숙을 긍정적으로 보는 관점을 지녀야 한다. 다시 말해 아동기나 청소년기를 무엇인가 부족한 사람으로 바라보는 것 대신에 잠재력을 가진 존재로 바라보는 관점의 변화가 요구된다. 자기 자신의 삶의 목표를 설정할 수 있는 기초와 전제를 확립해 주는 것이야말로 진로교육을 담당하는 어른들이 해야 할 일이라 생각한다. 일례로 자기 성찰을 위한 프로그램의 도입 등을 생각해 볼 수 있다. '나는 누구인가?'와 같은 철학적 질문에 대해 진지하게 고민해 보는 기회를 제공하고, 출세와 성공보다는 만족과 행복에 삶의 가치를 두도록 도와주어야 한다. 문제가 자신에게서 비롯되었다는 자각이 없다면 바로 알아챌 수 없는 것처럼 진로 문제 역시 그러하다. '나는 왜 좀 더 부유한 가정에서 태어나지 못 했을까?', '나는 왜 좀 더 훌륭한 선생님을 만나지 못했을까?'라고 환경을 탓하기보다는 '내가 무엇을 할 수 있을까?'를 고민해 봐야 한다. 이를 위해서는 양질의 진로교육 프로그램 개발이 뒷받침되어야 한다. 당연한 이야기이겠지만 모든 진로교육 프로그램이 효과적이지는 않다. 당장에는 재미있지만 그저 그뿐인 프로그램들도 많다. 어떤 프로그램은 오히려 일에 대한 열의와 열정을 퇴보시킬 수도 있다. 직업선호도검사와 같은 진로 검사를 실시한 후 올바른 해석을 듣지 못하면 진로결정 과정에서 애꿎은 선입견만을 형성할 수 있다. 목적이 분명하지 않은 무분별한 진로 프로그램의 도입은 학생들에게 산만한 경험만을 제공할 수 있고, 결국 진로교육을 받기 전보다 더 나쁜 결과에 이르게 되기도 한다. 활동의 의미를 설명해 주지 않고 무조건 참여만을 강요하다 보면 이와 같은 부작용이 발생하게 된다. 기계적인 훈련을 하게 되면 개인의 창조력이 제한되는 것과 같다. 또한 학교에서 진행하는 모든 형태의 교육에 대해서 만성적으로 권태나 지루함을 갖고 있는 학생들에게는 다양한 기법이 병행되어야 한다. 배운 것을 삶의 장면들에서 활용하는 것이 어렵고, 진로교육이 학교 밖의 삶에 대해 아무런 도움이 되지 못하다는 것을 깨달은 학생들은 학교에서 진행되는 모든 활동에 방관자로 남게 될 수도 있기 때문이다.

학생이 주인이 되는 진로교육이 가능하기 위해서는 교사들이 진로에 대한 중요성을 인식하고 학생들에게 실질적인 도움을 줄 수 있어야 한다. 그러기 위해서는 교사를 위한 진로교육 연수의 기회가 자주 주어져야 하며 학생들을 주의 깊게 관찰하는 애정 어린 관심이 필요하다. 또한 학교 행정도 학생들의 편의를 고려하여 이루어져야 한다. 인문계 고등학교에서 비진학을 선택한 학생의 경우 진로선택에 어려움이 따른다. 기존 학교에서는 이들의 욕구를 수용하기 어렵기 때문에 서울시나 인천시 등에서는 산업정보고로 가서 1년간 직업 관련 수업을 듣고 자격증을 취득할 수 있는 교과과정이 있다. 그런데 한 달에 두 번 전적(前籍) 학교로 등교할 때면 교과서도 없고 교재도 없는 학생들은 무척 당황스러운 상황에 직면하게 된다. 교사에게 혼이라도 나게 되면 그나마 한 달에 두어 번 나오는 전적 학교에서의 적응마저 어렵게 된다. 사실 이런 경우엔 별다른 대안이 없어 3학년 1년 과정은 그냥 버티는 수밖에 없다. 이러한 행정적인 부분도 학생들의 진로설계에 부정적인 영향을 미칠 수 있으므로 어느 정도 행정상의 유연성이 요구된다.

또한 학교에서 활용할 수 있는 전문적인 진로교육 자료가 부족한 관계로 다양한 방법론이 없다는 문제가 있다. 해마다 비슷한 자료집을 활용하다 보니 중학교 2학년 때 했던 내용을 고등학교 1학년 때 반복하게 되기도 한다. 그렇게 되면 당연히 진로교육에 대한 흥미가 떨어진다. 따라서 진로교육을 위한 새로운 교재의 개발이 반드시 이루어져야 한다. 한 가지 다행인 것은 진로진학상담교사들의 열정과 헌신으로 단위 학교에서 실시하는 진로교육 프로그램은 우리가 상상하는 것보다 훨씬 뛰어난 사례들이 많이 있다는 점이다. 교사들이 다양한 시도를 할 수 있는 여건 마련과 함께 진로를 담당하는 전문 교사들에게 양질의 연수를 제공함으로써 개인 상담 등 개별 진로지도가 어려웠던 점도 함께 해소될 수 있기를 기대한다.

미래 진로교육을 위해 교사와 학부모가 생각할 것들

학생들이 성인이 된 후 미래 사회에 적응하기 위해서는 진로교육을 담당하는 교사나 학부모는 다음과 같은 사실들을 고려해야 한다.

· 내용 전달에 치중하는 것 대신 '학습자의 성장'에 중심을 둔다.
· 교수계획안을 수행하는 데 급급하지 않고 학생의 '바람직한 성장'을 조성하는 데 힘쓴다.
· 진로교육과정은 교사가 일방적으로 부과하는 것이 아니라 '모든 학습자의 협동적인 참여'로 구성된다.
· 진로교육 프로그램은 분절된 것이 아니라 '통합'된 의미가 있음을 상기시킨다.
· 준비된 교수법을 맹목적으로 따르기보다는 '학생의 학습법을 존중'하여 지도한다.
· 개개인의 '창조적인 특성'을 고려한다.
· 진로교육을 하나의 교수활동이라고 생각하기보다는 끊임없는 '성장의 과정'이라 생각한다.

진로교육은 교사와 학부모 그리고 학생 본인이 협력할 때 가장 큰 효과를 얻을 수 있다. 평생 직업이 사라지고 있는 추세 속에서 평생 능력을 기를 수 있는 진로교육을 통해 자신의 실력을 발휘할 기회를 만든다면 사회적으로도 인재를 적재적소에 배치할 수 있어 인력 낭비를 막을 수 있을 것이다. 그리고 개개인도 자신의 능력을 발휘하며 자아실현에 도달할 수 있는 행복한 사회가 될 것이다. 이것이 바로 미래의 진로교육이 나아가야 할 방향이다.

상담자를 위한 가이드 9

학생이 주인이 되는 진로교육을 위한 실천 방법을 살펴보자.

1) 창의적 재량을 발휘할 수 있는 '체험 중심'의 진로교육

(1) 전문 프로그램 활용

보편적이고 가장 효과적인 방식은 일반적인 집단상담 프로그램 형식으로 진로교육을 진행하거나 직업 체험 등을 해 보는 것이다. 진로상담교사가 진행하는 진로탐색을 위한 집단상담 등에 참여하면서 자신의 진로 적성을 알아보거나 잡스쿨이나 직업 체험관 견학 등을 통해 직업의 세계를 알아볼 수 있다. 많은 수의 학생을 체험활동에 동참시키려면 담당 교사의 노력이 요구되고 시간과 비용이 다소 발생하기도 하지만 직접 참여해 봄으로써 자신에 대한 이해를 넓히고 직업 세계에 대해 실질적인 지식을 획득할 수 있다.

'하자센터'나 '진로직업체험지원센터' 등에서 진행하고 있는 직업 체험 커리큘럼은 학생들의 정서적인 안정뿐만 아니라 원만한 사회인으로 진입하기 위한 소양을 갖추는 데도 일조하고 있다. 또한 2000년대에 이르러 리더십에 대한 관심이 급증하면서 이와 관련한 전문적인 교육 프로그램들이 신설되기 시작했다. 가장 대표적인 프로그램으로 청소년비전스쿨이 있다.

'청소년비전스쿨' 과정은 상호 토론식 교육과정과 학생 스스로 문제를 제기하고 해답을 찾게 하는 자기주도적 학습, 삶의 기본 원칙과 습관의 발견, 소중한 것을 찾고 인생의 목표를 스스로 정립한 후 사명 선언서와 비전 선언문을 작성하는 과정을 거치게 된다. 일반 중고등학교에서도 이러한 진로 교육 과정을 도입한다면 형식적으로 흐르기 쉬운 창의적 재량시간이나 CA 활동 시간 등이 개인의 진로를 탐색하며 자질 계발을 위한 의미 있는 시간으로 활용될 수 있을 것이다.

체험을 통해 학생의 흥미와 욕구, 과거의 경험 등을 탐색한다면 학업뿐만 아니라 생활 전반에 걸친 활기도 찾고 진로 포부 수준을 높이며 목표 설정에도 도움이 될 것이다. 재량활동과 특별활동은 지식의 저변을 넓히고 개인의 선호나 흥미, 적성 등을 고려하여 통합적이고 효율적인 활동이 될 수 있도록 추진되어야 한다.

(2) 다양한 매체를 통한 토론 프로그램 활용

유명한 영화배우 안소니 퀸(Anthony Quinn)은 한 인터뷰에서 이런 말을 한 적이 있다.

"많은 젊은이들이 배우가 되고 싶어 하지만 그들은 좋은 배우가 될 수 없다. 왜냐하면 그들에게는 고생한 흔적이 없기 때문이다. 그런 경험이 없이는 좋은 연기가 불가능하다. 연기를 해도 깊이가 없어진다. 많은 사람들이 결과만 원하지 과정은 생략하고 싶어 한다. 그것이 오늘날 가장 큰 문제이다."

이런 관점을 진로교육에 접목해 본다고 가정해 보자. 예컨대 '작가'라는 직업에 대해 진로지도를 한다면 매체 활용을 통한 토의·토론 수업을 진행할 수 있다. 10여 명 내외의 소그룹을 형성하여 시청각 매체를 통한 교육 후에 집단 토의를 실시해 볼 수 있다. 만일 '작가'라는 직업과 관련한 영상을 보았다면 수업시간에 작가의 삶이나 작가가 되기 위해 밟아온 과정에 관해 이야기를 나누어 보며 작가라는 직업이 가진 긍정적인 면과 부정적인 면을 생각해 볼 수 있다. 그리고 관심 있는 작가를 선정하여 그 작가에 대해 알아보고 작가와 관련된 활동에 직접 참여해 보도록 할 수 있다. 학생 스스로가 다양한 활동에 참여하고 자유롭게 자신의 의견을 표현하며 서로 다른 사고를 할 수 있는 환경을 유도하는 것이다.

일반 교과에서도 주입식 교육보다는 참여식 교육과정이 요청되듯이 진로교육 역시 개인의 자발적인 참여가 이루어져야만 의미가 있다. 토의·토론 기법을 활용한 참여식 진로교육이 되기 위해서는 다양한 토의·토론 콘텐츠의 개발과 효과적인 진로교육 방법론이 개발되어야 한다.

2) 교과 담당 교사와 연계된 '협력 중심'의 진로교육

학생들이 흥미를 가지고 있는 분야와 관련된 교과 담당 교사와 연계된 진로교육을 통해 각 분야에 대한 전문적인 지식을 학생들에게 제공할 수 있다. 담임이나 상담교사의 전문적인 상담, 적성과 관련된 교과 담당 교사의 전문적인 지식을 연계한 진로교육이 시행될 경우 학생들에게 진로의식 향상에 효과적인 진로교육 제공이 가능해질 것이다. 협력 중심의 진로교육은 진로교사와 학생이 모두 주체가 되는 것을 요구한다.

(1) 교과수업 활용

교과 담당 교사가 수업을 전개할 때 학생들의 진로와 관련된 사항들을 교과와 함께 지도하는 것을 의미한다. 교과를 통해 학업성취를 달성하고 그 과정에서 진로교육을 위한 정보를 제공받아 진로의식을 고취시킬 수 있도록 한다. 실제 학교 현장에서는 수업시간 이외 시간을 배당하여 별도의 진로지도를 하기 힘든 상황이다. 그러므로 교과지도와 함께 진로지도를 실시하는 교과통합형 진로지도는 진로의식 성숙을 통해 학생들의 진로선택을 돕고, 교과 내용과 관련된 직업 정보를 제공하거나 역할 모델을 제시함으로써 자신의 진로에 대해 구체적으로 생각해 볼 기회를 제공한다.

(2) 문제기반학습 활용

교사의 역할이 협력자로 존재하며 학생에게는 자기주도적인 진로 태도를 요구한다. 현행 기업교육이나 성인교육 영역에서 주로 많이 사용하는 방식으로, 특히 기업의 신입사원 연수 시에 구성주의 교과과정을 응용한 문제기반학습(PBL)을 예로 들 수 있다. 학습자의 자발적인 동기와 능력을 인정하면서 교사와 학생이 함께 문제를 풀어가는 과정은 양자 간의 협동 체제를 강조하고 학생 스스로 자신의 진로설계를 구성하고 관리해 나갈 수 있도록 한다.

이는 개개인의 진로성숙을 강화하기 위한 좋은 방법이며 향후 성인이 되어 기업 환경과 같이 고도의 경쟁적 체제 속에서 동료들과 윈윈(win-win)하기 위해 요청되는 자발적인 자기 관리 능력의 토대가 될 수 있다.

3) 학생의 개별성을 존중하는 '경험 중심' 진로교육

21세기는 자기 나름의 개성이 존중되고 개성의 발현을 존중하는 사회이다. 다양성의 추구, 개성화의 인정 등이 지금의 시대를 살아가고 있는 젊은 이들의 과제이기에 우리는 학생의 경험과 유리된 곳에서 시작하는 진로교육 대신 학생의 경험에 기반을 두고 학생의 흥미와 관심에 기초한 진로교육을 실시할 필요가 있다. 우리는 학생들의 개별적인 경험을 도와주고 경험을 통해 성장하도록 배려해야 한다. 즉 절대적 가치를 지닌 것을 추구하기보다는 자신에게 의미 있는 것이 추구할 수 있도록 격려하는 것이 필요하다.

(1) 인성교육 프로그램 활용

학교에서 대부분의 시간을 보내는 학창시절에는 학교환경이 삶의 대부분이 된다. 어떤 또래집단과 어울리며 어떤 선생님을 만났는가가 청소년기는 물론 성인기까지 영향을 미치고 학교 안에서 배우는 것들이 가치판단의 준거가 되기도 한다. 따라서 학교란 조직은 좀 더 정제되어 있으며 풍부한 경험을 제공하여야 한다. 인성교육 프로그램 등과 같은 학생의 생활지도를 통해 각자가 가진 자신의 개별성을 가치 있게 바라보고 타인을 존중하며 건전한 시민의식을 갖도록 할 수 있다.

예를 들어 효과적인 대화법과 같은 인성교육 프로그램을 통해 올바른 인간관계 형성을 위한 자질을 함양할 수 있다. 학교 부적응이나 문제 청소년 등의 사건 뒤에는 늘 의사소통의 부재가 놓여 있고, 재능이 있고 똑똑하지만 동료로서는 별로 환영받지 못하는 사람의 경우 기본적인 예의나 사람들

사이에서 지켜야 할 매너 등 개인의 인성에 문제가 있는 경우가 많다. 일상 생활에서의 의사소통의 중요성과 사람과 사람 사이의 경험을 공감해 보는 인성교육은 진로교육의 필수적인 요소이다.

(2) 동아리 활동과 독서 프로그램 활용

고등학교에서 진로교육을 담당할 당시 영어와 수학 보충수업 대신 진로교육을 한다고 항의를 받았던 적이 있다. 진로 수업시간에 자신에 대한 탐색과 직업인 초청 강의를 듣는 것보다 수능 점수 올리기가 더 시급했기 때문이다. 그러나 학생이 주인이 되는 진로교육이 되기 위해서는 기존의 고정관념에 대항할 수 있는 소신과 신념이 있어야 한다.

관심이 있는 분야의 동아리 활동을 열심히 하면서 자신의 진로를 개척하거나 풍부한 독서를 통한 간접 경험은 물론 관련 분야의 지식도 넓힐 수 있다. 일례로 북한 이탈주민 돕기 봉사 동아리에 참가했던 학생이 자신의 진로목표를 통일 전문가가 되겠다고 결정한 경우가 있었다. 학교생활이 재미없고 잘하는 게 없다고 상담실을 찾았던 학생인데 동아리 활동을 통해 폭넓은 경험을 하고 새로운 친구도 사귀면서 일상의 자신감을 회복하고 진로목표까지 명확하게 설정한 것이다.

또한 독서 이력철을 만들고 관심 있는 분야에 관해 풍부한 독서 활동을 하는 것도 큰 도움이 될 수 있다.

부모와 자녀 간 진로 갈등

부모와 자녀가 서로 희망 사항이 달라 진로 의사가 불일치하는 경우 갈등을 겪게 된다. 이런 상황에서 어떤 조언이 가능할까?

부모님을 설득하는 하는 것도 능력이다 학업 성적만이 능력이 아니다. 커뮤니케이션 능력과 설득 능력은 21세기 인재가 갖추어야 할 필수 능력이다.

때로는 부모님 생각이 옳을 수도 있다 "어른들은 몰라요."라거나 "세대 차이가 난다."라는 말을 함부로 하지 말자. 의견이 다를 때는 상대방의 입장에서 생각해 보는 태도가 필요하다. 타협도 기술이다. 서로가 만족할 수 있는 대안을 찾아보도록 하자.

▶▶ # 활동자료 9: 직업 대차대조표

※ 희망하는 직업 3가지를 선택하고 평가 항목 점수를 기재한 다음 가장 높은 점수가 나온 직업에 대해 나의 생각을 적어 보세요. 그리고 이를 바탕으로 나의 미래도 설계해 보세요.

1. 직업 평가

매우 부적합	약간 부적합	보통이다	약간 적합	매우 적합
1	2	3	4	5

평가 항목 \ 희망 직업	직업 1	직업 2	직업 3
나의 가치관에 적합한가?			
나의 흥미에 적합한가?			
나의 성격에 적합한가?			
나의 학업성취도에 적합한가?			
나의 신체적 조건에 적합한가?			
희망 직업에 필요한 능력을 갖고 있나?			
부모님은 동의하시는가?			
합계			

▶ 나의 생각:

이 평가표에서 가장 많은 점수가 나온 직업이 자신에게 가장 적합하다고 단정해서는 안 됩니다. 자신에게 적합한 직업선택을 위해서는 자신을 잘 이해하는 것이 우선이겠지만 이외에도 가정의 환경적인 요인이나 직업마다 각기 다른 특성에 대해서 보다 자세한 정보를 얻고 난 후 여러 요인들을 종합적으로 참고하여 보다 신중하게 선택해야 합니다.

2. 미래 설계하기

【최종 목표】

나는 앞으로 _____ 직업을 갖겠다. 이를 위해서 앞으로 다음과 같은 목표를 달성하겠다.

【중간 목표】

지금부터 5년 동안 나는 _____을(를) 이루겠다.

【단기 목표】

지금부터 올해 말까지 나는 _____을(를) 이루겠다.

【1개월 목표】

이번 달에 나는 _____을(를) 이루겠다.

<u>10</u>
진로 가치관

▶ 하고 싶은 일이 있지만, 사회적으로 인정받는 일은 아닌 것 같아요.

대학교 3학년인 선민이가 상담실을 찾아왔다. 취업 준비 중인 선민이가
희망하는 직무는 재무회계 쪽 일인데 고민이 있다는 것이다. 본인의 흥미
나 성격은 재무회계 분야와는 잘 맞지 않는다는 것을 잘 알고 있고 그보
다는 이미지 컨설턴트나 서비스 강사 쪽이 훨씬 더 하고 싶은 일이지만
왠지 그 일은 사회적으로 인정받지 못하는 일 같아 마음을 접었다는 것
이다. 누구보다도 본인 자신이 강사로 일하게 되면 잘할 것이라는 기대가
있고 자기에게 잘 어울리는 일이라는 것도 알고 있지만 그런 일은 안정
적이지도 못하고 전문성을 키우기도 어렵기 때문에 일단은 재무회계 부
서에 입사해 몇 년간 일을 한 다음 전문성도 쌓고 삶에 여유가 생기면 그
때 이미지 컨설턴트나 서비스 강사 쪽으로 나가 보겠다는 자신의 생각이
어떤지 조언을 듣고 싶다는 것이었다. 선민이는 재무회계를 선택한 이유
로 "인정받을 수 있는 일인 것 같아서"라고 대답하였다. 재미없어 보이지
만 왠지 재무 회계파트에서 일한다고 하면 전문성과 사회적 인지도 면에
서 남들이 우러러볼 수 있을 것 같고 어딜 가나 인정받을 수 있을 것 같
아 결정했다는 것이 그의 설명이었다. 이에 비해 이미지 컨설턴트나 강사
같은 직업은 당장이라도 할 수만 있다면 하고 싶지만 다른 사람들이 바라

보는 인식도 그렇고 직업의 안정성도 보장할 수 없는 일 같아서 망설여진 다는 것이었다. 선민이는 이런 이야기를 하면서도 자신이 얼마나 이미지 컨설턴트라는 직업이 하고 싶은가에 대해서 열심히 이야기하였고, 그 분 야의 선배들도 찾아가 만나 보았다는 말을 하였다. 선배들이 정말 멋있고 좋아 보이긴 했지만 그래도 본인은 재무회계 쪽에서 전문가라는 이야기를 듣고 싶다고 하면서 "선생님이라면 어떻게 하시겠어요?"라고 질문을 던졌다. 본인이 진짜 하고 싶은 일은 많은 보수를 보장해 주지도 않고 명성이나 안정성을 확보해 주지도 않는다는 게 선민이의 고민이었다.

많은 대학생들이 진로선택에 힘들어한다. 20대는 가보지 않은 길에 대한 불안감도 큰 때이니 무엇인가를 선택한다는 것은 참 어려운 일이다. 간혹 특정 분야의 일에 자신의 청춘을 모두 바치면서 시행착오를 두려워하지 않는 청년들을 만나기도 하지만 그 수는 매우 드물다. 그들은 젊다는 사실 하나를 믿고 모든 것을 건다. 이런 시도는 많은 용기와 믿음이 있어야 하는 일이기에 도전하는 청춘들에겐 존경심이 생겨난다. 그들은 원하는 것을 얻을 수도 있고 실패의 쓴맛을 보게 될 수도 있다. 남들의 눈에는 무모한 도전을 시도하는 그들이 불안해 보일 수도 있다. 그러나 성공하겠다는 열망보다는 이 일을 해 보지 않는다면 평생 후회할 것이란 생각이 든다면 무모한 도전일지라도 해 볼 만한 가치가 있다고 생각된다. 사람은 해 본 일에 대해서 후회하기보다는 해 보지 않은 일에 후회하는 경우가 더 많기 때문이다. 성공한 인물들에 관한 책을 읽어 보아도 실패의 경험이 없는 사람은 없다. 실패를 두려워한다면 아무것도 성공할 수 없다는 것을 위인들의 삶을 통해서도 배울 수 있다.

　요즈음 우리네 삶이 팍팍한 것은 사실이다. 한 번 실패하면 다른 사람들을 영영 따라잡지 못할 수도 있다는 불안감이 넘쳐난다. 대입에 실패해 재수를 하게 되면 실패자라는 생각에 힘들어하는 경우도 있고, 취업에 성공하지 못하면 '나는 왜 이 모양일까?'라는 자책을 하면서 두문불출하는 젊은이들도 많다. 고등학교 진학까지는 나이에 맞춰 착착 진행되던 다음 단계로의 진입이, 대입부터는 그리 쉽지 않다는 경험을 하면서 마음을 다친다. 대학 졸업반이 되었지만 취업 재수, 삼수를 하게 되면 또다시 좌절감을 느낀다. 모 코미디 프로의 대사처럼 "1등만 알아주는 더러운 세상"이라고 푸념하면서 세상이 싫어지기도 한다. 내 삶이 이렇게까지 안 풀릴 것이라곤 생각지도 못했는데 어떻게 된 일인지 모든 것은 나를 외면하고 지나가는 것 같은 느낌을 받기도 한다. 실패를 경험해 본 이들이라면 누구나 한 번쯤 그런 현실에 힘겨웠던 경험이 있을 것이다. 누구도 책임져 주지 않는 인생, 넓디넓은 세상에서 이제는 사회라는 세상을 대면해야 하는데 점점 자신감이 떨어지는 나를 발견하게 된다. 경험도 지혜도 부족한 우리에겐 만만치 않은 것이 사회라는 것을 조금씩 알아간다고 할까? 무엇인가를 결정할 때 두렵고 불안한 것은 누구나 마찬가지이다. 조금 더 안정되고 보장된 길을 가고 싶다는 것은 어쩌면 너무나 당연한 일이다. 창창한 20대지만 꿈만 갖고 살기엔 너무도 생각해야 할 일들이 많은 것도 사실이다.

마음이 힘겨울 때 모든 것을 버리고 여행을 떠나거나 배낭 하나 둘러메고 전 세계를 돌아다니는 누군가를 만나게 되면 그들의 결단이 부럽고 멋지기까지 한다. 너무도 힘드니 나도 떠나볼까 하는 생각이 들기도 한다. 하지만 떠나는 것도 쉬운 일은 아니다. 대다수의 청춘들은 떠나지도 못하고 결정하지도 못하면서 무엇인가를 향해 달려가기만 한다. 고등학교 시절까지 상급학교 진학을 위해 공부만 하며 달려온 청춘들은 대학 졸업반이 된 시점에서도 맹렬하게 달려야 한다고 생각한다. 그래서일까? 취업 준비를 하는 청춘들을 만나 보면 대학원 진학이나 고시 준비 등과 같이 계속해서 공부를 더 하려는 생각을 많이 하는 것 같다. 사회로 나가기엔 2% 부족한 자기 자신을 잘 알고 있고 취업도 어려우니 공부라도 열심히 하면 남들이 말하는 전문적인 일에 신입할 가능성이 있지 않을까 하는 막연한 기대감을 가지는 것이다. 그러면서 쉴 새 없이 어학 공부와 자격증 시험 등에 매달리게 된다.

2017년 2월 1분기 비경제활동인구는 1,655만 2,000명으로 지난해 1분기보다 0.1%(1만 6,500명) 줄었다. 비경제활동 인구는 고졸이 591만 3,000명으로 가장 많았고 대졸 이상 352만 8,000명, 초졸 이하 372만 3,000명, 중졸 338만 7,000명 순이었다.

대졸 이상 비경제활동인구가 분기 기준으로 350만 명을 넘은 것도 이번이 처음이다. 특히 고졸(-0.9%)과 중졸(-0.3%), 초졸 이하(-1.0%) 비경제활동인구는 지난해 1분기보다 줄었지만, 대졸 이상만 2.4%(8만 3,800명) 늘었다. 대졸 이상 실업자와 비경제활동인구가 늘어나는 것은 고학력 실업자들이 원하는 일자리와 갈 수 있는 일자리의 불균형 현상이 심화되고 있기 때문으로 해석된다.

이들 대졸 이상 비경제활동인구의 증가는 고용시장 자체도 문제이지만 일정 수준 이상의 직장이 아니면 취업을 하지 않으려는 청년들의 태도 역시 원인이 되고 있다. 자립할 나이가 되었는데도 취직을 하지 않고 부모에게 의존하는 캥거루족이 청년실업률을 끌어올리고 있으며, 하나밖에 없는 자식이 힘든 곳에 취업하기보다는 명색이 이름 있는 직장에 자리 잡을 때까지 기다리면서 생계비를 지원하는 일부 부모의 지나친 보호 역시 문제라고 할 수 있다. 아마도 이런 청춘들이 너무도 많기에 대학을 졸업했지만 뚜렷한 경제활동 없이 지내는 인구가 늘어나는 것인지도 모른다.

2016년 혼인통계 보고서에 따르면 우리나라의 초혼 연령은 남성이 35.8세, 여성은 32.7세로 나타났다. 10년 전(2006년)에 비해 평균 2.4세가 높아진 결과이다. 이러한 만혼 경향에는 심각한 취업난도 한몫 거들고 있다. 치솟는 집값과 자녀 1인당 교육비가 2억 6천만 원이라는 뉴스를 접하면 번듯한 직장이라도 있어야 결혼도 하고 자식도 낳을 텐데 취업이 힘들다 보니 점점 결혼도 하기 힘들어지고 자녀 계획도 신중하게 고민해야만 하는 것이다. 우리네 삶의 모습이 이러하니 많은 청춘들이 안정적인 직장에 목을 매는지도 모르겠다. 앞날이 어찌 될지 모르는데 철없이 진로를 결정할 수도 없는 노릇 아니겠는가?

선민이의 경우로 다시 돌아와서 생각해보자. 글쎄… 나였다면? 나라면 내가 하고 싶은 일을 했을 것인가? 선민이가 후회 없는 선택을 하기 위해서는 어떤 도움이 필요한 걸까?

한 시간을 꼬박 채워 선민이와 이야기를 나누었던 기억이 난다. 이미지 컨설턴트나 강사 혹은 재무회계 분야에 대해 좀 더 생각해 보고 나서 다음 주에 더 이야기를 해 보는 것으로 상담은 끝이 났다. 그런데 그다음 주에 선민이는 상담실에 오지 않았고 내 전화도 받지 않았다. 선민이는 과연 어떤 것을 선택했을까?

그 당시 내가 선민이에게 내어준 과제는 의사결정을 위한 대차대조표 작성이었다. 무엇인가를 선택해야 할 때 2가지 선택사항 중에서 각각의 대안에 대해서 비용-이득 분석을 시행해 보는 것이다. 재무회계 파트로 입사했을 경우에 이득과 손실이 무엇인지 살펴보고, 이미지 컨설턴트로 진로를 잡을 때 이득과 손실을 살펴보는 방법이다. 물론 능력만 된다면 두 직업을 병행해도 상관없다. 비슷한 일이 아닐지라도 열정과 역량만 받쳐 준다면 투잡을 하지 말란 법도 없으니 꼭 양자택일의 사안으로 고민하지 않아도 된다. 하지만 선민이는 둘 중 어느 것 하나에 집중하고 싶었던 것 같고 재무회계를 하겠다는 본인의 생각을 지지받고 싶어 상담실을 찾았을 것이다. 이미지 컨설턴트보다는 재무회계 쪽이 좀 더 안정적인 직업이라는 확신 내지는 자신의 결정에 대한 재확인이 필요했을지도 모른다. 하지만 어느 쪽이든 편들어 주기 어려운 나의 입장에서 보자면 2가지 선택사항에 대해서 선민이는 좀 더 진지하게 고민하고 탐색했어야 한다. 첫 만남에서 과제를 내준 나의 불찰도 있었고 다소 어려운 과제를 준 것도 지금 생각해 보면 잘못된 개입이었던 것 같다. 어려운 과제 때문에 선민이와의 상담 과정이 오히려 방해를 받게 되었고, 상담은 이어지지 못한 채 바로 종료되었다.

자신의 꿈을 외면하고 안정적인 직업이라는 조건에 떠밀려 선택한 길이 선민이의 기대대로 맞아떨어질까? 우리가 흔히 말하는 전문직 중 의사나 변호사들이 등장하는 뉴스를 접하다 보면 전문직이 모든 것을 보장해 주지 않는다는 것을 자주 느끼게 된다. 여러 가지 이유가 있을 수 있겠지만, 예전에 간호사 임금과 한약재 값의 상승, 월 500만 원 이상의 임대료를 내고 나면 적자가 되어 폐업을 고민한다는 한의사를 만난 적이 있다. 게다가 요즘 신세대들이 장년층만큼 한방치료를 선호하지 않고 농약이나 중금속 함유 및 간(肝) 손상 우려로 한약에 대한 불신감이 커져서 젊은 층이 잘 찾지 않는 것도 운영을 어렵게 하는 요인이라는 것이다. 또한 1990년대 이후 한의대 신설이 본격화되고 신규 한의사 수가 늘어남으로써 이 같은 시장 침체가 왔다고 분석해 볼 수 있다. 전문직이지만 어렵기는 매한가지란 생각이 든다. 의사나 변호사도 상황은 크게 다르지 않다. 직업에 대한 여러 가지 변화의 추이를 이해하지 못하고 무조건 전문직을 선호하는 것은 현명하지 못한 태도이다. 더욱이 앞으로는 인공지능으로 일자리의 변화가 혁명적으로 일어날 것이다. 현재의 전문직종 역시 안정적인 것은 아니다. 그러다 보니 뉴스에서도 해마다 빠지지 않는 기사는 공무원 시험과 노량진 고시족들의 이야기이다.

사법 시험이 로스쿨 시스템으로 변화되면서 고시를 준비하는 학생들도 줄고 사법 시험을 응시하는 학생들의 수도 예전만 못한 것은 사실이지만 공무원 시험의 경쟁률은 우리의 상상력을 초월하는 수준이다. 공무원 시험에 청춘을 바치는 20, 30대들이 늘면서 또 하나의 거대 시장이 만들어지고 있다. 이른바 공시족(公試族)이 만드는 공무원 수험 시장이다. 학원가에선 공시족 규모를 100만 명 선으로 보고 있다. 불과 5, 6년 전만 하더라도 30~40만 명에 불과했지만 급속도로 늘어난 것이다. 그뿐만 아니라 '취업 준비생 50%, 직장인 30%가 공무원 시험을 준비하고 있다'는 비공식 통계도 나와 있다. 이렇게 많은 인원이 공무원을 선택한 이유는 단 한 가지다. 공무원이 타의 추종을 불허하는 '안정적인 직업'이기 때문이다. 외환위기 이후 수험생 수가 급증한 것도 이 때문이다. 고용 불안에 취업난까지 겹치면서 '공무원만 한 직업이 없다'는 인식이 광범위하게 확산되었다. 하지만 정말 그러한지 다시 한번 묻고 싶다.

물론 공무원은 직업의 안정성을 고려하면 몇 안 되는 좋은 직업 중의 하나라고 생각한다. 일반 사기업에 근무하는 직원인 경우 짧아지는 정년과 무수한 경쟁 그리고 철저한 성과 중심의 평가에 하루도 맘 편할 날이 거의 없다. 젊은 시절 열심히 일했어도 평생 고용이란 신화는 이미 오래전에 사라진 지 오래다. 철저히 능력 중심, 업적 중심인 기업의 생리는 어쩌면 피가 튀는 야생의 현장, 무혈투쟁의 장소가 아닐까 생각되는 때도 있다. 40대 후반인 모 기업의 부장이 승진을 원하지 않아서 약간은 태만한 근무 태도를 보인다는 이야기를 접한 적이 있다. 자꾸 위로 올라가다 보면 임원이 되어야 하는데 임원으로 일하는 것이 만만치 않기 때문에 이대로 자꾸 승진을 하다가 아이들이 대학에 들어가기 전에 회사를 나와야 하는 불상사가 일어날까 두려워하기 때문이라는 것이다. 치고 올라오는 젊은 세대들의 순발력과 명석함에 뒤처지지 않으려면 외국어부터 체력까지 철저한 자기 관리가 이어져야만 버틸 수 있는 것이 기업 현실이다. 흔히들 변화하지 않으면 도태된다는 이야기를 한다. 우리가 알고 있던 유명한 회사들이 조용히 문을 닫는 것은 요즘처럼 빠른 변화의 시대에는 비일비재한 일이다. 그러니 안정적인 직업을 선호하는 젊은이들 마음도 일견 이해가 간다. 하지만 고작해야 20대 초중반밖에 되지 않은 나이에 자신의 긴 인생에 대한 계획을 너무 쉽게 결정해 버리는 것은 아닌지 염려가 된다. 어떤 일을 하든 성실하게 자신이 가진 모든 역량을 보여 준다면 사회적으로 충분히 인정받을 수 있고 안정적인 삶도 유지할 수 있다.

선민이는 나름 구체적으로 원하는 일을 왜 포기하려고 하는지, 좋아하지 않지만 무엇 때문에 해당 분야에서 취업하려 하는지 또렷이 이야기할 정도의 자신감과 판단능력이 있었다. 무엇을 선택하든 열심히 노력할 학생이라는 사실은 의심의 여지가 없다. 하지만 이유도 모른 채 고시에 매달리는 학생들이나 무조건 공무원 시험에 목을 매는 청년들에게는 다시금 묻고 싶다. 왜 이 일을 하려고 하는가?

본인이 원하는 것은 여행가이드인데 총무 부서에 지원하고 싶다거나 정말 하고 싶은 일은 전문적인 봉사단체에서 사회복지사의 길을 가고 싶은데 일단은 기업의 해외영업팀에 지원하겠다는 이들은 꿈과 목표가 상이하다. 마케팅 분야에서 일하고 싶다는 학생이 영어 성적 올리기에만 힘을 쓰던 모습이 떠오른다. 마케팅 업무를 하고 싶다면 그와 관련한 아르바이트나 인턴이라도 하면 좋으련만 영어 점수에만 열을 올리는 것이다. 졸업 후 그 친구를 만나 하고 있는 일을 물었더니 영어 학원에서 강사로 일하고 있다고 하여 가슴이 답답했던 적이 있다.

볼록 렌즈로 종이를 태워 본 경험이 있는 사람이라면 무엇인가를 이루기 위해서 초점을 맞추는 일이 얼마나 중요한지 경험해 보았을 것이다. 종이 위에 볼록 렌즈를 올리고 태양 빛을 모아 종이를 태우려고 할 때 초점을 잘 맞추어야만 불이 붙는다. 초점이 맞지 않으면 아무리 오래도록 렌즈를 들고 있어도 종이를 태우지 못한다.

상담실을 찾아온 많은 대학생들은 그들이 꿈꾸는 일에 대해서 다양한 이야기를 하고 돌아간다. 여행사에 입사하려면 어떻게 해야 하는지, 사회복지사의 처우나 근무환경은 어떤지, 강사나 컨설턴트들의 일상은 어떤지, 혹자는 프리랜서는 어떻게 생계를 꾸려 가는지 등을 소상하게 물어보는 이들도 있다. 그러면서도 다른 한 손에는 대기업의 입사지원서와 알지도 못하는 직무 분야를 써 와서는 "어떻게 하면 서류통과가 될까요?"라며 도움을 요청하니 서로가 답답할 뿐이다.

사실 꿈 따로 직업 따로인 그들에게 뭐라 말해 줄 것이 없을 때가 더 많다. 꿈이 꼭 현실이 되어야 하는 것은 아니기 때문이다. 꿈을 위해 노력했지만 그것이 나의 현실을 아프게 할 수도 있고 현실에 적응하는 선택을 했지만 의외로 만족하면서 기쁘게 생활해 나갈 수도 있으니 무엇이 정답이라고 할 수는 없는 일이다. 그러나 너무도 많은 학생들이 자신이 원하는 삶을 쉽게 포기하면서 현실에 적응해 가는 것이 안타까울 때가 있다.

길어진 수명과 평생교육 시대에 맞춰 끊임없이 변화하고 준비하는 것도 재미있는 일이 될 수 있다. 정말 원하는 것을 찾아서 치열하게 살면 어떤 일이든지 전문성을 기르고 전문가로서 인정받을 수 있는 것이 현대 사회이다. 그러니 너무 좁은 시야로 현실에 안주하지 않았으면 좋겠다.

나는 모든 직업이 전문직이라고 생각한다. 나의 일도 그렇다. 진로상담 분야에서 열심히 일해 왔기 때문에 이 분야에서만큼은 전문가라고 생각한다. 자신의 일에 자부심을 갖고 최선의 노력을 기울이는 사람들을 존경하지 않을 수 없다. 그러니 아파하는 청춘들에게 당부하고 싶다. 자격증이 아니라 능력으로 인정받기 위해 노력하기를 바란다. 스펙보다 중요한 것이 구체적으로 '나는 무엇을 해낼 수 있다'라는 자신에 대한 믿음이다. 그리고 안정적인 직업이라는 특정 가치에 대한 환상과 신화에게 빨리 벗어나길 바란다. 어떤 일을 하더라도 그 분야의 전문가가 된다면 불안정하지 않다. 준비가 안 되어 있고 능력이 없기 때문에 불안정할 뿐이다. 열정을 갖고 도전할 분야가 있다면 무모하더라도 시도해 보기 바란다.

어떤 일도 해 보기 전에는 어느 정도 가능성이 있는지 알지 못하는 것이 당연하다. 자신을 믿고 힘차게 전진하라!

▶▶ 상담자를 위한 가이드 10

회사보다 더 중요한 것이 회사 내의 부서라고 볼 수 있다. 부서에서 맡은 업무가 적성에 맞아야 만족스러운 직장생활도 영위할 수 있다. 활동적이고 호기심이 왕성한 사람이라면 대기업의 품질관리 업무보다 중소기업의 마케팅 업무가 더 잘 맞을 수 있다. 각 부서에서 어떤 일을 주로 하는지 이해하고 있어야 적성에 맞는 일을 선택하는 데 효과적일 것이다.

직군	세부 항목
영업, 마케팅	국내영업 · 마케팅, 해외영업 · 마케팅, 생산기획, 고객서비스
생산	생산관리 · 제조, 생산기술, 자재구매, QA
경영지원, 기술지원	경영전략 · 기획, 재경 · 금융, 법무, 인사, 총무, 홍보, IT, 환경, 안전
연구개발	R&D 설계, R&D 지원

① **국내영업 · 마케팅**: 회사 제품 또는 서비스에 대한 영업, 영업 관리 활동을 전개하며 회사 수익 창출의 직접적인 역할을 한다. 신규 시장을 개척하며 고객을 발굴하고, 매출채권 관리 업무를 수행할 수도 있다.

② **해외영업 · 마케팅**: 회사의 제품을 수출해 회사의 수익을 창출하고, 해외 시장을 개척하는 역할을 한다. 기업에 따라서는 해외영업과 별도

로 해외마케팅 부서를 두는 경우도 있지만, 일반적으로 해외영업에서 해외마케팅 역할까지 수행하는 기업이 많다.

③ 생산기획: 시장 환경을 분석해 마케팅 전략을 수립하고 전개하는 역할을 한다. 시장조사, 분석, 마케팅 전략을 수립한다.

④ 자재구매: 제품 생산에 필요한 자재 또는 장비를 경쟁력 있는 가격으로 구매하고 이를 적기에 제공한다. 원가절감, 생산성 향상에 기여하는 역할을 한다. 구매계획 수립, 구매활동, 공급업체 관리, 자재 관리를 수행한다.

⑤ 경영전략 · 기획: 대내외 경영환경을 분석하고 회사의 비전과 경영전략을 수립한다. 회사의 모든 업무 활동이 전략적 방향에 맞게 이루어질 수 있도록 점검하고 지원한다. 회사의 비전을 달성할 수 있는 방향타 역할을 한다고 할 수 있다.

⑥ 재경 · 금융: 회사의 경영과 투자활동에 필요한 자금을 조달, 운용한다.

⑦ 총무: 회사 임직원의 업무 활동에 필요한 비품 및 소모품을 제공하고 회사의 각종 자산을 관리한다. 비품 제공, 자산 관리, 사무 인프라 조성, 관리, 행사의 전반을 수행한다. 규모가 크지 않거나 공기업의 경우는 총무부 내에서 인사, 교육 업무까지 포함하는 경우도 있다.

⑧ 홍보: 회사의 경영활동과 상품을 대내외 고객에게 알리는 업무를 한다.

⟨마케팅과 영업은 어떻게 다른가?⟩

마케팅과 영업은 전략과 실행의 관계이다. 마케팅이 시장에서 상품이 잘 팔릴 수 있도록 전 단계에 걸친 영업활동을 기획하는 일이라면, 영업은 그 기획을 바탕으로 시장에서 해당 상품이 실제로 팔릴 수 있도록 최종 판매를 실행하는 일이다.

영업의 주 업무가 고객과의 접점에서 제품, 서비스를 이해시키고 판매로 이어질 수 있도록 관리 · 유지하는 것인데 반해, 마케팅의 주 업무는 생산 · 연구개발과 영업 사이에서 두 부서 간 관계를 조율하고, 고객이 원하는 제품과 서비스를 적기, 적소, 적가에 제공해 판매할 수 있도록 기획하는 일이다.

– 박종현 · 이필선(2008),『취업 상식사전』참조

의사결정 5단계 방법

1단계: 문제를 명확히 파악할 것
이 단계는 문제를 분명하게 이해하도록 하는 데 있다. 갈등 상황에 관련된 가치와 목표를 구체적이고 분명하게 제시할수록 문제 해결에 가까워진다.

▼

2단계: 대안을 탐색해 볼 것
이 단계에서는 원하는 결과를 성취할 방법을 찾는다. 과거 비슷한 상황에서 어떻게 했는가? 다른 사람들은 이 문제에 부딪혔을 때 어떻게 하겠는가? 대안이 많을수록 해결책을 찾는 데 도움이 되므로 가능하면 많은 대안을 찾는다.

▼

3단계: 기준을 확인할 것
다음 질문들은 당신이 어떤 기준을 설정하는 데 도움을 줄 것이다. • 해결책을 통해서 이루고자 하는 목표는 무엇입니까? • 어떤 가치가 내포되어 있습니까? • 문제를 해결하는 데 필요한 자원은 충분합니까?

▼

4단계: 대안을 평가하고 결정을 내릴 것
각 대안이 갖는 바람직한 정도, 가능성, 위험성을 평가한다. 대안이 만족스럽지 않다면 새로운 대안을 찾고, 기준을 변경할 수 있다.

▼

5단계: 계획을 수립하고 그대로 따를 것
계획을 세우고 실행하면서 새로운 정보를 얻을 수 있다. 계획을 재검토하고 목표 성취의 가능성을 점검하여 계획을 바꾸거나 새로운 계획을 수립할 수 있다.

활동자료 10: 의사결정 유형 진단

※ 다음 문항 내용을 살펴보고 자신과 같거나 비슷하면 '그렇다'에, 자신과 다르거나 차이가 크면 '아니다'에 체크(∨) 표시를 하세요. 이를 바탕으로 아래 의사결정 유형별 점수를 계산하여 자신이 보완해야 할 점을 생각해 보세요.

	내용	그렇다	아니다
1	나는 중요한 결정을 할 때 체계적인 방법으로 한다.		
2	나는 중요한 결정을 할 때 다른 사람이 올바른 방향으로 이끌어 주길 바란다.		
3	나는 나 자신의 즉각적인 판단에 따라 매우 독창적으로 결정한다.		
4	내가 결정을 내리는 경향은 미래보다 현재의 내 입장에 맞춘다.		
5	나는 많은 정보를 수집할 수 없는 상황에서는 중요한 결정을 내리지 않는다.		
6	나는 왜 그렇게 결정했는지 이유는 모르지만 결과가 좋은 편이다.		
7	나는 어떤 결정을 할 때 그것이 나중에 미칠 영향까지도 생각한다.		
8	나는 어떤 결정을 내릴 때 친구의 생각을 우선시한다		
9	나는 남의 도움 없이는 중요한 결정을 내리기 정말 힘들다.		
10	나는 중요한 결정이라도 매우 빠르게 결정한다.		
11	나는 어떤 결정을 할 때 나 자신의 감정과 반응에 따른다.		
12	나는 친한 친구와 먼저 의논하지 않고는 어떤 일이든 좀처럼 결정하지 않는다.		
13	나는 충분한 시간을 두고 생각을 한 후에 결정한다.		
14	나는 내가 좋아서 결정하기보다 남의 생각에 따라 결정하는 경우가 많다.		
15	나는 결정 내리기에 앞서 모든 정보가 확실한지 재검토한다.		
16	나는 마음속에 있던 생각이 갑자기 떠오르면 그에 따라 결정을 한다.		

| 17 | 나는 중요한 일을 할 때 미리 주의 깊게 세밀한 계획을 세운다. | | |
| 18 | 나는 다른 사람들의 많은 격려와 지지가 있어야만 어떤 일을 결정할 수 있다. | | |

의사결정 유형별 특성과 자기이해

유형	특성	해당 문항	점수 (그렇다)	보완해야 할 점
합리적	자신과 상황에 대하여 정확한 정보를 수집하고, 신중하고 논리적으로 의사결정을 하며, 결과에 책임을 진다.	1, 5, 7, 13, 15, 17		1. 2. 3.
직관적	미래를 고려하지 않고 책임을 받아들이지 않으며, 현재의 감정에 주의를 기울이고, 대안에 대한 논리적 평가를 하지 않는다.	3, 4, 6, 10, 11, 16		
의존적	다른 사람의 영향을 많이 받으며 수동적이고 사회적 인정에 대한 욕구가 높으며 결정에 대한 책임을 남에게 돌린다.	2, 8, 9, 12, 14, 18		

11
경력단절 여성의 재취업

▶ 저에게 딱 맞는 직업을 갖고 싶어요.

자녀 양육 때문에 지난 10년간 경력단절이 된 혜진 씨가 진로상담을 받기 위해 상담실을 찾아왔다. 대학 졸업 후 다니던 회사도 그만두고 육아에만 매달려온 혜진 씨는 이제 아이들도 어느 정도 컸기에 직장생활을 다시 하고 싶다는 생각이 들었다. 대학에서는 정보통신학을 전공했지만 자신의 적성이나 성격 등을 고려하였을 때 유아교육 쪽이 더 잘 맞을 것 같다고 생각했다. 앞으로 직업을 갖는다면 그쪽으로 나가고 싶은데 보육 교사 일은 급여가 너무 작아 별로일 것 같아 유아교육학과로 진학을 고민 중이라는 것이다. 커리어우먼으로 성공한 대학 동창들을 보면 부럽기도 하고, 나는 지금까지 무엇을 했나 하는 자괴감도 든다고 고백을 하였다. 경제적으로 당장 일을 꼭 해야 하는 것은 아니지만 그래도 시간적 여유도 있고 하니 이제는 무엇인가 해 보고 싶은데, 어디서부터 시작해야 할지 고민되고 막막하기만 하다는 것이다. 방송통신대학도 알아보았는데 학교를 다시 다녀야 할지 아니면 학점은행제를 통해 자격증만 취득해도 될지 판단이 서지 않는다. 더불어 유아교육 쪽의 비전이나 현실 등도 궁금하여 상담을 신청하게 되었다는 것이다.

혜진 씨의 사례는 많은 경력단절 여성들이 공감하는 내용일 것이다. 한동 안 가사에만 전념하다가 다시 직장으로 복귀하기 위해서는 상당한 노력이 필요하다. 특히 사회가 급변하면서 오늘날 직업의 세계와 학문의 영역은 넓 어지고 진출 분야는 다양해졌지만 본인의 성격적 특성이나 직업적 흥미에 대해서 정확히 모르기 때문에 적합한 진로를 선택하기가 어려운 실정이다. 성인들을 대상으로 한 진로지도는 자신이 어떤 사람인가를 분명히 아는 것 이 필요하고 개인적인 특성을 아는 것이 요구된다. 가장 일반적으로 성격검 사와 흥미검사를 통해 개인의 성격과 흥미를 통합해 보면서 자신에 대한 이 해를 도모하고 향후 진로선택에 있어 보다 적절한 대안을 탐색할 수 있다.

직업선택에 있어서 개인의 능력과 적성, 가치관과 더불어 개인의 흥미는 매우 중요한 요인이다. 직업적인 흥미는 일반적인 흥미와는 다르게 여러 직 업 중에서 특정 직업에 호의적이고 수용적인 관심 및 태도를 의미한다. 이 를 측정하기 위하여 미국의 직업 심리학자 스트롱(E. K. Strong)이 개발한 스 트롱 흥미검사를 활용할 수 있다. 또한 성격유형검사는 직업이나 진로를 선 택하는 동기와 선호 등을 파악하는 데 사용될 수 있다. 선호의 방향이라고 하는 것은 더 좋아하는 것이나 상대적으로 편하고 쉬운 것 등을 택하게 하 는 심리적인 기제이다. 선호라는 것은 주로 심리적인 에너지를 덜 사용하며 좋은 수행을 할 수 있도록 돕고 직업적인 성공과 만족을 극대화시킬 수 있 게 한다. 이런 요소들을 종합하여 개인의 성격과 흥미를 파악하게 되면 자 신에게 맞는 진로목표를 설정하고 삶의 만족도를 높일 수 있다. 혜진 씨는 성인 여성이므로 우리에게 잘 알려진 성격검사인 MBTI 검사를 통해 그녀 의 성격을 알아보기로 했다. 성격(personality)이라는 말의 어원은 라틴어 '페 르소나(persona)'로부터 유래된 말로 '가면'이라는 뜻이다. 페르소나는 그리스나 로마 시대 배우들이 공연할 때 가면을 쓰고 나오는데 그 가면을 보면 그 배우가 어떤 성격의 역할을 할 것으로 기대되는 데서 파생된 것이다. 이처럼 성격은 특정인의 사회적 역할 또는 행동양식의 특징을 종합적으로 파악하려는 개념이다. 우리는 남의 행동을 예측하려는 욕구가 있는데, 이 욕구로부터 성격의 개념을 생각해 낼 필요가 있었다고 본다. 타인의 행동양식을 가능한 한 정확히 들여다봄으로써 자기 자신의 사회적 적응에 도움이 되게 하려는 것이다.

올포트(G. W. Allport)는 "성격이란 개인 특유의 사고와 행동을 결정하는 심리-생리적 조직인 개인 내에 있어서의 역동적 체계다."라고 정의하였다. 설명을 들어도 쉽게 이해하기가 어렵다.

간단하게 다시 말하면 성격이란 다음과 같은 특징을 지니고 있다.

· 개인의 독특한 특성을 나타내는 전체적인 개성
· 표면상으로 개인마다 어느 정도 안정된 일정한 패턴을 형성하고 있는 것
· 선천적 유전에 의한 생리적 기반을 바탕으로 개인이 일상, 사회, 문화, 환경과 작용하는 과정에서 형성되어 가는 것

분석 심리학자 융(C. G Jung)이 사용한 페르소나라는 단어가 개인이 사회속에서 쓰고 있는 가면이라는 의미를 담고 있듯이 성격이라는 것은, 일부는 태생적으로 부여받은 기질적 측면도 있지만 사회적 관계 속에서 (환경과의 상호작용으로) 형성되는 특성들이 모여, 겉으로 드러나는 어떤 것이라고 생각해 볼 수 있다. 물론 성격을 논할 때 기질적인 측면을 간과할 수는 없다. 그러나 '성격'이라는 말을 할 때 가장 큰 영향을 미치는 요인은 가정과 학

교와 같이 개인을 둘러싼 환경과의 상호작용의 결과이고 각 발달 단계에서 직면했던 심리사회적인 위기와 갈등들이라고 생각한다.

성격심리학의 이론 중에서 이러한 측면을 잘 설명해 줄 수 있는 이론은 심리사회적 발달이론이다. 에릭슨의 이론에서 성공적인 위기의 극복은 다음 단계로의 진입에 필수적이며 자아 통합으로 가는 중심 행로가 된다. 현재 나 자신의 성격들은 에릭슨의 심리사회적 발달이론에서와 같이 각 발달 단계의 위기를 지나오면서 극복해 온 개인적인 경험들에 의존해 왔다고 볼 수 있다. 하지만 어떤 시기에 단 하나의 원인만 작용했다고는 말할 수 없다. 왜냐하면 성장 발달 단계별로 중심이 되는 사건은 성격 형성 과정에 깊은 관련성을 가지고 있지만, 위기마다 주변 환경과의 관계 맺는 방식과 사회적 환경 속에서 일어나는 사건에 어떤 방식으로 대응하며 끊임없이 상호작용 하는가에 영향을 주고받을 수밖에 없기 때문이다.

따라서 현재의 자아정체감을 형성할 수 있도록 하는데 영향을 미친 생애 사적 발달의 위기와 갈등을 살펴보고, 그 과정을 어떤 식으로 극복해 왔으며 통합되어 왔는가를 살펴보는 것은 의미 있는 작업이 될 것이라고 생각 한다. 또한 이러한 과정 속에서 현재 안고 있는 여러 가지 문제점을 돌아오 고 고찰해 보면서 이를 슬기롭게 극복할 수 있는 해결 방안에 대한 시사점 도 얻을 수 있기를 기대해 본다.

나의 어떤 성격적 특성들은 나이가 들어가면서 조금씩 바뀌고 변화했으 며 없어진 것들도 있지만 어떤 특성들은 그대로 유지되거나 강화된 것들도 있을 수 있다. 물론 각 단계를 거치면서 여러 가지 요인들이 영향을 주었고 특히 가족이나 학교 친구들이 가장 큰 영향을 미친 대상들이라고 할 수 있 다. 그러한 요소들을 구체적으로 살펴보고 어떤 이유로, 어떤 과정을 통해서 나의 성격발달이 이루어졌는지 살펴보는 것은 커리어를 준비하는 모든 이들에게 꼭 필요한 과정이라고 할 수 있다.

특히 혜진 씨처럼 전공과 다른 진로를 설정함에 있어서 본인의 성격을 정확히 파악하는 과정은 매우 중요하다. 혜진 씨에게 대학 전공은 본인의 적성이나 성격적 특성을 잘 반영한 선택이었다기보다는 점수에 맞춰 선택한 결과였고, 결혼해 자녀를 양육하면서 10년 이상의 경력단절 기간이 있었다. 이러한 경우라면 꼭 대학의 전공에 연연할 필요는 없다. 중년기 이후 자신의 성격에 대한 인식이 더욱 명확해지고 본인이 어떤 사람인가에 대한 확신이 깊어지면서 새로운 영역에 대한 관심과 호기심이 일어날 수 있기 때문이다.

상담자를 위한 가이드 11

    성인들과의 진로상담에서는 상담 시에 요구되는 기본적인 정보 이외에 추가적으로 탐색해야 할 부분이 있다. 그중에서도 특히 내담자가 원하는 직업에 대한 포부 수준과 핵심 역량을 먼저 사정해 보아야 한다. 다시 말해 내담자가 지닌 능력을 정확히 파악하여야 하는데 과거에 일했던 경험이나 가장 자신 있게 할 수 있는 일이 무엇인지 등 개인의 특성을 파악하는 과정이 필요하다. 그다음으로는 고용시장의 환경을 고려하여야 한다. 여성 구직자, 특히 경력단절 여성이 현실적으로 취업할 수 있는 일자리 등을 정확하게 인식할 수 있도록 도와주어야 하며 현실적인 고려사항들을 이해하도록 알려 주어야 한다. 추가적으로 개인이 원하는 직종에 나아가기 위한 기초적인 소양이나 기술 등의 정보를 알려 주어 교육이 필요하다면 일련의 보수교육을 이수하여 역량을 강화할 수 있도록 도와주어야 한다. 또한 직업에 대한 태도와 일에 대한 사명감 등 기본적인 직업인의 소양을 함양할 수 있도록 조력해야 한다.

    이와 같은 전개는 크롬볼츠(J. D. Krumboltz)가 제안한 사회학습이론에 기반을 둔 것으로서 구체적인 과제 기술 습득과 함께 구직 과정 자체가 하나의 일련의 학습과정이 되도록 배려해야 한다는 점이 중요하다. 경력단절 기간이 긴 경우 사회에 진출하고자 할 때 가장 문제가 되는 것은 본인의 현실이나 상황을 무시하고 너무 높은 기대를 갖고 무작정 취업을 희망한다거나,

취업을 하고 나서도 몇 개월 지나지 않아 다시 실직 상태로 돌아서는 경우라 할 수 있다. 따라서 취업 그 자체의 목표를 추구하기 앞서 일자리에 대한 이해를 기반으로 한 구직 기술 향상 그리고 고용 동향과 직장 적응 과정까지를 하나의 학습목표로 두고 그 과정을 설계하는 것이 필요하다.

장기간 경력이 단절되어 있어 직무에 대한 이해가 떨어지고 고용환경에 대한 정보가 무지한 상태에서 '나는 이 정도 수준의 일은 해야 한다.'는 무모한 포부가 작용하기도 하고 어렵게 얻은 일자리에서 '내가 이 돈 받으려고 이런 일을 해야 하나'라고 말하며 포기하는 사례가 빈번하기 때문에 직업을 갖고자 하는 이유와 함께 직업인으로서의 사명감 등에 대한 인식의 재고가 선행되어야만 경력단절 여성의 사회 진출이 용이할 것으로 보인다.

앞서 언급한 MBTI 성격검사는 마이어스(I. B. Myers)와 브릭스(K. C. Briggs)라는 모녀 심리학자가 융의 성격이론에 자신들의 연구결과를 추가하여 성격을 분류하도록 만든 검사이다. 본래 융은 사람의 성격이 내향-외향, 감각-직관, 사고-감정의 축에 따라 나뉠 수 있다고 주장하였는데 마이어스와 브릭스는 판단-인식의 한 차원을 더 추가하여 16가지의 성격 패턴으로 구성하였다. 구체적으로 설명하면, 사람들은 내향적인 사람과 외향적인 사람으로 나누어지는데, 내향적인 사람(I)은 에너지가 내면의 생각 쪽으로 향하여 내적인 활동을 통해 에너지를 얻고 내적인 활동에 에너지를 사용하는 반면, 외향적인 사람(E)은 에너지가 외부의 사람과 사건 쪽으로 향하여 외적인 활동을 할 때 에너지를 얻고, 그 에너지를 다양한 업무와 사람들과의 접촉을 통해 사용한다는 것이다. 두 번째로는 외부 세계에 대한 지각 및 정보 수집의 차원에 따라 감각과 직관의 유형으로 나누어질 수 있는데, 감각형(S)은 사실적이고 세부적인 것을 잘 보고 현실감각이 있으며, 직관형(N)은 전체를 보며 통찰력과 상상력을 발휘하는 편이다. 세 번째로는 판단의 근거를 어디에 두느냐에 따라 사고형(T)과 감정형(F)으로 나뉠 수 있다. 사고형은 논리적 사고를 통하여 경험을 이해하려고 하는 반면, 감정형은 인간관계의 맥락에서 경험을 이해하고자 한다. 마지막으로 네 번째로는 생활양식에 따라 판단형(J)과 인식형(P)으로 나뉘는데, 판단형은 일의 마무리, 예측성, 구조화를 중요시하는 반면, 인식형은 기대치 않은 상황에 대한 융통성과 자발성에 가치를 부여하는 편이다. MBTI 성격 유형은 각각의 지표에서 하나씩을 선택하여 대개 영문 약자로 표현한다. 예를 들어 내향, 감각, 사고, 판단형은 ISTJ 유형이 된다. 이렇게 만들어지는 16개의 성격 유형은 각기 독특한 특징을 가지게 되는데 관련 검사를 실시하고 전문가에게 해석을 받아 봄으로써 자신의 성격에 대한 강점과 보완점을 인식할 수 있다. 보다 자세한 내용은 다음과 같다. (송원영 외(2009), 『대학생의 진로 설계』에서 부분 인용)

MBIT 4가지 선호 지표

외향 VS 내향　　자신의 에너지 방향이 어느 쪽으로 향하는지 나타낸다.

· 외향(Extraversion)

– 에너지가 대부분 외부의 사람과 사건 쪽으로 향한다.

– 다양한 활동을 선호하며 장시간의 집중을 어려워할 수 있다.

– 활동을 통한 문제 해결을 지향한다.

– 사무실 외에서의 다양한 업무와 사람들과의 직접적인 접촉이 빈번한

업종을 선호한다.

- 사업, 판매, 마케팅, 공공기관 업무, 홍보, 판촉 등 사람들과의 상호작
  용과 활동이 필요한 직업을 선호한다.

· 내향(Introversion)

- 에너지가 자기 내면의 생각 쪽으로 향한다.

- 장시간 집중할 수 있으며, 깊이를 요구하는 한 가지 일에 초점을 맞
  추는 것을 선호한다.

- 다양한 활동을 동시에 하는 것을 선호하지 않는다.

- 개념의 틀을 구축하는 문제 해결 과정을 선호한다.

- 지속성과 집중력을 요구하되 사람들과 일대일로 접촉해야 하는 직종
  을 선호한다.

- 교직, 교수, 과학, 연구, 도서, 컴퓨터, 엔지니어링, 전기 등 아이디어
  가 요구되는 직업을 선호한다.

감각 VS 직관　어떤 정보나 상황에 대해 무엇을 인식하는지 나타낸다.

· 감각(Sensing)

- 사실적이고 세부적인 것을 잘 보고 현실감각이 있으며 실제적이다.

- 미래보다는 현재에 초점을 더 맞춘다.

- 일상적인 정확성을 논하는 일에 인내심과 조심성이 있으며 숙련된
  기술을 선호한다.

- 실제 적용이 가능한 교육이나 직접적인 훈련을 선호한다.

- 생산, 관리, 비즈니스, 건축, 사무, 회계, 간호, 경찰, 군인 등 현실 문제

를 다루는 직접적인 활동이 필요한 직업을 선호한다.

• 직관(iNtuition)

- 전체를 보며 통찰력과 상상력을 발휘한다.

- 현재보다는 미래에 더 초점을 맞춘다.

- 손끝에 잡히지 않는 가능성을 추구해 들어가는 프로젝트를 해내는 데 인내할 수 있고 새로운 방식의 일 처리를 선호한다.

- 의사소통, 상담, 교직, 법률, 연구, 종교, 예술, 과학 등 장기간의 계획과 발달이 필요한 직업을 선호한다.

사고 VS 감정   어떤 일이나 상황, 사건 등에 있어서 어떻게 결정하는지 나타낸다.

• 사고(Thinking)

- 논리적 사고를 통하여 경험을 이해하고자 한다.

- 결과에 미치는 영향보다는 객관성과 공평성을 우선으로 다룬다. 그러므로 강건하고 솔직하게 보일 수 있다.

- 숫자, 아이디어 혹은 사람을 대상으로 논리적 분석과 객관적 접근이 필요한 교육 영역에 관심을 가진다.

- 비일관성이나 상황이 지니고 있는 비합리성을 쉽게 간파하고 논평한다.

- 범죄학, 경찰, 법률, 관리, 컴퓨터, 생산, 기술, 과학, 상업 분야의 직업을 선호한다.

· 감정(Feeling)

- 인간관계 맥락에서 경험을 이해하고자 한다.

- 결과에 따른 대가를 지불해야 하는 것을 무시하고서라도 조화와 협동을 추구한다. 그러므로 따뜻하고 타인을 잘 이해하는 것처럼 보일 수 있다.

- 자연스럽게 타인들이 베푸는 혜택에 감사한다.

- 사람들과 직접 참여하고 아이디어를 다루는 의사소통이 요구되는 교육 영역에 관심을 가진다.

- 목회, 인력 봉사, 상담, 비서, 의료, 교직, 통신, 연예 분야의 직업을 선호한다.

판단 VS 인식　외부 세계에 대해 대처할 때 채택하는 생활양식이 무엇인지 나타낸다.

· 판단(Judging)

- 일의 마무리, 예측성, 구조화 그리고 위계와 질서에 가치를 부여한다.

- 스케줄과 마감일을 중요하게 생각하고 일을 결정짓고 안정시키는 것을 선호한다.

- 반복되는 일상을 잘 견디고 때로는 안정성이 주는 여유를 즐긴다.

- 관리하는 직업을 선호한다.

- 계획성, 체계, 질서, 마감일 등을 중요하게 다루는 영역의 직업을 선호하며 책임이 주어지는 업무를 맡길 좋아한다.

· 인식(Perception)

- 마무리 짓기 위하여 조급한 것을 싫어하며, 기대치 않은 상황이 안고 있는 도전과 자발성에 가치를 부여한다.
- 마감일을 지키지 못할 때도 있으며, 작업이 개방된 채로 있으면서 일어날 수 있는 또 다른 작업 전개의 가능성을 선호한다.
- 반복되는 일상을 참기 어려워하고, 재미없어한다.
- 문제 해결이 필요한 영역의 일을 선호한다.
- 변화, 유연성, 창의성이 중요하게 다루어지는 영역의 직업을 선호하며 스스로 독립적으로 일할 수 있는 업무를 좋아한다.

▶▶ 활동자료 11: 내가 바라보는 나

※ '나'는 어떤 MBTI 유형일까요? 각 유형의 설명을 읽고 자신과 더 비슷하다고 여겨지는 곳에 체크(V) 표시를 하세요.

외향형(Extraversion)	E	I	내향형(Introversion)
· 폭넓은 대인관계를 유지하며 사교적이고 정열적이며 활동적이다. · 자기 외부에 주의 집중한다. · 정열적, 활동적이며 말로 표현한다. · 외부 활동과 적극성			· 깊이 있는 대인관계를 유지, 조용하고 신중하며 이해한 다음에 경험한다. · 자기 내부에 주의 집중한다. · 조용하고 신중하며 글로 표현한다. · 내부 활동과 집중력
감각형(Sensing)	S	N	직관형(iNtuition)
· 오감에 의존하여 실제 경험을 중시한다. 현재에 초점을 맞추고 정확하게 일을 처리한다. · 나무를 보려는 경향이 있다. · 사실적 사건 묘사			· 육감, 영감에 의존하며 미래지향적이고 가능성과 의미를 추구한다. · 신속하고 비약적으로 일을 처리한다. · 미래의 가능성에 초점을 둔다. · 숲을 보는 경향이 있다. · 암시적, 비유적 묘사
사고형(Thinking)	T	F	감정형(Feeling)
· 진실과 사실에 주 관심을 갖고 논리적이고 분석적이며 객관적으로 판단한다. · 원리와 원칙 · 규범과 기준 중시			· 사람과 관계에 주 관심을 갖고 상황적이며 정상을 참작한 설명을 한다. · 의미와 영향 · 나에게 주는 의미 중시
판단형(Judging)	J	P	인식형(Perceiving)
· 분명한 목적과 방향이 있으며 기한을 엄수하고 철저히 사전계획하며 체계적이다. · 정리정돈과 계획 · 신속한 결론 · 통제와 조정 · 분명한 목적의식과 방향감각 · 뚜렷한 기준과 자기의사			· 목적과 방향은 변화 가능하고 상황에 따라 일정이 달라지며 자율적이고 융통성이 있다. · 상황에 맞추는 개방성 · 이해로 수용 · 융통과 적응 · 재량에 따라 처리될 수 있는 포용성

12

생애설계로서의 진로설계

▶ 다시 시작하고 싶어요.

올해 51살인 미영 씨는 직장을 구하기 위해 매일 아침 정보지의 구인 정보란을 보고 있지만 적당한 곳을 찾을 수 없어 상담을 요청하였다. 뒤늦게 방송통신대학에 진학하여 곧 졸업을 앞두고 있지만 20년 동안 주부로서만 살아왔기에 취직을 해서 일을 해 본 경험은 없다. 그러다 올해 초 이혼을 하게 되면서 취업을 위해 노력했지만, 가사도우미나 식당일 외에 마땅한 일자리를 찾지 못해 만사가 우울하고 의욕이 없었다. 미영 씨는 머리가 아프고 마음이 짓누를 때 집에서 한두 잔 마시던 맥주가 이젠 유일한 친구가 되어 버린 것 같다며 한참을 멈칫거리다 이야기를 꺼냈다. 그동안 남편과 어떻게 지냈으며 무슨 일이 있었고 그 과정에서 어떤 상처가 있었는지 장장 두 시간 반 동안 이야기를 이어 갔다.

미영 씨는 상담시간 내내 눈물 반 한숨 반이었다. 중간중간 말을 잘 잇지 못했고 굵은 눈물만 흘렸다. 당장 일을 해야 하는 상황에 처하였지만 직업에 대한 정보나 진로탐색 등에 도움을 받기보다는 우선 지나온 시간에 대해서 충분히 말하고 싶다는 속내가 엿보였다. 그간 말하지 못한 답답함이 큰 것처럼 보였다.

20년 동안 아내로서 며느리로서 최선을 다했다고 믿었고, 엄마로서 인내하느라 자신의 모든 힘을 다 쏟아부었지만 결과는 참담한 실패였노라고 단정하였다. 미영 씨는 매우 조리 있게 본인의 이야기를 할 수 있는 능력이 있는 사람이었지만 한숨과 울음이 뒤섞여 60분이라는 상담시간을 지킬 수가 없었다. 그냥 계속 이어지는 대로 들어 주는 것이 미영 씨에게 가장 필요한 일이다 싶어 중간에 이야기를 끊지 못했고 계속 말을 이어 갈 수 있도록 배려하였다. 첫날 그렇게 두 시간 반 동안 이야기를 풀어 놓은 미영 씨는 그 이후에는 상담시간을 잘 지켜 주었고 다소 밝아진 표정으로 상담실을 방문하였다. 상담기간 동안 단 한 번도 늦지 않았고 매우 열심히 자신에 대해 이야기하였다. 하지만 그렇다고 뾰족한 해답을 갖고 돌아가지도 못했다. 어떤 일을 해 보겠다거나 어떤 일이 가능성이 있겠다는 접근조차 찾기 어려운 실정이었기 때문이었다. 미영 씨가 정보지에서 찾아보았다는 직업들, 즉 보험설계사나 가사도우미, 식당 종업원, 마트 계산원과 요양보호사 등을 제외하면 본인도 어떤 일을 할 수 있을지 스스로 확신하기 어려워하는 상태로 매우 힘들어하였다. 다소 자신감을 회복한 듯싶다가도 금세 포기하고 마는 만성적인 자신감 부족 상태에 시달렸다.

그렇게 이어지던 상담은 어떤 결정에도 내리지 못한 채 마무리를 해야만 하는 상황이 되었다. 나는 내심 미안함과 안쓰러움이 더해져 괜한 죄책감을 느끼기도 하였다. 도움이 되고 싶었지만 결국 미영 씨에게 구체적인 방향 설정을 할 수 있는 가능성을 찾는 데 실패했다는 기분과 동시에, 앞으로 정말 미영 씨는 어떤 직업을 선택하고 남은 인생을 당당하게 살아가야 하는가 하는 매우 현실적인 고민까지 나의 마음을 힘들게 하였다. 그런데 미영 씨는 상담이 끝나고 무엇인가 정리가 된 듯 보였다. 한결 홀가분해졌다면서 이제는 무엇인가 시작해 볼 수 있겠다고 말하며 오히려 나를 위로해 주는 것이 아닌가?

나는 아무것도 도와준 것이 없었지만 미영 씨는 조용히 웃으며 정말 감사하다는 말을 여러 차례 하였다. 미영 씨는 내 마음을 읽기라도 한 듯 "선생님, 그동안 제 얘기를 들어 주셔서 감사해요. 결국은 제가 찾아야겠지요. 선생님께서 하셨던 말씀 중에 기억에 남는 말씀이 많아요. 시간이 걸리더라도 제가 찾아보겠습니다. 그리고 공부도 더 하고 싶어요." 이 말로 그녀는 오히려 나에게 평화를 안겨 주었다. 미영 씨를 통해서 전업주부로 살다가 느닷없이 이혼을 하게 되면서 생계를 위해 일자리를 알아보아야만 하는 여성들을 이해하게 되었다. 이혼이 아니더라도 남편이 사업에 실패하거나 중병을 앓게 되어 전업주부였다가 갑작스레 생업전선에 뛰어들어야 하는 50대 여성들을 만나게 되면 이들을 위한 일자리가 좀 더 다양해지고 많아지면 좋겠다는 생각이 간절해진다. 몇 년 전 여성 일자리 박람회에 컨설팅을 나갔을 때 50대 여성 채용을 위한 구인 업체들 대부분이 가사도우미와 베이비시터 직종이었던 것으로 기억된다. 이것은 일자리가 다양하지 못하다는 방증이리라. 미영 씨는 자신의 생각을 논리적으로 말할 수 있는 능력을 갖추고 있고 자신의 상황을 받아들일 수 있는 성숙한 정서와 함께 상담을 받으러 올 만큼의 담대함도 갖춘 여성이었지만 그에 맞는 일자리가 마땅치 않다는 것이 매우 안타까울 따름이었다. 최근에는 각 지자체를 비롯하여 국가적 차원에서 일자리 문제를 해소하기 위한 제도와 지원이 많아졌지만 불과 5, 6년 전만 해도 여성의 재취업은 몇 가지 직종에 쏠려 있었다. 또한 미영 씨 세대에게 100세 시대를 대비한 진로계획이 없었다는 것도 아쉬운 점이다. 미영 씨는 진로교육이라는 말조차 들어 보지 못하고 장래 희망이나 꿈에 대해서 누구도 관심을 두지 않던 세대에 청소년기를 보냈다. 게다가 결혼 후에는 아이들 키우랴, 남편 뒷바라지를 하랴 가사에만 매달려 20년을 보낸 주부였기 때문에 취업과 관련해 충분히 준비되지 않은 것을 그녀 탓이라고 나무랄 수도 없는 일이다.

많은 여성들이 여러 가지 이유로 인해 자신의 경력을 유지하지 못하고 단절하게 된다. 하지만 지금이라도 나의 일을 찾고 싶다면 절대 늦지 않았다는 말을 해 주고 싶다. 남들보다 조금 더 노력해야 할지 모르지만, 뜻이 있는 곳에 길이 있다고 하지 않던가?

그리고 늦었다고 생각할 때가 가장 빠른 때라는 말도 있듯이 지금부터라도 시작하면 된다. 이는 비단 여성에게만 해당되는 말은 아니고 모든 이에게 적용되는 이야기이다. 이혼이라는 외적 상황 때문에 직업을 구해야만 하는 절박한 현실이 아니더라도 향후 미래 사회를 예측해 보건대 평생 일하지 않으면 안 되는 시대가 도래하고 있다. 그야말로 우리의 노후를 위해서 '제2의 경력(second career)'을 염두에 두지 않으면 생존 자체가 위협받는 시대가 된 것이다. 많은 인구 통계학자가 예측하듯이 2050년 정도가 되면 인구의 절반 이상이 50대가 되는 초고령 사회가 된다.

지하철을 타면 대부분이 노인이고 소수의 젊은이와 어린이가 있는 세상이 대한민국의 2050년대 모습이 될 가능성이 크다. 그런 사회에는 일할 수 있는 젊은이가 상대적으로 매우 적기 때문에 여러 가지 사회적 비용과 부담이 발생하게 된다. 얼핏 생각하면 인구가 줄어들어 경쟁도 사라지고 좋을 것 같지만 노년층이 많고 유소년층이 매우 적은 역피라미드의 인구 구조가 큰 문제가 될 수 있다는 것을 알아야 한다. 청년층이 부담해야 할 세금 문제, 노년층이 늘어나게 되면서 필수적으로 수반되는 노동생산성의 저하 등 사회·경제적으로 여러 가지 파장이 예상된다. 특히 2012년 통계에서 보여주듯이 일반적인 노후 대비책인 국민연금조차도 2060년이 되면 고갈될 것이라고 많은 통계학자들이 예측하고 있다. 절대 인정하기 싫지만 저출산 고령화 사회의 재앙이 우리에게 닥칠 미래일 확률이 높다. 따라서 우리가 현재 생활하고 있는 수준을 노후에도 계속 유지할 가능성은 매우 희박하다고 하겠다. 게다가 자녀 세대가 부모 세대의 노후를 보장해 주는 것도 매우 어려울 것으로 예상된다. 현재 통계만 보아도 청년 니트족이 100만 명에 육박하고 청년 취업이 어렵다 보니 결혼도 늦어지고 결혼이 늦어지다 보니 저출산으로 이어지는, 그야말로 위기의 상황이다. 만약 이런 식의 악순환이 계속된다면 미래에는 탈출구가 없다. 많은 이들이 베이비부머 세대의 은퇴를 염려하고 있다. 베이비부머들은 연금을 받을 수 있는 연령까지 견디기 위한 은퇴 크레바스를 대비해야만 하는 상황에 부닥쳤다. 미리미리 노후를 대비한 경우라면 상관없겠지만 지금 대부분의 은퇴 세대들은 자녀 교육에 올인한, 그야말로 자신의 노후를 담보로 자녀에게 투자한 세대들이기에 희망을 걸 곳이 자녀밖에 없는 경우가 비일비재하다. 그런데 청년 실업과 구직난에 시달리는 그들의 자녀들은 어디서부터 시작해야 할지 손을 놓고 있는 실정이라 가슴이 아프다.

진로 문제는 단순히 직업을 고르는 차원의 문제가 아니라 자신의 전 생애를 설계하는 과정임을 다시 한번 강조하고 싶다. 미영 씨를 만나면서 이러한 차원의 진로설계를 더 깊이 고민하게 되었다. 진로를 설계하는 것은 긴 인생의 설계이자 자신의 생애를 두루 조망해 가며 준비하는 것을 말한다.

그러므로 우리의 진로교육이 제대로 이루어지기 위해서는 미래에 대한 예측뿐만 아니라 정치, 경제, 사회, 문화에 대한 폭넓은 이해는 물론 자기 자신에 대한 인식 등이 한데 어우러져 조화를 이룰 때라야만 비로소 효과적일 수 있음을 재확인하게 되었다.

상담자를 위한 가이드 12

진로상담을 하게 되면 진로결정에 많은 요인들이 복합적으로 상호작용하게 된다는 것을 알게 된다. 특히 부모나 사회적 영향뿐만 아니라 지능이나 적성, 흥미 등도 진로에 큰 영향을 미치는 요인들이다.

예를 들면 중요한 타인인 부모가 자신의 결정을 지지할 경우에는 부모의 의견이 자원이 될 수 있지만, 자신의 결정과 부모의 결정이 다르고 부모의 의견이 강한 경우에는 진로를 결정하는데 커다란 장벽으로 작용할 수 있다. '진로장벽'이란 용어는 진로의 결정 및 선택 과정을 방해하는 요인을 말하는 것으로, 초기 연구에서는 '방해조건(thwarting condition)', '장벽(barriers)', '지각된 장벽(perceived barriers)', '진로와 관련된 장벽(career-related barriers)' 등 여러 명칭으로 사용됐으나 현재는 진로장벽이라는 말로 통일되고 있다. (송원영 외(2009), 『대학생의 진로 설계』에서 부분 인용) 진로장벽의 초기 분류는 내적 장벽과 외적 장벽의 구분이었는데, 내적 장벽은 심리적인 측면의 장애들이며, 외적 장벽은 주로 환경에서 발견될 수 있는 장벽들을 칭한다. 이러한 장벽들은 진로선택, 취업, 직장생활 등의 여러 측면에서 발생할 수 있으며, 직장생활을 해 나가거나 가정생활과 직장생활을 조화롭게 하고자 할 경우에도 발생할 수 있다. 오리리(V. E. O'Leary)는 여성들의 진로발달에 나타나는 내적 장벽 6가지와 외적 장벽 4가지를 가정하였다. 오리리가 가정한 여성의 진로장벽으로는 실패에 대한 두려움, 낮은 자존감, 역할갈등, 성공에 대한 두려움, 승진에 따른 지각된 결과들, 결과 기대와 관련된 유인가를 내적 장벽으로 주장하였으며, 성역할에 대한 사회적 고정관념, 관리직 여성에 대한 태도, 여성의 능력에 대한 태도, 남성관리모델의 보편화는 외적 장벽으로 구분하였다. 많은 학자들이 저마다 진로장벽의 하위 요인들을 체계화하였고 많은 연구들이 현재도 진행 중이다. 그중에서 대표적인 진로장벽의 하위 척도로는 다양한 진로장벽들을 정리하여 13개의 하위 척도로 구성된 진로장벽검사(Career Barriers Inventory)이다. 이 검사에서 다루는 것은 성차별, 자신감 부족, 여러 가지 역할들의 갈등, 자녀와 진로 간의 갈등, 인종차별, 부적절한 준비, 비전통적 진로선택에 대한 반대, 의사결정의 어려움, 진로에 대한 불만, 노동시장의 제약, 중요한 타인들의 반대, 신체장애 및 건강상의 문제, 관계망 만들기, 사회화의 어려움 등이다. 이러한 진로장벽들이 많이 지각되면 진로를 결정하는 데 많은 어려움을 느끼게 되고 스스로 결정할 수 있다는 자신감, 통제감, 효능감 등이 약화되기 때문에 전통적인 직업을 선택할 가능성이 더 커지게 되고, 여성의 경우는 진로를 결정하지 못하고 시간을 무의미하게 보내는 경우가 많아지게 된다. 따라서 진로장벽이 지각될 경우에는 그것을 해결할 방법을 강구하고 그 갈등으로부터 빨리 벗어나야 한다.

CDP(Career Development Planning)

취업을 통해 자신의 커리어를 개발해 나가고자 하는 개인은 경력개발 계획(CDP)에 대한 이해가 있다면 도움이 된다.

원래 CDP란 기업이 조직원 개개인의 커리어를 개발할 수 있도록 원조, 장려, 조성책을 강구하고 그 과정 중에 기업 전체의 능력 개발목표를 달성하고자 하는 종합적인 인재 육성 계획으로 구성된 것이다. 미국 등 서구 선진국에서는 개인 및 기업의 성공과 발전을 위해 오래전부터 이 과정을 정규 과목화하여 가르치고 있다.

CDP 과정은 자기 자신에 대한 객관적 · 과학적 분석 및 평가를 통해 자신에게 가장 적합한 경력 개발 목표를 설정할 수 있도록 돕고, 체계적이고 다양한 정보 수집 방법 및 전략적인 구직 계획 수립 과정에 필요한 정보를 제공한다. 궁극에는 성공적인 취업을 위해 개인 및 기업체의 경쟁력을 제고하고자 하는 목적으로 실시된다.

자신만의 커리어를 디자인하고 싶은 개인이라면 청소년이든 청년이든 경력단절 여성이든 가장 먼저 자신의 능력은 무엇이고, 관심 분야는 어떤 것인지, 그리고 자신이 그 분야의 일을 하기 위해 부족한 부분은 무엇인지를 정확히 파악하여야 한다.

CDP를 통해 자신의 궁극적인 경력 개발 목표를 선명하게 하고 이를 달성하기 위한 중장기 계획뿐만 아니라, 직장 내에서 업무 수행 및 적응에도 도움이 될 수 있다.

최근 기업들은 직원들의 능력에 기초한 인사관리를 통하여 개인의 능력을 적절히 평가하고 능력 개발을 가속화하여 기업이 처한 경쟁 상황에 능동적으로 대처하기 위해 고심하고 있다. 이러한 흐름 속에서 모든 세대에게 경력과 관련된 CDP의 개념은 중요하다.

특히 자신에 대한 정확한 분석, 외부 환경에 대한 객관적 이해는 장기적인 경력 설계에서 반드시 점검해 볼 사항이라 할 수 있다.

CDP 과정은 크게 여섯 단계로 구분해 볼 수 있다.

1	자기 평가 과정	자신에게 맞는 직업 및 직무를 선정하기 위해 자신의 성격 및 성향, 가치관, 자신이 보유한 기술, 전문 지식, 적성 분야 등 자신에 대해 객관적이고 과학적인 평가와 분석을 하는 과정이다.
2	리서치 및 정보 수집 과정	자기 평가 과정을 통해 얻은 정보를 바탕으로 자신이 관심 있는 몇몇 분야를 선정, 그 분야에 대한 정보를 검색하고 수집하는 과정이다. 이 과정에서는 구체적이고 체계적인 방법론을 다룬다.
3	의사결정 과정	자기 평가 및 리서치 과정을 통해 얻은 정보를 바탕으로 자신의 경력 개발 목표, 개인 목표, 소속 집단에 대한 목표, 궁극적 목표 등을 수립하는 과정이다. 이 과정은 정보 검색 수집의 최종 과정이며, 구체적인 구직 활동을 하기 위한 시작 과정이다.
4	취업 준비 및 구직 활동	설정된 목표를 바탕으로 구체적인 산업군 및 회사를 선정하여 해당 정보를 수집하고, 직접적인 구직 활동을 하는 과정이다. 이 과정에서는 이력서 및 면접 준비에 대한 자세한 내용도 포함한다.
5	직장 내 성공 전략	면접 후 채용 통보를 받은 경우 회사로부터 온 제안을 분석하고, 최종적으로 해당 회사와 직무에 대해 분석·판단하고 결정하는 과정이다. 입사 후 회사에 적응하여 성공적으로 직장생활을 해 나가는 전략이 소개되는 과정이다.
6	직장 및 개인 생활 밸런스 과정	자신의 삶 전반에 걸쳐 균형감을 이루는 방법을 소개하는 과정이다.

활동자료 12: 생애곡선 그리기

※ 다음 활동은 여러분 자신을 위한 것입니다. 다른 사람들이 여러분을 어떻게 생각하고 무엇을 얼마나 기대하고 있는가는 잠시 잊고 나 자신, 대인관계, 인생에 대해 스스로 어떻게 느끼는지를 생각해 보세요.

1. 절정과 절망 경험 찾기

여러분의 삶에서 가장 중요한 절정 경험은 무엇인가요? 또 자신을 완전하고 충만한 존재로 느끼게 하며, 세계관을 형성하도록 도왔던 절정 경험은 무엇인가요? 한편으로 여러분에게 상처를 주었던 가장 고통스러운 경험은 무엇인가요? 제시한 예를 참고로 하여 다음 표에 그 내용을 정리해 보세요.

나이	절정/절망 경험	만족도 -10~10	그때의 느낌, 생각
7	절망: 강아지 메리의 죽음	-8	강아지의 죽음이 너무 슬펐음
13	절정: 초등학교 6학년 때 웅변대회 수상	7	잘할 수 있는 것을 발견함

2. 생애곡선 그리기

아래 방법을 참조하여, 이제까지 살아온 자신의 삶을 되돌아보면서 기쁘고 좋았던 일과 슬프고 나빴던 일로 나누어 기록하고, 그 느낌의 정도를 +10부터 -10까지 나누어 나타내 보세요.

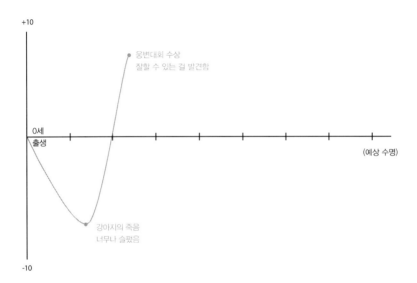

명상자료: 자기발견

우리가 나 자신에 관한 여러 가지 사실에 대하여 정확하게 알 수 있다면 우리는 보다 바람직한 삶을 꾸려 갈 수 있을 것입니다.

자기 자신을 안다는 것은 자기의 몸과 마음에 관한 여러 가지 상태, 대인관계의 양과 질, 가치관 및 자신의 행동 등에 대하여 현실적으로 이해하는 것을 말합니다. 우리는 이제까지 지나치게 객관적인 지식 중심의 교육만을 받아 왔습니다. 이는 곧 자기 자신에 대해 생각하고 알아볼 기회를 많이 갖지 못했다는 말입니다. 그래서 막상 "나는 어떤 사람인가?"라는 물음에 부딪힐 때 망설일 수밖에 없습니다. "나는 어떤 성격의 소유자인가?", "어떤 때 즐거워하고 어떤 때 슬퍼하며, 어떤 때 화를 내는가?", "나는 무엇을 싫어하고, 어떤 것을 좋아하는가?", "나의 장래희망은?" 등 자신에 관한 여러 가지 사실에 대하여 정확하게 알면 알수록 우리는 삶을 더욱 바람직하게 꾸려 갈 수 있을 것입니다.

자기 자신을 정확하게 탐색하는 것도 중요하지만, 한 걸음 나아가서 자신을 있는 그대로 인정하고 받아들일 수 있는 아량을 갖는 것이 더 중요합니다. 자기를 안다는 것은 자신의 장점과 단점을 정확하게 가려낼 수 있다는 말입니다. 자신의 모습을 잘 살펴보면, 좋은 점 또는 자랑하고 싶은 점도 없지는 않으나 오히려 모자라는 점, 남에게 숨기고 싶은 점들이 더 많아 보입니다. 우리는 가끔 스스로를 깔보거나 부정하기 때문에 있는 그대로의 자신을 받아들이지 못합니다. 우리는 있는 그대로의 자기를 받아들이는 것이 중요한 만큼 있는 그대로의 자기를 서슴없이 세상에 드러내는 용기를 갖는 것이 중요합니다. 머뭇거리지 말고 한

번 큰마음 먹고 용기를 내어 있는 그대로의 자신을 세상에 큰 소리로 드러내 봅시다. 속이 후련하고 더할 나위 없는 좋은 느낌을 느끼게 될 것입니다. "세상 사람들, 보세요! 저는 이렇게 생긴 사람입니다. 이것이 바로 저 자신입니다." 이렇게 하면 모든 사람들이 나를 무시하고 내게서 멀어질 것 같지만 전혀 그렇지 않습니다. 그렇게 하면 오히려 인간미가 있다고 더 가까이 다가오고 더 친해질 수 있습니다. 우리는 자기이해를 높이고, 있는 그대로의 자기수용, 진실한 자기 모습 드러내기 등 그만큼 시간과 노력을 들이지 않으면 안 됩니다. 우리 모두 힘써 보다 성숙한 사람이 되도록 함께 노력해 보도록 합시다

– 황매향(2005), 『진로탐색과 생애설계』

부모를 위한 제언

1) 진로 조기 교육

진로교육도 조기 교육이 필요하다. 많은 학부모들을 만나 진로상담을 하다 보면 '진로상담'이 청소년 '학습상담'으로 이어지고 '학습상담'이 생활 전반에 걸친 '심리상담'으로 이어지는 것을 자주 보게 된다. 21세기에 가장 중요한 자원은 '건강한 정서'라는 말도 있듯이 한 아이가 자신의 진로 적성과 흥미, 성격, 가치관에 잘 맞는 일을 찾아 행복한 생활을 영위하기 위해 필요한 것은 태내기 때부터 이어지는 발달 과정에서 건강한 정서적 환경을 제공해 주는 일이 아닐까 한다. 진로 문제가 단독으로 구별되기 어려운 것은 인간이란 존재 자체가 매우 종합적이고 복합적인 과정을 통해 형성되기 때문이란 생각도 든다. 그러니 당장에 우리 아이를 어느 대학 어느 학과에 보내는 것이 좋으냐, 인문계를 보내는 것이 좋으냐, 특목고 대비반에 가는 것이 좋으냐를 논하기 전에 아이들이 잘 자랄 수 있는 환경을 제공하고 세심하게 돌보는 과정이 필수적임을 강조하고 싶다. 한 아이가 자라서 학교에 들어갈 때까지 수많은 돌봄이 있어야 한다는 것을 잘 이해하는 것은 마치 아름다운 건축물을 설계하기 전에 터를 다지고 토대를 쌓는 일과 유사하다. 아직 부모가 되지 않은 분들이라면 장래 자녀의 진로 문제를 위해서 태내기 때부터 준비해야 함을 알려 주고 싶다.

인간이 어떻게 발달하는가는 유전과 환경의 상호작용 속에서 이루어진다고들 한다. 유전이란 부모로부터 물려받은 유전자에 의해 이미 예정된 프로그램이라고 할 수 있고 환경이라 함은 양육의 요소(가족, 교육, 이웃)로 함께 묶을 수 있는 것부터 생물학적 환경에 이르기까지 범위가 매우 넓다고 할 수 있다.

(1) 아이의 태내 환경

아이의 발달에 중요한 환경인 태내 환경은 수정 순간부터 수정란이 모체를 통해 받는 모든 과정을 의미한다. 시대의 발달과 의식 수준의 향상으로 아이의 성품도 태내에서부터 시작한다는 의식이 확산되고 있고 태내 교육의 필요성도 더욱 강조되고 있다. 즉 태아가 건강한 성인으로 성장하기 위해서 태내 시기가 건강한 발달의 시발점이라 할 수 있다. 따라서 산모의 심신(心身)적 건강은 태아에게 매우 중요하다. 임산부에게 지병이 있거나 임신 기간 중 병에 걸리면, 태아에게 그 영향이 전가되는 것은 당연한 일일 것이다.

아기의 성품이나 건강상의 특성이 엄마, 아빠에게 이어받은 유전자의 영향을 받는 것은 당연하지만 엄마의 배 속에 있을 때 어떠한 환경에서 자랐는가에 의해서 선척적인 능력이 크게 달라질 수 있다. 이를테면 같은 부모로부터 유전자를 물려받은 형제라도 지능이나 성격이 판이하게 다른 경우가 많은데 이것은 배 속에 있을 때 엄마한테서 어떤 영향을 받았는가에 따라서 지능과 성격이 달라져서 나타나는 현상이라고 볼 수 있다. 태아는 태내에서 8주를 보내는 동안 급격하게 뇌의 성장이 진행되어 5개월이면 체계적인 형성 과정이 시작되는데, 세포는 분화·조직화되어 점차 뇌의 기능을 갖추며, 시각을 맡은 신경세포는 스스로 메시지를 전달할 수 있도록 시신경에 자리 잡기 시작한다. 청각 세포 또한 귀에서의 메시지를 전달하는 신경으로 들어서게 된다. 또한 소뇌의 세포는 대뇌와 이웃하여 운동 기능을 담당하는 기관이 되기 위해 한 곳으로 모이며, 이 시점에서부터 뇌는 자기의 기능을 담당하기 위해서 조직적으로 발달한다고 볼 수 있다.

뇌의 발달 과정에는 유전자 지도에 따라 형성되는 부분도 있지만 엄마를 통한 외부 세상의 감각을 습득하면서 형성되는 영역도 있다. 즉 뇌의 발달에 유전과 환경은 상호작용하는 것이다. 5개월 이후의 태아는 사고기관이 조작되며, 그 사고가 자동적으로 일어나게 된다. 이미 태내에서 엄마의 소리를 따라 일정한 반응을 보인다는 연구 결과는 이를 뒷받침해 주고 있다. 1974년 보스턴대학교의 콜든 박사와 산더 박사는 태아의 반응을 고속 촬영해서 분석한 결과 엄마의 주위에서 떠드는 소리에 일정한 방식으로 반응하는 것을 발견하였다. 이것은 아기가 태내에 있을 때부터 언어를 의식한 채 학습을 한다는 것으로 해석할 수 있으며, 태아 때부터 이미 학습이 시작된다는 사실을 보여 주고 있다.

엄마의 배 속은 태아의 심신과 뇌의 안전지대로, 이 안전지대에서 안정을 얻고 모체로부터 충분한 산소와 영양을 공급받아 뇌의 성장과 지능을 발전시키게 된다.

태아의 지능 발달 환경은 태내의 안정성과 모체에서 주어지는 에너지라고 할 수 있는데 이러한 태내 환경은 이후 아기가 태어나서 갖게 되는 성장 가능성에도 영향을 미치게 된다고 할 수 있다. 따라서 태내 환경 또는 산모의 건강 상태를 두고 '제삼자의 유전자'라고 하는 것이다(김희성 경희의료원 가정의학과 교수).

(2) 아기의 초기 환경

부모는 아기의 태내 환경에도 근본적인 영향을 주지만, 그 영향력은 아이가 태어난 뒤 부모가 조성해 주는 물리적 환경에 따라 또 아이에게 말을 걸어 주고, 만져 주고, 정서적으로 교감하고, 시선을 교환하는 등의 아이와 나누는 상호작용에 따라 더욱 커진다.

아이의 기본적인 성격과 기질, 정서적 반응이 모두 생후 24개월 안에 확립된다. 아기들은 학습과 유희의 본능을 타고나기 때문에 주변 구석구석을 탐색하고 다니면서 뇌의 기틀을 잡아 나가는 것이다. 이 시기의 아이들이 충분히 성장할 수 있게 도우려면 특히 정서적인 뒷받침이 요구되며, 언어면에서 적절한 자극을 주어야만 한다.

해외의 몇 가지 실험을 예로 들면 생후 1개월 미만인 새끼 쥐들에게 8일동안 강화된 환경에 노출시키면 대뇌피질이 커진다는 연구 보고가 있었다. 또한 아놀드 샤이벨 & 로더릭 시몬즈의 "아이들의 뇌 연구"에서 생후 3개월 된 아기(만 6세 총 17명의 사체)로부터 적출된 뇌 표본 연구의 결과는 태어날 때는 뇌피질에 있는 뉴런들 대부분이 첫 번째나 두 번째 가지만 가지고있는데 생후 3~6개월이 지나 말을 시작하기 직전인 때에 우뇌 수상돌기가 좌뇌 수상돌기보다 훨씬 길어지고, 가지도 많이 생기면서 빨기, 삼키기, 웃기, 등의 감정표현 관장 영역에서 두드러지게 된다. 생후 6개월이 지나면 수상돌기의 3, 4번째 가지의 수가 급증하게 되고, 생후 8~18개월을 지나 말을 시작하는 시기에는 좌반구(언어기능을 담당)에 있는 수상돌기가 우반구보다 길게 자라며 가지도 무성해지게 된다. 생후 2~3년이 지나게 되면 수상돌기의 5, 6번째 가지의 수가 많아지게 된다. 결론적으로 말하면 좌반구 수상돌기에서 가지가 생겨남으로써 아기가 말을 배우고 사용하게 되는 것이 아니라 반대로 아기가 말을 배우고 사용함에 따라 수상돌기가 가지를 더 많이 뻗게 된다. 그러므로 환경 자극이 얼마나 중요한가는 앞선 사례를 통해서도 입증할 수 있다. 즉 부모가 아기에게 말을 걸고, 노래를 불러주고, 책을 읽어주는 일은 굉장히 중요하다고 볼 수 있다.

(3) 아이를 위한 풍요로운 환경

무엇보다도 긍정적인 정서적 뒷받침을 꾸준히 해 주어야 하며 충분한 영향을 공급해 주고 모든 감각을 자극해 주어야 한다. 또한 스트레스 없이 즐겁게 집중할 수 있는 분위기를 조성해 주어야 한다. 아이의 발달 단계에 비해 너무 어렵거나 너무 쉽지 않은 새롭고 신기한 과제와 도전을 제공해 주며 아이가 사회적 상호작용을 많이 할 수 있게 하는 데 (활동의) 중점을 둔다.

(4) 아이가 자라면서 나타나는 신비한 변화

출생부터 24개월까지의 아기는 성격의 기본이 갖추어져서, 앞으로 유년기뿐만 아니라 어른이 되어서도 어떤 사람과 사귀게 되는지, 어떤 사고 방식으로 배우고, 어떤 식으로 자기 자신을 바라보는지 같은 모든 성향에 영향을 주게 될 것이다. 커트 피셔 박사(신피아제 학파로 하버드대학교 교육학자이자 인지신경학자)의 연구 중에서 "뇌 성장 측정" 보고에 의하면 생후 3, 4주/생후 7, 8주/생후 10, 11주에 뇌가 급격히 성장하고 감기를 앓는 동안에는 성장을 멈추었다는 사실을 발견하였다. 아이들이 먹을 수 없다거나 병이 나서 별도의 에너지를 공급받지 못한다면(이는 성장하는 데 필요한 에너지의 결핍을 의미하고) 결과적으로 성장 체계가 잠시 활동을 멈추게 된다.

이 연구 보고의 시사점은 유기체적 변화와 환경적 요인이 성장 발달에 함께 작용하지만 환경의 작은 변화 요인이 뇌의 성장 곡선에 큰 변화를 주게 된다는 것이다.

자신의 몸 안에서 신비스러운 생명이 자라고 있다는 사실을 확인한 순간 모든 엄마들은 태아의 신체적인 발육 진행과 태내 환경의 중요성을 인식하고, 이에 따라 태아 및 자신의 심신적 건강을 유지하는 방법에 주의를 기울여야 할 것이다.

음식물 섭취를 통한 균형 있는 섭생과 약물 복용의 주의, 행동거지와 신체 리듬의 주의, 심리, 정서적인 안정을 취하는 등 다방면에 걸친 실제적 지식과 실천 방법을 습득하는 것이 중요하다고 하겠다. 모체의 과도한 흥분이나 슬픔, 기쁨, 긴장 등 극단적인 감정과 심리상의 변화는 신체 대사 작용 및 내분비샘의 변화를 일으켜서 태아의 건강에 큰 영향을 미칠 수가 있기 때문이다.

태아는 10개월이라는 긴 기간 동안 모체에 의존하여 성장·발달하게 되고, 태내 환경은 이후 아이의 성장 발달에도 큰 영향을 끼치기 때문에 이에 대한 중요성을 인식하는 것이 무엇보다 중요하다고 할 수 있다.

2) 부모의 역할

(1) 건전한 양육 신념과 그에 따른 양육 행동

자녀를 어떻게 키울 것인가에 대한 신념과 어떤 부모가 될 것인가에 대한 준비가 요구된다. 아동 중심적인 부모관을 갖도록 한다.

(2) 자녀의 기질 파악과 안정적인 관계 형성

즉각적이고 민감한 부모로서 반응한다. 방임이나 정서적 학대의 스트레스를 겪는 아동은 정상적인 성장을 하기 어렵기 때문에 자녀의 기질을 존중하고 그에 맞는 적절한 대응을 한다. 그렇지만 맹목적인 수용은 역효과를 줄 수 있으므로 최소한의 규칙을 설정하는 것이 중요하다.

(3) 인생의 가이드 역할

부모는 자녀가 자신의 인생을 살아갈 수 있도록 도와주는 조력자이다. 지나치게 자녀와 밀착되어 서로를 속박하는 가족은, 건전한 부모-자녀 관계의 성장을 방해하고 자녀 스스로 좁은 가족 범위 안에서만 안주하게 만들기 때문에 의존적 인간으로 자라날 우려가 있다. 따라서 정신적인 독립을 유지하고 자녀가 본인의 인생을 살아갈 수 있는 힘을 길러주는 부모가 되어야 한다.

(4) 긍정적인 부모-자녀 관계

지원적 · 긍정적 · 합리적 · 상호적 의사소통을 통해서 자녀의 기질과 재능을 격려하며 동시에 단호하고 일관적으로 훈육한다. 애정적인 쌍방향 의사소통과 자녀의 능력과 자질에 대한 부모의 기대가 중요하다.

3) 부모의 의무와 권리

(1) 출생 전부터 부모가 될 준비 필요

자신이 부모가 될 준비가 되었는가에 대해 철저히 숙고하고, 심리적 · 가정적으로 안정된 상황에서 자녀를 출산하도록 한다. 요즈음 10대 임신을 다룬 영화 때문에 10대 임신이 사회적 이슈가 된 적이 있다. 그러나 10대 임신은 자신의 신체적인 자유를 어떻게 볼 것인가 하는 문제를 떠나 이들이 과연 부모의 의무와 권리를 다할 수 있는가에 대한 문제에 직면하게 된다. 정서적 · 신체적 · 물질적 준비는 자녀 양육을 위한 기본적 소양인데 이러한 준비 없이 자녀를 출산하는 것은 매우 무책임한 모습이다.

(2) 확실한 가치관 형성과 올바른 성장(경제적 의무)

저출산의 원인 중 하나로 자녀 교육에 돈이 너무 들어서 젊은 층에서 출산을 기피한다는 기사를 본 적이 있다. 과열된 사교육비가 그 원인일 수도 있지만 일정 부분 자녀 양육에 필요한 기본적인 비용을 무시할 수는 없다. 자녀에게 체계적인 교육을 시키기 위해서는 부모의 경제적인 기반이 안정적이어야만 하고 그러한 부모의 사회경제적 위치가 아동의 인성발달에도 영향을 미친다고 보고 되어 있다. 자녀를 낳는 것만 중요한 것이 아니고 알맞은 환경에서 원만하게 성장시키는 것이 더욱 중요한 부분이다. 따라서 부모에게는 일정 수준의 경제적인 지위가 요구된다.

(3) 부모의 가치관과 생활방식을 자녀에게 훈육할 수 있는 권리

부모와 자녀의 연결감은 아동의 적응에 영향을 미치게 된다. 아동이 건전하게 기능할 수 있는 능력은 부모에게 달려있다고 생각한다. 부모가 자녀의 욕구에 적절한 관심을 주지 않고 자신의 욕구를 우선할 때 가족체계는 역기능적이 되고 결과적으로 아동은 부정적 영향을 받게 된다. 부모는 자녀의 잘못된 행동을 지도하고 사회적으로 적절한 행동을 발달시키기 위해 격려해야 한다. 그렇지 못하면 반사회적·공격적 행동이 발달하게 되고 특히 부모의 반사회적 행동은 아동에게 그대로 전이되기 쉽다. 안정적이고 기능적인 부부관계를 유지하며 변화가 많은 시기의 아동에게 안정감을 주고 긍정적 모델이 될 수 있도록 한다.

4) 양육 방식

(1) 일관성 있게 키우기

부모가 일관성이 없으면 불안정한 애착이 되고 그런 자녀는 눈치를 보며 클 수밖에 없다. 거부형 애착이나 회피형 애착 등도 문제가 되지만, 아동이 성장하면서 자신의 의견을 솔직하게 표현하기보다는 자기 의견이 부모 맘에 드는가를 먼저 생각하게 되는 것이 더 큰 문제이다. 이는 성인이 된 이후 인간관계에도 영향을 끼치게 되기 때문에 가장 나쁜 양육 태도라고 여겨진다.

(2) 민주적으로 키우기(수용적·긍정적 관심)

조건적으로 긍정하는 것은 부모에게 무조건적으로 사랑받고 있다는 느낌을 주기 힘들다. 자기효능감도 낮아질뿐더러 자신감도 형성되기 어렵다. 또한 아이의 의견을 수용하는 대신 부모가 자기의 의견을 먼저 제시하는 것은 자녀가 창의적으로 자신의 의견을 사고할 기회를 빼앗게 된다. 부모-자녀 간의 자유로운 의사소통이 요구된다.

(3) 평등하게 키우기

다른 형제자매와 비교하거나 주변의 다른 아이와 비교당하는 아이들은 지나친 경쟁의식에 사로잡히게 된다. 타인과 조화되는 것을 배울 수 있도록 공평하게 대우해야 한다.

(4) 정신적으로 독립적인 개인으로 키우기

무엇이든 부모가 다 알아서 해 주는 것은 자녀를 무능력하고 무기력하게 만드는 것이다. 개인주의와 이기주의가 팽배한 요즈음, 사회적으로 유능한 인간으로 키워야 한다.

(5) 성취감 느끼게 해 주기

가족으로부터 승인과 지지를 받는다고 지각하는 경우 더 높은 자존감을 가지게 된다.

(6) 자연을 사랑하는 사람으로 키우기

나 자신뿐만 아니라 내가 속한 환경을 가꾸고 보살필 줄 아는 사람으로 양육해야 한다.

4차 산업 혁명으로 인한 미래 사회는 예측이 어렵다. 많은 부모들이 어떤 직업이 유망하고 어떤 분야에 종사해야 성공할 수 있는가를 묻는다. 미래 사회를 대비하든 과거의 시기를 되돌려보든 이 질문에 대한 나의 대답은 언제나 같았다.

　"사랑받은 사람이 성공한다."

◆ 부록 2

진로코치를 위한 제언

　사람들이 어떤 일을 하고자 할 때는 그 일을 택한 분명한 동기나 이유가 있다. 특히 진로상담과 같은 분야는 남을 돕고자 하는 마음이 강하거나 타인에게 영향력을 미치기를 원하는 사람들에게 매력적인 분야이다. 또한 본인이 힘든 진로 갈등을 경험한 뒤에 진로상담 분야에 관심을 가지게 되는 경우도 있다. 크건 작건 간에 자신에 대한 진로 고민과 탐색을 시작으로 진로상담을 공부하게 되었지만 자신의 육체적·정신적 건강을 지켜나가면서 누군가를 조력해야 하는 것은 매우 중요한 사안이다.

　진로결정에 힘들어하는 누군가를 돕고자 큰 걸음을 떼었는데 시간이 지날수록 뒷감당을 못 하게 되거나 자신의 능력에 대한 회의와 피로에서 헤어나지 못하게 된다면 그것은 남을 도울 수도 없고 자기 자신도 건강하게 지켜갈 수 없는 상황이라 할 수 있다.

　진로상담을 하는(하려는) 사람들이 가지는 선량한 의도와 좋은 취지들이 제 기능을 발휘하기 위해서는 자기 자신이 건강해야만 한다는 사실을 강조하고 싶다. 상담자 자신의 건강이라는 것은 자기 일의 한계를 분명히 알고 자신이 행하고 있는 일의 본질을 정확히 파악하는 일이라고 본다.

진로상담 초보자에게 밀려드는 스트레스와 실무에서의 어려움, 소진, 전문가로서의 자아 유지하기는 결국 진로상담 실무라는 '일에 대한 본질'과 그 '일이 가져오는 책임감과 그 한계', '진로상담자로의 업무와 한 개인으로서의 자아 유지의 균형'을 도모해야 함을 말하는 것이다.

모든 일이 마찬가지이지만 진로상담이라는 분야 역시 매우 고난도의 기술을 요구한다. 매뉴얼만 따라간다고 매끄러운 진로상담이 진행되는 것도 아니며, 학교에서 배운 기술을 잘 구사했다고 성공적인 진로상담이 이루어지는 것도 아니다. 좋은 의도와 취지만 가지고 되는 일도 아니고 내담자의 어려움에 공감하고 경청하며 함께 아파한다고 진로상담이 잘 이루어지는 것도 아니기 때문이다.

우선 진로상담자로서 갖추어야 할 조건은 자아 성찰의 능력이다. 타인의 문제나 어려움을 주로 다루다 보면 내 판단의 오류 가능성이나 사고의 편견 등을 알아차리지 못할 수가 있다. 인간의 문제란 아주 애매모호하고 복잡한 경우가 많다. 그러한 애매모호함 속에서 내담자에게 무엇인가 옳은 방향을 제시하고 그들과 함께 문제 해결을 위해 탐색해 나가는 과정은 많은 성찰의 순간을 요구한다. 자칫 나는 완전무결한 사람 혹은 나만이 이 문제를 다룰 수 있는 해결자인 양 착각하게 된다면 득보다는 실이 더 많다. 내가 가진 능력에 너무 얽매이게 된다거나 내 생각이 무조건 옳고, 반드시 내가 제시한 방향으로 따라와야 한다고 생각한다면 올바른 상담자의 자세라고 할 수 없다.

간혹 진로상담을 공부했다는 사람들 중에 매우 독선적이고 자기중심적인 사람을 만나게 된다. 어떤 이야기의 첫 대목만 들어도 그런 이야기쯤은 '뻔하다'는 식의 태도를 보이거나 그런 일들은 이렇게 하면 될 거라는 식의 간단한 조언을 한다. 물론 그런 상담자의 입장에서도 변명할 것은 있을 것이다. 상담자는 많은 경험을 통해서 똑같은 문제를 수없이 만나왔다고 할 수 있다. 그러나 항상 우리는 '안다의 오류'를 경계해야 한다. 또한 타인의 통찰을 이끌어 내는 것에 너무 몰두한 나머지, 자신의 행동과 사고에 대한 통찰에 소홀해지면 아집과 독선만 남게 된다. 이것은 타인의 인생에 악영향을 끼치게 되고 돕고자 하는 의도가 아무리 좋았을지언정 상대에게 영향력을 휘두르고자 하는 권력자로 변한 상담자의 욕구 반영, 그 이상도 그 이하도 아닌 상담이 될 수 있다.

다음으로, 인간성을 유지해야 한다. 이 인간성이란 부분은 매우 어려운 요구사항이라고 볼 수 있다. 진로상담을 공부하는 사람들 중에는 자신의 진로 문제를 떠안고 이 일을 시작하는 사람들이 많다. 상담자가 어려움을 겪어 봤다는 것은 내담자의 문제에 공감할 수 있는 영역이 커지고 도움을 줄 수 있는 범위도 매우 구체적일 수 있다는 점에서는 득이 되지만 전이나 역전이 문제, 좁은 시야를 갖고 접근하게 되는 위험 등도 존재하기에 독이 되기도 한다. 그렇다면 내가 알지 못하고 경험하지 못한 일들을 함께 고민하고 탐색해 가며 내담자를 도와주어야 하는 상담자로서 갖추어야 할 자질은 무엇인가? 인간 모두에 대한 관심과 애정이라고 생각한다. 내가 경험했던 일이건 아니건, 나에게 전이나 역전이를 경험하게 만드는 모든 내담자에게 동등하고 공평한 상담을 진행하려고 노력해야 한다. 그 과정에서는 보편적인 인간성-인류애, 포용성이 요구된다. 좋아하는 사람, 싫어하는 사람이 너무 분명할 때나 본인의 문제도 해결이 안 된 상태로 누군가를 상담하게 될 때 나타날 수 있는 부작용은 매우 클 것이기 때문이다. '나'를 괴롭혔던 일들을 극복하고 그 당시의 가해자들을 용서할 수 있는 능력이 갖춰져야 어려움을 호소하는 내담자들에게 도움이 될 수 있다. 객관적인 입장에서 상황을 조망하는 능력과 타인을 이해할 수 있는 넉넉한 인간성은 상담자에게 필수적인 요건이라고 생각한다.

마지막으로, 진로상담자에게 꼭 필요한 요건은 진로상담자 개인의 행복이라고 생각한다. 풍부한 삶의 에너지와 원만한 인간관계, 화목한 가정 등을 생각해 볼 수 있다. 우스갯소리로 인간관계 강사의 인간관계가 황폐하고, 셀프 리더십 강사의 리더십이 부재한 경우가 많다는 이야기를 들을 적이 있다. 물론 웃자고 하는 이야기이긴 하지만 어느 정도는 사실인 것도 같다. 처음에 다루었던 자기 성찰과 비슷한 맥락으로, 먼저 진로상담자 자신의 행복한 삶이 구비되어야 건강한 상담도 진행할 수 있다. 인간관계가 원만하고 삶에 에너지가 넘치며 사적인 영역이 건강하고 화목한 가정이 뒷받침될 때 타인에 대한 사랑이 생겨날 수 있고 내담자에 대한 존경과 믿음을 견지할 수 있다. 이러한 기반 위에서라야 전문가로서의 자아를 유지하는 것이 가능하다고 본다. 이는 비단 진로상담 분야만이 아니라 모든 전문직 직업인에게는 필수 불가결한 사항이라고 생각한다. 내가 누군가를 위해서 에너지를 쓰기 위해서는 내게 들어오는 에너지가 반드시 있어야 한다. 나의 일의 한계를 알고 부적절한 것들은 거부하고 좌절에 견디기 위해서는 안정된 삶의 기반이 있어야 하고 그러한 안전기지로서의 지지대인 가정과 동료, 친밀한 관계에서 얻어지는 행복이 있어야만 가능하다고 본다.

언행일치라는 말이 있다. 말과 행동이 명실상부 함께 들어맞는다는 뜻이다. 말과 행동이 함께하기 위해서는 상담자 자신이 충만한 신뢰와 지지 그리고 사랑 속에 존재하고 있어야만 내담자를 도울 수 있다. 상황을 객관적으로 분석하고 냉정하게 판단하며 전문가로서 개입을 결정하고 고민할 수도 있겠지만, 그것은 어디까지나 일을 통한 과정이지 상담자 개인의 삶이 이리저리 부침을 겪어야 한다는 뜻은 아니다. 스트레스를 견디고 집중적인 진로상담을 가능하기 위해서 상담자 개인의 충만한 삶이 중요하다. 상담자는 앞서 언급한 내용 이외에도 많은 자질과 능력을 두루 겸비하고 있어야만 한다. 남을 돕는다는 것은 그만큼 어려운 일이고 특히 진로상담자로서 누군가의 진로 문제를 탐색하고 긍정적인 영향력을 미치는 일을 한다는 것은 이론만으로도 부족하고 많은 수련과 실무를 경험하여야 한다. 더욱이 실무를 많이 경험했다고 완벽한 상담이 된다는 보장도 없다. 늘 새롭게 시작하고 늘 새롭게 만나야만 하는 일이 이 일이기 때문이다. 결국 어떻게 보면 진로상담이라는 과정은 내담자를 돕기 위한 직업이기 이전에 상담자의 인격 도야를 요구하고 인간적 성숙과 건전한 인품을 요구하는 어려운 일이다. 누군가의 인생에 영향을 미친다는 것은 그만큼 책임이 막중한 일이다. 그 책임을 지기 위해서는 도와주는 사람 자체의 인간적 성숙이 절대적으로 필요하다. 성인군자가 될 필요는 없지만 내 욕구와 결핍을 정확하게 알고 능력의 최대치와 한계를 아는 것은 전문 진로상담사에게 매우 중요하다. 상담 장면뿐 아니라 일상생활 속에서도 모범이 되는 인품을 겸비한다면 내담자를 돕는 데 큰 힘을 발휘할 수 있을 것이다. 나비효과란 진로상담자에게도 적용되는 말인 듯하다. 즉 상담자 개인의 건강은 내담자의 건강도 이끌어내는 기반이 될 것이라고 생각한다.

지금까지 진로상담을 해 오면서 무수히 많은 청소년과 대학생들을 만났다. 꿈 많은 10대부터 아름다운 20, 30대 그리고 40, 50대의 장년층, 인생의 황혼기에 접어든 60, 70대 이상의 노년층까지 성인과 학생들에게 특강을 하고 심층 상담을 하였다. 그들과 웃고 웃으며 어느덧 16년이란 시간이 흘러왔다. 각양각색으로 각기 처한 상황은 모두 다 다른데 하나같이 고민하는 문제는 비슷하였다. 너무도 많은 이들이 보이지 않는 미래와 확실하지 않은 선택 사이에서 갈 곳을 몰라 힘들어하였다. 무엇인가 해 보겠다는 마음은 있지만 어디서부터 시작해야 할지 알지 못해 서성이기만 하면서 어깨를 늘어뜨리고 자신 없어 하였다. 하지만 그리 잘못된 일도 아니다. 누구에게나 진로 문제는 미해결 과제이며 평생을 안고 가야 할 숙제이다.

현재 나이가 몇 살이건 그런 것은 중요하지 않다. 청소년이건 대학생이건 장년층이건 혹은 노년층이건 그 상황에 걸맞게 자신에 대한 탐색해 보는 시간이 꼭 필요하다. 어찌 보면 이런 탐색 과정이 누구에게나 꼭 필요한 시간임을 말해 주고 싶어 이 글을 쓰기로 마음먹었는지도 모른다. 미래에 대해서, 일에 대해서, 내가 누구인가에 대해서 백과사전처럼 명확히 알 수 있는 사람이 얼마나 되겠는가? 언제나 우리에게 진로 문제는 어려운 주제이고 힘든 도전이다. 그러니 고민해야 하고 또 고민하여야 한다. 고민하지 않고 어떤 결론이 날 것으로 기대한다면 그것이 오히려 이상한 일이다. 고백하자면 나 역시 제 길을 찾지 못해 방황했던 시간이 있었다. 부모 슬하에서

철부지로 살다가 졸업 후 사회라는 곳에 발을 디디는 순간, 급변하는 사회의 속도를 실감하고 좌절하기도 여러 번이었고 당시엔 무엇인가 굉장히 노력했다고 생각했지만 참담한 결과를 마주하였던 것도 여러 차례였다. 실패하지 않고 무엇인가를 이루어 내기란 참으로 어렵다는 것을 온몸으로 체득한 시간이었다. 실수하지 않고, 잘못된 결정을 한 번도 하지 않고 올곧게 바른 선택만 할 수 있다면 인생이 참 쉬웠을 텐데…….

그러나 삶이란 그리 쉽지 않다는 것을 그간의 경험을 통해 배우게 되었다. 그런 과정을 통해서 또 많은 것을 알게 되었고 내가 어떤 사람이고 무엇을 원하는 사람인지 좀 더 명확히 알 수 있었다. 사람은 자신이 가장 아팠던 일을 가장 잘하게 된다고 했던가? 나 역시 진로를 변경하고 헤매었던 경험이 있었기에 결국엔 그 경험이 지금의 '나의 길'이 되었다.

만일 지금 어디선가 과거의 나와 같은 고민으로 힘들어하는 사람이 있다면 가장 먼저 괜찮다고 말해 주고 싶다. 자신의 일을 찾는 데 동기가 확실하고 매사에 열정적이고 책임감 있는 사람이라면 급변하는 사회에도 능동적으로 대처하며 적절한 방법을 구안해 낼 수 있을 것이다. 완벽한 일을 찾는다는 것은 허황된 이상일 수도 있지만 적어도 내가 만족하는 일을 찾을 수 있다는 믿음으로 도전한다면 반드시 길을 찾게 될 것이다. 그리고 만일 지금 실패 때문에 힘들다면 지금의 이 경험들이 스스로를 좀 더 강하게 만들어 주게 될 것임을 믿기 바란다.

과거의 실패는 수치가 아니다. 실패라 여기면서 자포자기하고, 절망과 비탄 속에 계속 머물러 있다면 그것이야말로 창피한 일이다. '실패', 그 자체는 '과정'일 뿐임을 깨달았으면 한다. 우리는 많은 것들을 경험을 통해 배우면 된다. 결국 이런 과정 역시 삶의 한 부분이고 자신을 단련해 주는 담금질임을 받아들일 수 있다면, 그리고 똑같은 실수를 반복하지 않겠노라는 결연한 의지를 갖고 있다면 삶은 언제가 매우 귀한 선물을 선사해 줄 것이라 생각한다.

언젠가 모 자동차 광고에서 쓰인 카피가 기억난다. '포기하지 않으면 실패하지 않는다.' 이 말은 내가 무척 좋아하는 말이기도 하다. 진로 때문에 걱정이 많은 이들이라면 마음에 새겨 두길 바란다. 계속해서 노력하고 포기하지 않겠다고 결심했다면 좌절할 필요도 없고 걱정할 필요도 없다. 조급해할 필요는 더더욱 없다.

어느 책에선가 숲의 건강성을 측정하는 중요한 단서 가운데 하나가 '수종의 다양성'이라고 읽은 기억이 있다. 만일 같은 종류의 수목만 있는 숲이라면 그 숲은 곧 사라지게 된다는 것이다. 같은 수종끼리 햇빛과 양분을 서로 경쟁하기 때문에 모두에게 해가 되는 결과를 초래하는데 다양한 종류의 나무가 있어야 서로 경쟁하지 않고 상보적으로 지낼 수 있다. 키가 큰 나무, 키가 작은 나무, 얇은 나무, 퉁퉁한 나무 등 다양한 나무가 어우러진 숲이 건강한 것이다. 사람 역시 제각기 성장의 속도도 다르고 인생의 때도 다르다. 어떤 이는 20대에 이름을 떨치고 어떤 이는 40세에 데뷔를 하기도 한다. 그저 서로의 속도가 다를 뿐이다. 자신만의 속도로 충실히 성장하면 된다. 이것이 가능하기 위해서는 자기 확신이 요구된다. 나 자신을 믿어야 하는 것이다. 인생에 누구를 등불로 삼겠는가? 결국 내 안에 답이 있다.

우리는 우리가 알고 있는 것보다 훨씬 위대한 존재들이다. 그 사실을 믿어라. 우리의 믿음이 우리를 만들고 이끌어 줄 것이다. 나는 내가 바라는 것을 충분히 얻을 수 있으며 이루어 낼 수 있다는 사실을 믿어라. 온몸으로 믿기 바란다.

그리스 신화에는 키프로스와 왕 피그말리온의 이야기가 나온다. 50세가 다 되도록 독신으로 살면서 조각하는 취미에만 빠져 지내었는데 어느 날 자신이 조각한 여인이 너무나 아름다워서 그녀가 살아있는 사람이 되길 간절히 바라게 되었다. 그의 기도가 어찌나 간절하였는지 이 기도를 들은 아프로디테가 여인의 조각상에 숨결을 불어 넣어주자 피가 돌고 따뜻한 온기를 지닌 사람으로 변신하였다는 이야기이다. 여기서 생긴 '피그말리온 효과'라는 말은 모두 잘 알고 있을 것이다. 결국 우리가 간절히 원하면 이루어진다는 말이다. 진로목표 역시 이와 같다. 지금 내가 어디에 와 있든지 내가 원하는 것이 분명하고 간절하다면 반드시 이루어지게 된다. 그러니 멈추지 말고 앞으로 나아가길 바란다. 설령 기대한 결과가 나오지 않을 때라도 나 자신의 믿음을 놓치지 않고 나아가야 한다. 끝까지 탐색해 가겠다는 결연한 의지가 필요하다. 한 번뿐인 인생, 당연히 그런 노력을 기울일 가치가 있다.

누구에게나 어려운 것이 진로 문제란 것을 누누이 이야기하였다. 오랜 시간이 걸린다 해도 포기하지 않기를 바란다. 누구나 자신의 적성과 흥미, 성격과 가치관에 꼭 맞는 직업을 갖고 인생을 살아가게 되는 것은 아니다. 하지만 그 길을 찾고 있다면 자기 자신에게 솔직해야 하고 여러 가지 방법을 통해 정보를 얻고 네트워크도 넓히고 도전하고 실패하면서 찾아 나가야 한다.

나는 마음으로만 가졌던 '책 쓰기'라는 과제가 바쁜 일상 속에서 언제나 두 번째 순위로 밀리는 것을 경험하였다. 해내야 하는 숙제이자 하고 싶은 도전이었던 글쓰기가 생각만큼 녹록한 과정은 아니었다는 것을 고백하고자 한다. 한 권이 책이 나오기까지 얼마나 많은 시간과 수고가 있어야 하는지 배웠다. 이 과정에서 내 마음을 지켜준 버팀목은 나의 경험을 공유하며 이야기를 나누는 것이 진로를 찾는 그 누군가에게 도움이 될 수 있을 것이라는 믿음 하나였다.

부디 이 책이 진로코칭 혹은 진로상담 분야에서 성장하고자 하는 많은 이들과 진로 문제로 고민하는 청년들에게 도움이 되었으면 한다. 한 권의 책에 모두 다 담기엔 지면도 부족하고 내용상 미흡한 부분이 있다는 것을 알고 있다. 부족하지만 이 책이 자녀와 혹은 지도하는 학생과 진로 관련 대화를 나누는 데 조금이나마 도움이 되길 바란다.

6개월이면 끝날 줄 알았던 집필 과정에 12개월이 넘는 긴 시간이 걸렸다. 여름이 되었다가 가을이 되고 겨울과 봄을 지나 또다시 여름을 맞았다. 서재 밖으로 보이는 풍경 속에서 사계절의 순환을 보며 기다림과 인내를 배웠던 것 같다. 그리고 무엇보다 내 삶의 방향과 속도에 대해 조망해 볼 수 있는 기회가 되었다.

진로상담자로서 커리어코치로서의 나를 되돌아보고 내 인생의 그림을 다시 그려 볼 수 있는 시간이 되었다. 글쓰기라는 과정 자체는 나에게 또 다른 진로탐색의 과정이었음을 꼭 말해 두고 싶다. 16년 동안 현장에서 만나 왔던 모든 이들이 나의 스승이었고 내 삶의 소중한 인연들이었다.

나와 상담했던 많은 학생들과 학부모들, 학교 선생님들을 비롯해 상담실의 문을 두드렸던 이들이 없었다면 애초에 불가능한 작업이었다. 또한 수많은 도전과 과제를 주었던 현직 커리어코치, 진로상담 분야 동료들에게도 머리 숙여 감사의 마음을 전한다. 그들이 있었기에 지금의 책이 나올 수 있었다.

끝으로 나보다 더 깊은 인내와 기다림으로 지켜봐 준 가족들 그리고 나와 같은 길을 걸어가는 동료들에게 감사의 마음을 전하고 싶다.

무엇보다 아름다운 인생의 주인공이 될 당신에게 이 책을 바친다.

◆ 참고문헌

1   김봉환 외(2008), 『학교진로상담(2판)』, 학지사

2   황매향(2005), 『진로탐색과 생애설계』, 학지사

3   김가영(2005), 『경제를 깨져야 공부도 잘해요』, 맥스미디어

4   다중지능연구소(2006), 『강점지능 살리면 뜯어말려도 공부한다』, 아울북

5   송원영 외(2009), 『(커리어 포트폴리오를 통한) 대학생의 진로 설계』, 학지사

6   이영대(2004), 「생애단계별 진로교육의 목표 및 내용 체계수립」, 한국직업능력개발원

7   정철영 외(2005), 「중학생을 위한 직업지도 프로그램: CDP-M」, 한국고용정보원

8   정철영 외(2005), 「고등학생을 위한 직업지도 프로그램: CDP-H」, 한국고용정보원

9   한국고용정보원(2007), 「선생님 진로상담이 필요해요」

10   한국고용정보원(2008), 「진로교육 실태조사 보고서」

11   한국고용정보원(2016), 「(상담사례로 보는) 학부모를 위한 직업진로 가이드」

12   통계청(2016), 「2016년 초 · 중 · 고 사교육비조사 결과」

13   통계청 (2016), 「혼인통계보고서」

14   한국대학교육협의회(2014), 「현직 입학사정관에게 듣는 입학사정관전형 100문 100답」

15   Harren.V.H.(1984), *Assessment of career decision making*, Los Angeles, Western Psychological service.

16   Holland, J. L.(1978), *The Occupations Finder*, Odessa, FL: Psychological

17   Assessment Resources.

18   Marcia, J. E.(1966), *Development and validation of ego-identity status*, Journal of Personality and Social Psychology, 3(5), pp. 551~558.

19   O'Leary, V. E.(1974), *Some attitudinal barriers to occupational aspirations in women*, Psychological Bulletin, 81(11), pp. 809~826.

20   Seligman, M. E. P.(1972), *Learned helplessness*, Annual Review of Medicine, 23, pp. 407~412.

21   Super, D. E(1953), *A theory of vacational development*, American Psychologist, 8, pp. 185~190.

22   Super, D. E., Osborne, L., Walsh, D., Brown, S. & Niles, S. G. (1992), *Developmental career assessment in counseling: The C-DAC model*, Journal of Counseling and Development, 71, pp. 74~80.

23   Super, D. E., Savickas, M. L. & Super, C. M.(1996), *The life-span, life-space approach to careers*, In D. Brown & L. Brooks (eds.), Career choice and development(3rd ed., pp. 122~178). San Francisco: Jossey-Bass.

24 Swanson, J. L., & Daniels, K. K.(1995), *The Career Barriers Inventory-Revised*, Unpublished manuscript, Southern Illinois University.

25 Zunker, V. G.(2005), *Career counseling: A holistic approach*, Thomson Brooks/Cole.

26 Zaccaria, J.C.(1970), *Theories of occupational choice and vocational development*, Boston, Mass: Houghton Mifflin.

27 영화 〈빌리 엘리어트(Billy Elliot, 2000)〉

28 영화 〈굿 윌 헌팅(Good Will Hunting, 1998)〉